Denkskizzen

1 2 3 4 5 6

Zu den Predigttexten
der sechs Perikopenreihen

Herausgegeben
von Johann Hinrich Claussen

RADIUS

ISBN 978-3-87173-886-9

Umschlag: André Baumeister
Auf holz- und säurefreiem Werkdruckpapier gedruckt
Gesamtherstellung: CPI – Clausen & Bosse, Leck
Printed in Germany

VORWORT

Johann Hinrich Claussen

Dieser sechste und letzte Band der Denkskizzen ist Jürgen Flimm gewidmet. Er war ein langjähriger Freund des Radius-Verlags und der Denkskizzen insbesondere. Kurz vor dem Redaktionsschluss für diesen Band erreichte uns die Nachricht von seinem Tod. Wir hatten uns schon auf seinen Beitrag gefreut.[1]

Nun blättere ich in den vorherigen Bänden und lese die Denkskizzen, die er noch für diese besondere Reihe schreiben konnte. Sie zeichnen sich – wie sollte es bei einem Theatermann anders sein – durch ihren erzählerischen Gestus aus. Flimm liebte es, sich und seiner Leserschaft in die Welt Jesu zu versetzen. Doch war das Erzählen kein Selbstzweck, sondern sollte für die Botschaft öffnen, die Botschaften. Eine davon fasste er am Ende seines letzten Beitrags für die Denkskizzen so zusammen:

»Die Mühseligen und die Beladenen, die von den Hecken und Zäunen, sollen die sein, um die wir uns sorgen müssen; um die Geflüchteten und Vertriebenen, die Kranken und Aussätzigen, die Bettler und Obdachlosen. Heute nennt man solch eine natürliche Regung: Empathie. Diese Eigenschaft ist lediglich Voraussetzung für: Barmherzigkeit.«

Was hätte Jürgen Flimm aus der ihm dieses Mal zugelosten Perikope gemacht – dem »Alles, was Gott geschaffen hat, ist gut!« des 1. Timotheusbriefes?

Dass nicht alles gut ist auf dieser Erde – diese Erlebnis- und Denkspur zieht sich durch diesen Band. Besonders dringlich wird sie bei den Perikopen, die der apokalyp-

[1] Ein großer Dank gebührt Peter Rohde, der schnell, unkompliziert, kompetent und kreativ eingesprungen ist.

tischen oder spätprophetischen Tradition entstammen. Mich hat beim Korrekturlesen besonders gefreut, wie kundig, sensibel und nachdenklich unsere Autorinnen und Autoren mit diesen Texten umgegangen sind. Es ist gegenwärtig leider viel Klischeehaftes, Polemisches und plump Negatives über diese – zugegeben irritierende – inner- und außerbiblische Tradition zu lesen. Doch gerade in einer Gegenwart, der die Zukunft abhanden zu kommen droht, ist es notwendig, einen selbstverantworteten theologischen Begriff des Apokalyptischen bzw. des Eschatologischen zu entwickeln. Das ist sicherlich kein leichtes Unterfangen. Aber es lohnt sich, es mit dem Entwerfen von Denkskizzen darüber zu versuchen.

Eine offene Frage verbindet sich für mich mit neuen Perikopen aus dem Alten Testament. Es war ja ein großes Anliegen der Perikopenreform, mehr Texte aus dem ersten Testament zu berücksichtigen. Dieses Anliegen teile ich grundsätzlich. Eine andere Vielfalt von Texten bietet der Predigt jetzt neue Aussichten. Aber bei der einen oder anderen Auswahl bin ich doch ins Grübeln gekommen, ob sie wirklich passend ist. Deshalb öffnet sich mit diesem Band auch ein Experimentierfeld. Ich wäre gespannt, am Ende dieses Kirchenjahres etwas über die Erfahrungen beim Predigtschreiben und -hören zu erfahren.

Johann Hinrich Claussen

1. SONNTAG IM ADVENT
PSALM 24

Michael Krüger

Ein Psalm Davids.
Die Erde ist des Herrn und was darinnen ist,
  der Erdkreis und die darauf wohnen.
Denn er hat ihn über den Meeren gegründet
  und über den Wassern bereitet.

Wer darf auf des Herrn Berg gehen,
  und wer darf stehen an seiner heiligen Stätte?
Wer unschuldige Hände hat
  und reinen Herzens ist,
wer nicht bedacht ist auf Lüge
  und nicht schwört zum Trug:
der wird den Segen vom Herrn empfangen
  und Gerechtigkeit von dem Gott seines Heils.
Das ist das Geschlecht, das nach ihm fragt,
  das da sucht dein Antlitz, Gott Jakobs. SELA.

Machet die Tore weit und die Türen in der Welt hoch,
  dass der König der Ehre einziehe!
Wer ist der König der Ehre?
  Es ist der Herr, stark und mächtig,
  der Herr, mächtig im Streit.
Machet die Tore weit und die Türen in der Welt hoch,
  dass der König der Ehre einziehe!
Wer ist der König der Ehre?
  Es ist der Herr Zebaoth; er ist der König der Ehre. SELA.

Nichts ist schöner als die Psalmen. Wer sich einmal in sie vertieft hat, kommt nicht mehr davon los. Ihr Erfindungsreichtum, ihre schillernden Metaphern, ihre Kühnheit sind bis heute bewundernswert. Da sie am Anfang der großen Welle des poetischen Sprechens stehen, sind sie in allen späteren Gedichten enthalten, aus ihnen lässt sich alles ableiten, was die (christliche) Welt hervorgebracht hat. Nur die östlichen Dichter mit ihrem lakonischen, spöttischen, kauzigen Blick auf die Welt haben eine andere Richtung eingeschlagen; die westliche Kunst des Rühmens und Preisens (und des Umschlags in ihr Gegenteil) ist ohne die prägende Kraft der Psalmen nicht denkbar.

Wenn von Psalm 24 die Rede ist, so beginnen nicht wenige seiner Ausleger mit der Frage, was wohl die Hauptaussage und die Absicht dieser Verse sein könnte. Gewiss, ein Pfarrer kann sich nicht darauf verlassen, dass sich alle von dem Schwung der Worte hinwegtragen lassen und sie als etwas Einmaliges, Heiliges empfinden. Also bemühen sie sich, den Herrn als eine Art Immobilientycoon darzustellen, dem die Erde und alles, was sie enthält, gehört – was ja tatsächlich heute verständlich ist; allerdings geht der zweite Vers über dieses Konzept des größten und einzigen Großgrundbesitzers weit hinaus: denn ihm »gehören« nicht nur die Erde und die Dinge, sondern auch die Menschen. Denn er, der Herr der Heerscharen, hat den Erdkreis über den Meeren gegründet und über den Wassern bereitet. Wer's glaubt, wird selig. Aber selbst der verstockteste Atheist und der abgrundtief überzeugte Agnostiker, nicht einmal der mit allen Wassern der Erkenntnis gesegnete Naturwissenschaftler können mit ihren guten und wissenschaftlich abgesicherten Argumenten die ersten Verse kippen: Es ist die tiefste Überzeugung des Psalmisten, dass es der Herr war, der über den kochenden Wassern des Nichts den Boden bereitet hat, auf dem wir bis heute – allerdings etwas unsicherer geworden – stehen. Da stehen wir also und schauen durch das neue Hubble-Teleskop, das von Tausenden von Ingenieuren für phantastische Summen gebaut wurde, in ein schlechthin unbewohnbares Universum: kein Mensch – außer findigen Marketinggläubigen wie Elon Musk – käme auf die verrückte Idee, auf den staubigen Planeten wohnen zu wollen oder gar nach Hause zu kommen. Nein, es gibt nur unsere Welt. Und für den Psalmisten hat sie Gott geschaffen und durch seine Regeln des Zusammenlebens so halbwegs bewohnbar gemacht.

Es gehört zu der Kunst des Psalmisten, dass man sich die von IHM geschaffene Konstruktion sofort vorstellen kann: eine Scheibe über dem brodelnden Meer, und auf der Scheibe eine Erhebung mit dem Tempel – die Maler, die das später auf Holz oder Leinwand vergegenwärtigen sollten, brauchten Monate und tausend Fertigkeiten, um diese in zwei Versen entworfene Phantasie vorzustellen. Und wer darf zu IHM gehen, wen empfängt ER? Es braucht nur wenig, um eintreten zu dürfen, nämlich vier Eigenschaften: unschuldige Hände und ein reines Herz, man darf nicht lügen und nicht betrügen. Das ist alles. Ach, denkt man, wenn es so einfach wäre, denn wie soll man durch die Welt kommen mit reinem Herzen und ohne jeden Lug und Betrug?

Es geht nicht. Oder vielleicht doch? Und wenn ja, unter welchen Bedingungen?

Und während man noch darüber nachdenkt, wie dieses Ideal zu erreichen wäre, überrascht uns eine Stimme, hell und klar und deutlich, aber ohne jedes falsche Pathos: *Machet die Tore weit und die Türen in der Welt hoch, / dass der König der Ehren einziehe* – es ist der Ton dieser Aufforderung, der einen unmittelbar trifft. Man soll die Tür nicht etwa nur einen Spalt öffnen und fragen, wer draußen steht, man soll nicht sagen: Leider keine Zeit!

oder: Meine Frau ist nicht zu Hause oder: Ich brauche nichts – sondern man soll die Ketten lösen und das Haus öffnen, damit ... ja, ganz einfach: damit der König der Ehren einziehen kann! Und wer ist dieser König der Ehren, von dem schon lange nicht die Rede war. Ganz einfach: *Es ist der Herr, mächtig im Streit.*

Diesem König müssen wir heute ein Gesicht geben, das sich von den Allerweltsgesichtern der sonst noch existierenden Könige unterscheidet. Ein anderes Gesicht als die üblichen, denn dieser König kennt nicht nur die Güte und das Verzeihen, die Gnade und das Mitleid, sondern auch den Kampf. Er ist stark und mächtig, mächtig im Streit.

Man sollte nicht darüber verzweifeln, wenn in unserer Vorstellung nicht sofort ein Gesicht entsteht. Vielleicht hat er kein Gesicht, das sich mit unseren Gesichtern vergleichen lässt. Vielleicht hat er gar kein Gesicht. Wenn wir an diesem Punkt angekommen sind, geht uns vielleicht etwas auf – dann sollten wir den Psalm noch einmal lesen.

2. SONNTAG IM ADVENT
OFFENBARUNG 3,7-13

Klaus Kießling

Und dem Engel der Gemeinde in Philadelphia schreibe: Das sagt der Heilige, der Wahrhaftige, der da hat den Schlüssel Davids, der auftut, und niemand schließt zu, und der zuschließt, und niemand tut auf: Ich kenne deine Werke. Siehe, ich habe vor dir eine Tür aufgetan, die niemand zuschließen kann; denn du hast eine kleine Kraft und hast mein Wort bewahrt und hast meinen Namen nicht verleugnet. Siehe, ich werde einige schicken aus der Versammlung des Satans, die sagen, sie seien Juden, und sind's nicht, sondern lügen. Siehe, ich will sie dazu bringen, dass sie kommen sollen und zu deinen Füßen niederfallen und erkennen, dass ich dich geliebt habe. Weil du mein Wort von der Geduld bewahrt hast, will auch ich dich bewahren vor der Stunde der Versuchung, die kommen wird über den ganzen Weltkreis, zu versuchen, die auf Erden wohnen. Ich komme bald; halte, was du hast, dass niemand deine Krone nehme!

Wer überwindet, den will ich machen zum Pfeiler in dem Tempel meines Gottes, und er soll nicht mehr hinausgehen, und ich will auf ihn schreiben den Namen meines Gottes und den Namen der Stadt meines Gottes, des neuen Jerusalem, das vom Himmel herniederkommt von meinem Gott, und meinen Namen, den neuen. Wer Ohren hat, der höre, was der Geist den Gemeinden sagt!

DU HAST EINE KLEINE KRAFT

Nach Advent klingt die Lesung nicht, und nach Weihnachtsgebäck duftet sie nicht. Nach wärmendem Kerzenschein sieht es ganz und gar nicht aus, sondern nach einem Weckruf, nach einem drohenden Untergang. Der Text entstammt der Offenbarung, dem letzten und vielleicht spannendsten Buch der Bibel, reich an Bildern, nicht immer leicht zu entschlüsseln, und am Ende des ersten Jahrhunderts verfasst – nach der Katastrophe des Jahres 70: Römer nahmen Jerusalem ein, der Jerusalemer Tempel wurde zerstört, und für die jüdische Bevölkerung bedeutete die Eroberung der Stadt den endgültigen Verlust ihrer politischen Autonomie. Viele verließen die Stadt, auch das religiöse Leben musste ganz neu organisiert werden. Nichts blieb, wie es war.

Johannes, dem diese prophetischen Worte zugeschrieben werden, wanderte in die Provinz Asien ein. Als er sein Werk schuf – am Ende der Regierungszeit des römischen Kaisers Domitian (81–96 n. Chr.) –, befand er sich vorübergehend auf der Insel Patmos im Exil. Er empfing Visionen und schrieb sie auf – für die, die in Bedrängnis, Angst und Verzweiflung waren und zu Ausgeschlossenen wurden, wenn sie sich dem Kaiserkult widersetzten. Seine christliche Apokalypse sollte sie trösten und ermutigen: Schließlich hat Gott in Jesus Christus bereits endzeitlich gehandelt, in ihm ist das Eschaton schon angebrochen. Darum braucht – allen Krisen und Bedrängnissen zum Trotz – niemand mehr zu resignieren. Vielmehr kommt für die christliche Gemeinde die Hoffnung auf unzerstörbare Gemeinschaft mit Gott zur Erfüllung. Seine Gegenwart wird in den berühmten Visionen vom neuen Himmel und von der neuen Erde sowie vom neuen Jerusalem präsent – auf den letzten Seiten der Heiligen Schrift, am Ende der Offenbarung (Offb 21,1–22,5).

Am Anfang dieses biblischen Buches hingegen wendet sich Johannes an sieben Gemeinden in der römischen Provinz Asien, an Orte, in denen der Kaiserkult blühte. Der Verfasser dieser Schreiben zeigt sich als Beauftragter, als Berufener, der sich umwendet, »zu sehen nach der Stimme, die mit mir redete« (Offb 1,12), und so die Vision mit einer Audition verbindet: Er sieht und hört mitten unter sieben Leuchtern den Auferstandenen, der in seiner rechten Hand sieben Sterne hält und dessen »Angesicht leuchtete, wie die Sonne scheint in ihrer Macht« (Offb 1,16). Die sieben Sterne stehen für Engel der sieben Gemeinden, die sieben Leuchter für sieben Gemeinden (Offb 1,20).

Die sechste unter ihnen ist die Gemeinde in Philadelphia. Der Engel dieser Gemeinde ist der Adressat des Briefs, Johannes der Bote, der Auferstandene sein Urheber. Als letzter Davidide wird er zur Schlüsselfigur, die endgültig erschließt, aber auch verschließt, ihre Schlüsselgewalt über die Unterwelt (Offb 1,18) ebenso ausübt wie über das Reich Gottes und der Gemeinde Mut zuspricht. Das Schlüsselbild lebt weiter, eine Tür geht auf, die Gemeinde ist aufgeschlossen: »Siehe, ich habe vor dir eine Tür aufgetan, die niemand zuschließen kann; denn du hast eine kleine Kraft und hast mein Wort bewahrt und hast meinen Namen nicht verleugnet.«

Weitere Offenbarungsworte (»Siehe…«) schließen sich an: Im Kontrast zu dieser Gemeinde steht eine Versammlung des Teufels, die in zahlreichen Übersetzungen als Synagoge des Satans antijüdisch ausgelegt wurde. Diese Tradition sitzt jedoch einem christlichen Vorurteil auf, denn die griechische Synagoge bezeichnet jedweden Versammlungsort, also nicht allein jüdische Gebetshäuser, sondern auch christliche Kirchen, die vielfältigen Versuchungen ausgesetzt waren und sind. Und genau davor wird die Gemeinde bewahrt und beschützt, wie ihr verheißen ist. Ihr griechischer Name ist Programm: Philadelphia heißt übersetzt Geschwisterliebe, und anders als andere Gemeinden ist sie keinen Vorwürfen ausgesetzt.

Wer über die Schlüssel, erst recht die Davids, verfügt, hat die Macht. Diese liegt nicht bei der Gemeinde: Du hast eine kleine Kraft – diese Wendung lese ich jedoch nicht als versteckten Tadel, sondern als Auftrag, mutig anzugehen, wozu diese Kräfte reichen, denn an Zumutungen fehlt es nicht. Während andere sich mit dem Satan und den Mächtigen einlassen, solidarisiert sich Johannes mit denen mit kleiner Kraft. Sie werden ins Recht gesetzt, und das letzte Wort gehört nicht denen, die eigenmächtig Türen aufstoßen oder sich abschotten, im Gegenteil: »Siehe, ich werde einige schicken aus der Versammlung des Satans [...] Siehe, ich will sie dazu bringen, dass sie kommen sollen und zu deinen Füßen niederfallen und erkennen, dass ich dich geliebt habe.«

Die Angesprochenen mit kleiner Kraft sind also nicht kraftlos, nicht mutlos, nicht ohnmächtig, aber auch nicht übermütig, nicht von Machtfantasien versucht, die weder eigene Grenzen kennen noch fremde Grenzen achten. Das kleine Philadelphia ist nicht das große Rom. Menschen sind nicht nichts, ihnen gilt der Zuspruch: »Ich komme bald; halte, was du hast, dass niemand deine Krone nehme!« Und diese Krone haben sie sich nicht selbst aufgesetzt, um sich größer zu machen, als sie sind, nein, diese Krone ist ihnen geschenkt, verleiht ihnen menschliche Größe und ihrer kleinen Kraft Würde und Ansehen. Und derjenige, der sie ansieht, würdigt und beschenkt, tritt für sie ein, so dass sie eintreten können – durch eine offene Tür: »Siehe, ich habe vor dir eine Tür aufgetan, die niemand zuschließen kann; denn du hast eine kleine Kraft und hast mein Wort bewahrt und hast meinen Namen nicht verleugnet.« Mit diesem Schlüsselsatz gehen Türen auf – wie beim Adventskalender mit seinen vielen Bildern. Menschen kommen an: an Weihnachten und bei einem Gott, der sich als Kind offenbart, als Mensch mit kleiner Kraft.

3. SONNTAG IM ADVENT
MATTHÄUS 11,2-10

Niklaus Peter

Da aber Johannes im Gefängnis von den Werken Christi hörte, sandte er seine Jünger und ließ ihn fragen: Bist du, der da kommen soll, oder sollen wir auf einen andern warten? Jesus antwortete und sprach zu ihnen: Geht hin und sagt Johannes wieder, was ihr hört und seht: Blinde sehen und Lahme gehen, Aussätzige werden rein und Taube hören, Tote stehen auf und Armen wird das Evangelium gepredigt; und selig ist, wer sich nicht an mir ärgert.

Als sie fortgingen, fing Jesus an, zu dem Volk über Johannes zu reden: Was wolltet ihr sehen, als ihr in die Wüste hinausgegangen seid? Ein Schilfrohr, das vom Wind bewegt wird? Oder was wolltet ihr sehen, als ihr hinausgegangen seid? Einen Menschen in weichen Kleidern? Siehe, die weiche Kleider tragen, sind in den Häusern der Könige. Oder was wolltet ihr sehen, als ihr hinausgegangen seid? Einen Propheten? Ja, ich sage euch: Er ist mehr als ein Prophet. Dieser ist's, von dem geschrieben steht: »Siehe, ich sende meinen Boten vor dir her, der deinen Weg vor dir bereiten soll.«

»Bist du, der da kommen soll?«, zitiert der Jurist und Dichter Salomo Franck die Täuferfrage aus Matthäus 11,3, und fährt dann in *sehr* barockem Tone fort: »Seelenfreund im Kirchengarten / Mein Gemüt ist zweifelsvoll, / Soll ich eines andern warten?« Dieses geistliche Libretto in zwei Chören und vier Arien aus Francks *Evangelischen Sonn- und Fest-Tages-Andachten*, geschrieben für den 3. Sonntag im Advent, wurde von Johann Sebastian Bach integral für seine Weimarer Kantate BWV 186.1 von 1716 verwendet.

Nur: Bachs musikalische Komposition dazu ist verschollen, keine handschriftliche Partitur ist erhalten. Aber die Musik lässt sich rekonstruieren, weil Bach diese für seine spätere, deutlich ausgebaute und in Leipzig aufgeführte Kantate »Ärgre dich, o Seele, nicht« (BWV 186.2 – 1723) wiederverwendet hat. Dies mit einer interessanten Veränderung des Franck'schen Textes: »Bist du, der mir helfen soll, / Eilst du nicht, mir beizustehen? / Mein Gemüt ist zweifelsvoll.«

So mag es heutigen Menschen, den »Seelenfreunden« innerhalb und außerhalb des »Kirchengartens«, mit der Täuferfrage selbst gehen. Die »Musik« dazu scheint irgendwie verschollen, nichts klingt an – »it don't mean a thing, if it ain't got that swing«. Aber vielleicht ist der Sinnkontext rekonstruierbar, der Swing wiederzufinden, denn diese ganze Passage aus Matthäus 11 ist wirklich gute, große evangelische Musik. Das anzudeuten wäre jedenfalls die Aufgabe einer rechten Auslegung und Predigt.

Auszugehen bei dieser Rekonstruktion ist vom damaligen und heutigen Erwartungshorizont, in der Krisenerfahrungen, Problemknäuel und Ängste sich in apokalyptischen Bildern verdichten, damals wie heute: Gewalt, Ungerechtigkeit, Leid, Ausweglosigkeiten – und ein Gottesglaube, der zutiefst davon überzeugt ist, dass Gott selber dies alles nicht aushält, dass er nicht untätig bleiben wird, dass ein Ende und ein Neues kommen soll. Das war damals der Nährboden für messianische Erwartungen: Gott wird seine geheimnisvolle Macht in einem friedlichen König, einem Maschiach, einem Gesalbten zeigen, der das unheilvolle Chaos überwinden, der Frieden und Heilung bringen wird. Gibt es heute diesen Erwartungshorizont noch: »Bist du, der da kommen soll, oder sollen wir auf einen andern warten?« Mir scheint, dass sich nur der apokalyptische Ton und die entsprechend dunkle Tönung erhalten haben, nicht aber eine herzensfeste Hoffnung auf Gott. Es ist ja gut, dass sich das pandemische Gerede von Utopie verflüchtigt hat, dessen universitäre, unpolitische Politik, dessen areligiöse Religiosität man nicht mehr hören mag. Aber wie steht es um unsere Glaubenstradition, deren messianischer Hoffnungskern nötiger denn je ist?

Gershom Scholem hat in seinem Aufsatz *Zum Verständnis der messianischen Idee im Judentum* von 1959 behauptet, dass das Judentum im Gegensatz zum Christentum stets an einem Begriff von Erlösung (und also der Befreiung von Katastrophischem) festgehalten habe, welcher sich »auf dem Schauplatz der Geschichte und im Medium der Gemeinschaft« vollziehe, während das Christentum alles verinnerlicht, vergeistigt und vergeistlicht habe.

Der Text aus dem Matthäusevangelium macht deutlich, dass dem nicht so ist: Johannes, der im Gefängnis sitzt, sendet seine Jünger mit der Frage zu Jesus, ob er der erhoffte und erwartete Messias sei. Die Antwort ist lapidar: Sie weist nicht auf einen Totalumsturz, verweigert sich einem apokalyptischen Schwarz-Weiß, sie verweist aber auf erfahrbare Zeichen des messianischen Wirkens, auf Heilung und erneuertes Leben, auf Menschen, denen mit der Hoffnung auch wirklich neue Lebenschancen zuteil werden. Es war, wenn man die Evangelien liest, eindeutig der Geist und die Erfahrung, mit der Menschen auf Jesu Wirken reagiert haben. Das trennt nicht, im Gegenteil: Es verbindet Judentum und Christentum, soweit sie ihren messianischen und christologischen Kern nicht verloren haben.

Denn die Irritation, die Verunsicherung, oder, anders gewendet, die Neuperspektivierung, auch das verbindet

Judentum und Christentum. Salomo Francks Eingangschoral spricht von ärgerlicher Irritation: »Ärgre dich, o Seele, nicht, / Dass das allerhöchste Licht, / Gottes Glanz und Ebenbild, / Sich in Knechtsgestalt verhüllt!« Es ist diese Tradition des nicht gewaltsam siegenden, sondern friedlich einstehenden und friedlich verändernden Gottesknechtes (Jesaja 53), welche die enge Verbindung von Judentum und Christentum zeigt. Und so spricht nun auch Jesus nicht in Abgrenzung gegenüber Johannes, er deutet dessen Wirken im Horizont dessen, was beide teilen: eine Art von weltbezogener Prophetie und Energie, die mehr ist als religiöse Sensationsbewirtschaftung. Es ist diese Tiefengrammatik, die in unserem adventlichen Text auf eine helle und tiefe Weise die Musik macht. Gerd Theissen hat in seiner wunderbar liberalen, poetischen und doch trinitarischen Dogmatik, in seinen *Glaubenssätzen*, geschrieben:

> Glaube an Christus
> ermutigt,
> nicht aufzugeben,
> wenn alles hoffnungslos scheint.
>
> Christlicher Glaube
> ist Mut zum Leben und zum Sterben,
> der mit Christus gekreuzigt wird
> und mit ihm aufersteht
> und so mit Gott
> jetzt und für immer
> verbunden ist.

4. SONNTAG IM ADVENT
JESAJA 62,1-5

Fulbert Steffensky

Um Zions willen will ich nicht schweigen, und um Jerusalems willen will ich nicht innehalten, bis seine Gerechtigkeit aufgehe wie ein Glanz und sein Heil brenne wie eine Fackel, dass die Völker sehen deine Gerechtigkeit und alle Könige deine Herrlichkeit. Und du sollst mit einem neuen Namen genannt werden, welchen des HERRN Mund nennen wird. Und du wirst sein eine schöne Krone in der Hand des HERRN und ein königlicher Reif in der Hand deines Gottes. Man soll dich nicht mehr nennen »Verlassene« und dein Land nicht mehr »Einsame«, sondern du sollst heißen »Meine Lust« und dein Land »Liebe Frau«; denn der HERR hat Lust an dir, und dein Land hat einen lieben Mann. Denn wie ein junger Mann eine Jungfrau freit, so wird dich dein Erbauer freien, und wie sich ein Bräutigam freut über die Braut, so wird sich dein Gott über dich freuen.

EINE SCHÖNE KRONE IN DER HAND DES HERRN

Gott sieht den Menschen in unerbittlicher Größe. Er sieht ihn als eine Krone in der Hand des Herrn; als einen Reif in der Hand Gottes (V. 4). Er sieht ihn als ein eigenes liebes Weib, das er begehrt; mit dem er gerne schläft (V. 3) und das sein Entzücken und seine Lust ist. Gottes Blick ist völlig ungeeignet dazu, den Menschen klein und nichtig zu machen.

Warum machen religiöse Menschen sich selbst so gerne unbedeutend, sündig, verloren, kraftlos, nichtswürdig, unwürdig, nichtig? Warum sind diese Selbstentmündigungen des Menschen so häufig und so einleuchtend? Warum hat er diese eigentümliche Lust an der eigenen Verwerflichkeit? Warum sind es die Hauptaussagen des religiösen Menschen über sich selbst? Warum ist die Lust des Menschen, sich vor Gott klein zu machen, so geläufig? Vielleicht weil Menschen sich mit der Betonung der eigenen Geringfügigkeit vor der Zumutung der eigenen Größe und vor dem Blick Gottes schützen. Wenn nach dem letzten Krieg Menschen gefragt wurden, warum sie weggesehen haben, wo anderen ihre Rechte genommen wurden; wo sie gefoltert und vernichtet wurden; wo die Kinder vor ihren Augen aufgespießt wurden, da haben sie sich gerne auf die eigene Geringfügigkeit berufen. Sie haben gesagt: Wir konnten nichts machen. Wir waren nur ein Rädchen im Getriebe der Bosheit. Welche Selbstverachtung, sich selbst als Ding, als ein Rädchen zu definieren und sich nicht mehr als die eigene Ohnmacht zuzutrauen. Wir *konnten* nichts machen, also *mussten* wir auch nichts machen. Das war die hilfreiche Ohnmacht, mit der Menschen sich entschuldigten und die sie vor der Verantwortung und Handlung verschonte. Die Ohnmacht als das große Versteck, wohin man vor der Verantwortung fliehen konnte. »Wir wurden geboren, um die Herrlichkeit Gottes zu manifestieren«, schreibt Marianne Williamson, genau wie Jesaja. Gott traut dem Menschen »die Würde einer Ursache« zu (Thomas von Aquin). Er ist nicht nur Resultat der Ereignisse und Objekt der Verhältnisse.

Die unerbittliche Größe des Menschen in den Augen Gottes. Er liebt die Stärke des Menschen. »Liebes Weib« möchte er zum Volk sagen, dessen Gerechtigkeit aufgeht wie ein Glanz. Gott möchte sich mit der Stärke und der Gerechtigkeit eines Menschen oder eines Volkes schmücken. Ein solches Volk ist seine Krone. Gott möchte stolz werden können auf das Volk, das seine Gerechtigkeit aufrichtet. Es ist Braut und Lust Gottes. Ja, das Bild, das Gott vom Menschen hat, ist unerbittlich. Es lässt dem Volk keine Ruhe, bis das Recht Gottes aufgerichtet ist. Die Wächter Gottes werden den ganzen Tag und die ganze Nacht nicht mehr schweigen (V. 6). Sie werden Gott an das Volk erinnern und das Volk an Gott. Ja, es ist anstrengend, einen solchen Gott mit seiner drängenden Liebe zu haben. Dieser Gott ist kein Gott der Starken, aber er ist ein Gott, der nicht will, dass sein Volk seine Stärke verbirgt oder verschleudert. Das Volk, das mit eigenen Händen seine Größe kastriert, taugt nicht als Krone Gottes, taugt nicht als die Geliebte Gottes. Über jenes faule Volk freut er sich nicht, er »freit« es nicht, und es hat keinen »neuen Namen« (V. 2) zu erwarten.

Vielleicht trete ich mit dieser Kritik am pessimistischen Selbstbild vor allem auf protestantische Hühneraugen. Ich höre den Einwand: Wo bleibt denn die Gnade, die den Menschen aus seinen Verstrickungen und Verwerfungen befreit, über alles Tun des Menschen hinaus und vor allem Tun? Ja, das Charmanteste, was wir der Welt zu überliefern haben, ist die Nachricht, dass wir nicht gezwungen sind, die Produkte unserer selbst zu sein; die Nachricht von der Gnade Gottes, die unsre Freiheit ist. Aber dieses wundervolle Wort Gnade soll vor dieser Stelle des Propheten Jesaja nicht einmal in den Mund genommen werden. Da steht nur etwas von der erwartenden Hoffnung Gottes auf die Stärke und die Güte des Menschen. Gott ist hier der Empfangende. Ihn soll der Mensch schmücken mit seiner Stärke und Schönheit. Der Mensch soll mit seiner Gerechtigkeit die Lust Gottes sein. Gott und seine Schönheit leben auch von der Gnade des Menschen. An anderer Stelle würde ich gerne vom Charme der ungeschuldeten Gnade Gottes sprechen (und ich habe es oft getan). Hier, bei dieser Jesajastelle, soll nicht davon geredet werden. Hier soll vom Charme der Stärke des Menschen geredet werden. Hier soll mit Jakobus (2. Kapitel) davon gesprochen werden, dass der Glaube an jene Gnade ohne Werke tot und nutzlos ist. Glauben allein ohne Werke – das kann auch der Teufel, »und er zittert« (Jk 2,19). Man kann das Evangelium auch zum Schweigen bringen, indem man eine Bibelstelle mit einer anderen erwürgt. Dann muss, wenn über die Werke gesprochen wird, alsbald die Gnade her. Wenn über Schuld gesprochen wird, muss alsbald die Vergebung her. Es ist, als wolle man sich vor dem Anspruch eines biblischen Satzes sofort mit dem Zitat eines anderen Satzes schützen.

Wir sind in unserer Verkündigung dafür verantwortlich, dass die Würde des Menschen und die Schönheit des Evangeliums deutlich bleiben. Wir können den Menschen nicht kleiner denken, als Gott ihn gedacht hat.

CHRISTVESPER
GALATER 4,4-7

Christoph Markschies

Als aber die Zeit erfüllt war, sandte Gott seinen Sohn, geboren von einer Frau und unter das Gesetz getan, auf dass er die, die unter dem Gesetz waren, loskaufte, damit wir die Kindschaft empfingen. Weil ihr nun Kinder seid, hat Gott den Geist seines Sohnes gesandt in unsre Herzen, der da ruft: Abba, lieber Vater! So bist du nun nicht mehr Knecht, sondern Kind; wenn aber Kind, dann auch Erbe durch Gott.

Schon der Gedanke daran, bald wieder Christvesper feiern zu können, ist wunderschön. Mir fallen dann viele Momente aus Gottesdiensten seit Kindertagen ein, Bibeltexte, Lieder, Musikstücke. Beim Nachdenken über Weihnachten kommen mir so schnell wie selten sonst Eindrücke aus meiner Kindheit in den Sinn: Ich höre beispielsweise den Klang der von den Großeltern ererbten Tischglocke, die von meinem Vater ein einziges Mal im Jahr geläutet wurde, nämlich genau dann, wenn das Wohnzimmer festlich dekoriert, die Kerzen am Baum angezündet waren und die Geschenke sorgfältig für alle geordnet auf dem langen Couchtisch lagen.

Wenn sich dieser Schwall an Kindheitserinnerungen etwas gelegt hat, höre ich in meinem inneren Ohr alle Bedenken gegen Kinderglauben wie kindisches Verhalten, und es stellt sich die Sorge ein, wie ich die theologisch anspruchsvollen Texte in der Christvesper so auslege, dass sie nicht banalisiert oder mit Sentimentalität übertüncht werden. Mit Resten großer Vorfreude, aber auch mit gewisser Sorge schaue ich nach, was als Text für die

Ansprache in der Christvesper vorgesehen ist – und die Vorfreude stellt sich sofort wieder her. Denn vorgeschlagen ist zwar ein theologisch ganz dichter Text des Apostels Paulus, in dem alles vorkommt, was paulinische Theologie so zu bieten hat – Gesetz und Geist, Loskauf durch Christus und die Fülle der Zeiten. Aber wunderbarerweise verlangt dieser Text nicht von mir, mich von meinen Kindheitserinnerungen an den Heiligen Abend und meinem kindlichen Glauben an das Kind in der Krippe zu distanzieren. Ganz im Gegenteil: Ich werde vom Apostel auf meine Erinnerungen an meine kindlichen Erfahrungen und Einsichten angesprochen und Paulus nimmt sie zum Ausgangspunkt für den ganz großen theologischen Reckaufschwung. Dieser biblische Text kann also vorzüglich dabei helfen, am Heiligen Abend die theologische Pointe von Weihnachten nicht aus Angst vor den vielen Menschen zu verschweigen oder zu ermäßigen, die im Jahr selten oder sogar nur dieses eine einzige Mal in die Kirche kommen. Ich kann sie genau darauf ansprechen, woran auch ich immer denke und was ich erlebe: auf das Forteilen der Gedanken und Empfindungen in die Kindertage.

Denn die theologische Pointe von Weihnachten wird hier als das beschrieben, was Martin Luther so schön einen »fröhlichen Wechsel« genannt hat: Der schlechterdings alterslose ewige Gott wird als ein kleines Kind in einer Krippe geboren, damit wir endlich begreifen, dass wir seine Kinder sind. Vor uns liegt in der Christvesper ein Kind, wir hören von einem Kind, wir singen von einem Kind, wir sehen ein Kind, damit wir mit dem Verstand und allen Sinnen begreifen, dass wir schon längst Gottes Kinder sind. Wir müssen uns der kuriosen Züge, die uns die Erinnerung an unsere weihnachtlichen Kindertage wieder gegenwärtig macht, überhaupt nicht schämen. Unsere eigene Kindheit (wenn sie denn nicht eine restlos unglückliche war) ist ein Gleichnis der Kindschaft, die unser ganzes Leben andauert und unser ganzes Leben tragen kann: Gleichnis der Gotteskindschaft. Es ist eben kein lächerlicher Kinderglaube, der überwunden werden muss, wenn wir schlicht die Hände falten und wie Jesus selbst rufen »Abba, lieber Vater«. Es ist Zeichen des kindlichen Vertrauens gegenüber Gott, zu dem wir eingeladen sind, das wir oftmals im Leben aber nicht selbst aufbringen können und das uns gerade deswegen geschenkt wird. Nicht wir müssen rufen, sondern der Heilige Geist schenkt uns Worte, Lieder, Gedanken, Erinnerungen. Weihnachten machen nicht wir, das wird uns auch geschenkt. Mit allen Erinnerungen, die wieder Gegenwart werden. Heiliger Geist, ganz praktisch.

Nun sitzen in der Kirche bei Christvespern auch viele Menschen, die in diesen Krisenzeiten ein besonders schweres Jahr hinter sich haben und deswegen gar nicht an ihre mehr oder weniger wunderschöne Kindheit denken, sondern an ein unter Umständen ziemlich schwieriges, von Angst oder Panik geprägtes Jahr. Gott sei Dank hat Paulus im biblischen Text auch für diese Menschen etwas aufgeschrieben. Er versteht die Kindschaft, die uns geschenkt ist, als Befreiung aus einer Knechtschaft. Aus der Knechtschaft von Angst, Panik und Verzweiflung beispielsweise, sein Leben nicht so leben zu können, wie man es sich wünscht, oder angesichts allgemeiner Erwartungen glaubt führen zu müssen. Diese Kindschaft bedeutet (wie alle gute Kindschaft) Freiheit, und der Vater lässt sich diese Freiheit etwas kosten. Im weihnachtlichen Glanz ist immer auch ein Stück des hellen Lichts vom Ostermorgen. Aber das Kind begreift bekanntlich noch gar nicht, welches große Erbe ihm die Eltern schenken – und insofern muss man alle diese tiefen Verbindungslinien der paulinischen Theologie auch nicht in extenso ausbreiten, für viele Gemeinden reichen zarte, weihnachtliche Andeutungen.

Ein herrlicher Text für einen wunderbaren Abend: Wir dürfen unbesorgt am Heiligen Abend und zu Weihnachten wieder Kinder werden, weil uns so am besten deutlich wird, dass wir Kinder sind. Gottes Kinder. Und in Zeiten, wo uns vielleicht auch deutlicher als sonst wird, wie sehr wir uns versklaven lassen und als Knechte unsere Tage zubringen, ist es herrlich, wenn wir hören, dass wir aus diesen Verhältnissen als Gottes Kinder längst freigekauft sind, befreit aus den gottlosen Bindungen dieser Welt und fröhlich gemacht, wie es in der Barmer Theologischen Erklärung so schön heißt.

CHRISTNACHT
LUKAS 2,1-20

Cornelia Kulawik

Es begab sich aber zu der Zeit, dass ein Gebot von dem Kaiser Augustus ausging, dass alle Welt geschätzt würde. Und diese Schätzung war die allererste und geschah zur Zeit, da Quirinius Statthalter in Syrien war. Und jedermann ging, dass er sich schätzen ließe, ein jeglicher in seine Stadt.

Da machte sich auf auch Josef aus Galiläa, aus der Stadt Nazareth, in das judäische Land zur Stadt Davids, die da heißt Bethlehem, darum dass er von dem Hause und Geschlechte Davids war, auf dass er sich schätzen ließe mit Maria, seinem vertrauten Weibe; die war schwanger. Und als sie daselbst waren, kam die Zeit, dass sie gebären sollte. Und sie gebar ihren ersten Sohn und wickelte ihn in Windeln und legte ihn in eine Krippe; denn sie hatten sonst keinen Raum in der Herberge.

Und es waren Hirten in derselben Gegend auf dem Felde bei den Hürden, die hüteten des Nachts ihre Herde. Und des Herrn Engel trat zu ihnen, und die Klarheit des Herrn leuchtete um sie; und sie fürchteten sich sehr. Und der Engel sprach zu ihnen: Fürchtet euch nicht! Siehe, ich verkündige euch große Freude, die allem Volk widerfahren wird; denn euch ist heute der Heiland geboren, welcher ist Christus, der Herr, in der Stadt Davids. Und das habt zum Zeichen: Ihr werdet finden das Kind in Windeln gewickelt und in einer Krippe liegen. Und alsbald war da bei dem Engel die Menge der himmlischen Heerscharen, die lobten Gott und sprachen: Ehre sei Gott in der Höhe und Friede auf Erden bei den Menschen seines Wohlgefallens.

Und da die Engel von ihnen gen Himmel fuhren, sprachen die Hirten untereinander: Lasst uns nun gehen gen

Bethlehem und die Geschichte sehen, die da geschehen ist, die uns der Herr kundgetan hat. Und sie kamen eilend und fanden beide, Maria und Josef, dazu das Kind in der Krippe liegen. Da sie es aber gesehen hatten, breiteten sie das Wort aus, welches zu ihnen von diesem Kinde gesagt war. Und alle, vor die es kam, wunderten sich über die Rede, die ihnen die Hirten gesagt hatten. Maria aber behielt alle diese Worte und bewegte sie in ihrem Herzen. Und die Hirten kehrten wieder um, priesen und lobten Gott für alles, was sie gehört und gesehen hatten, wie denn zu ihnen gesagt war.

SIE HATTEN SONST KEINEN RAUM IN DER HERBERGE

Aus Krippenspielen ist die Szene vertraut: Maria und Joseph gelangen nach einem mühsamen Weg endlich in Bethlehem an. In höchster Not gehen sie nun von Haus zu Haus. Doch überall erfahren sie Ablehnung, keiner gibt ihnen Unterkunft. Sie klopfen beim ersten, sie klopfen beim zweiten, sie klopfen beim dritten Haus an. Doch hören sie immer nur: »Wir haben keinen Platz für euch.« Endlich erbarmt sich eine Wirtin oder ein Wirt und gibt ihnen den Stall.

Es ist interessant, dass oft gerade diese Szene in Krippenspielen besonders ausgeschmückt wird. Das liegt bestimmt daran, dass hier kontrastreicher und spannender erzählt werden kann. Bei unseren Nachrichten ist es nicht anders: Das Negative dominiert. Es ist viel präsenter als das Positive. Man nennt dies »Negativitätsverzerrung«. Im Sinne des Krippenspiels könnten wir also sagen: Wie viele böse Wirte gibt es doch in unserer Welt!

Dabei erzählt die Weihnachtsgeschichte des Lukas mit keiner Silbe von unfreundlichen Wirten. Vielmehr heißt es nur: »Und als sie daselbst waren, kam die Zeit, dass sie gebären sollte. Und sie gebar ihren ersten Sohn, und wickelte ihn in Windeln und legte ihn in eine Krippe, denn sie hatten sonst keinen Raum in der Herberge.«

Sie hatten keinen Raum in der Herberge. Bethlehem war offensichtlich überfüllt. *Das* erzählt Lukas. Denn plötzlich kamen sehr viele Menschen in diesem Ort an. Doch die Menschen hatten sich alles andere als freiwillig auf den Weg gemacht. Dass sie in Bethlehem waren, war nicht ihre eigene Idee, z. B. der Wunsch nach einer Pilgerreise. Sondern sie waren hier der Willkür und Macht eines fernen Herrschers wegen. Dessen Entscheidungen und Gebot waren sie ausgeliefert.

Wenn ich diese Erzählung auf dem Hintergrund all der Ukrainerinnen und Ukrainer bei uns lese, möchte ich umso mehr ganz nah an der lukanischen Weihnachtsgeschichte selber bleiben und somit nichts von bösen Wirten erzählen. Im Gegenteil: Bethlehem war voll mit Menschen, die plötzlich Herbergen brauchten. Und in dieser Situation versuchte man das Unmögliche noch möglich zu machen: Man bot den Platz im Nebenraum an, der eigentlich nicht als Quartier, sondern für die Tiere bestimmt war. Aber in Notsituationen muss das gehen.

Seit dem Angriff russischer Truppen auf die Ukraine am 24. Februar 2022 sind so viele Ukrainerinnen und Ukrainier hier bei uns angekommen. Oft war ich überwältigt von der Hilfsbereitschaft und Fürsorge, die ich an so vielen Orten erlebte. Am Anfang war es wirklich oft nur die Schlafcouch im Wohnzimmer, die zur Verfügung gestellt wurde. Und wie auch die Wirte in der Weihnachtsgeschichte war es ja unberechenbar, was aus dieser spontanen Hilfsbereitschaft wird.

Denn – so die Weihnachtsgeschichte – Maria erwartete ein Kind. So viel kann hier auch schiefgehen. Eine schwere Geburt mit Komplikationen, Maria und Joseph, die dann über Wochen erstmal bleiben müssen und nicht sofort nach Hause zurückkehren können. Man weiß es schlicht nicht, aber öffnet spontan die Tür zum eigenen Haus. Denn diese Leute da draußen brauchen eine Unterkunft. Was auch immer sich daraus ergibt: Die Herbergsfamilie wird nicht unberührt bleiben können von dem, was hier im Stall geschieht.

Herberge geben heute: Das heißt ja viel mehr, als nur einen Raum zur Verfügung stellen. Es heißt Essen miteinander teilen, Zeit schenken, um beizustehen, und sich zu verständigen versuchen. Herberge geben heißt, Lebensräume zu öffnen, dabei zu helfen, Kindergarten, Schule, Musik, Kunst, Sport zu ermöglichen. Herberge geben: zuhören, zu verstehen suchen, aufeinander achten.

Weihnachten: Auch wenn wir es gewohnt sind, den Fokus oft sinngemäß auf »die bösen, unfreundlichen und abweisenden Wirte« zu legen und damit eher das Negative ins Zentrum zu rücken – Lukas erzählt anders.

Er blendet die harten Realitäten des Lebens nicht aus. In Kaiser Augustus und seinen willkürlichen Geboten verkörpert sich das Gewaltvolle, dem Menschen wehrlos ausgeliefert sind. Augustus fühlt sich als Herr der Welt und kann somit verfügen, »dass alle Welt geschätzt würde«. Aber der Engel verkündet den Hirten eine andere Realität: »Fürchtet euch nicht, denn siehe, ich verkündige euch große Freude, die allem Volk widerfahren wird. Denn euch ist heute der Heiland geboren, welcher ist Christus, der Herr.«

Nicht Augustus in Rom, sondern dieses wehrlose Kind ist Herr dieser Welt. »Ehre sei Gott in der Höhe und Friede auf Erden«, singen die Engel über den Feldern Bethlehems.

Der Kontrast könnte nicht größer sein: Dieses Neugeborene ist Herr der Welt, weil er in Gott gründet und seine Botschaft eine stärkere ist. Am Ende werden nicht Gewalt, Hass, ja Krieg das letzte Wort haben. Sondern

Gerechtigkeit, Liebe, Frieden werden die stärkeren Mächte sein, auch wenn es oft nicht so scheint.

»Fürchtet euch nicht!« Dieser Ruf des Engels dringt durch die Jahrhunderte, wo immer Menschen von Dunkel umgeben sind, wie die Hirten auf den Feldern von Bethlehem. Fürchtet euch nicht, denn in diesem Kind in der Krippe ist eine andere Kraft wirksam.

CHRISTFEST I
2. MOSE 2,1-10

Annette Kurschus

Und es ging hin ein Mann vom Hause Levi und nahm eine Tochter Levis zur Frau. Und sie ward schwanger und gebar einen Sohn. Und als sie sah, dass es ein feines Kind war, verbarg sie ihn drei Monate. Als sie ihn aber nicht länger verbergen konnte, nahm sie ein Kästlein von Rohr für ihn und verklebte es mit Erdharz und Pech und legte das Kind hinein und setzte das Kästlein in das Schilf am Ufer des Nils. Aber seine Schwester stand von ferne, um zu erfahren, wie es ihm ergehen würde.

Und die Tochter des Pharao ging hinab und wollte baden im Nil, und ihre Dienerinnen gingen am Ufer hin und her. Und als sie das Kästlein im Schilf sah, sandte sie ihre Magd hin und ließ es holen. Und als sie es auftat, sah sie das Kind, und siehe, das Knäblein weinte. Da jammerte es sie, und sie sprach: Es ist eins von den hebräischen Kindlein.

Da sprach seine Schwester zu der Tochter des Pharao: Soll ich hingehen und eine der hebräischen Frauen rufen, die da stillt, dass sie dir das Kindlein stille? Die Tochter des Pharao sprach zu ihr: Geh hin. Das Mädchen ging hin und rief die Mutter des Kindes. Da sprach die Tochter des Pharao zu ihr: Nimm das Kindlein mit und stille es mir; ich will es dir lohnen. Die Frau nahm das Kind und stillte es.

Und als das Kind groß war, brachte sie es der Tochter des Pharao, und es ward ihr Sohn, und sie nannte ihn Mose; denn sie sprach: Ich habe ihn aus dem Wasser gezogen.

Im Jahr 1943 fand in Kopenhagen das Weihnachtsfest am Sonntag, dem 3. Oktober, statt. Hans Fuglsang-Damgård, der Bischof von Kopenhagen, steigt auf die Kanzel des Doms und sagt: »Wo immer Juden aus rassischen oder religiösen Gründen verfolgt werden, ist es die Pflicht der christlichen Kirche, gegen solche Verfolgung zu protestieren: Weil wir nie vergessen dürfen, dass der Herr der Kirche, Jesus Christus, in Bethlehem von der Jungfrau Maria geboren wurde – gemäß der Verheißung Gottes an sein Volk Israel. Und weil die Verfolgung von Juden der Nächstenliebe entgegensteht, die im Evangelium wurzelt, das die Kirche Jesu Christi predigt. Ungeachtet unterschiedlicher religiöser Überzeugungen wollen wir dafür kämpfen, dass unsere jüdischen Brüder und Schwestern die gleiche Freiheit bewahren, die wir höher schätzen als das Leben. Daher bekennen wir uns zu dem Wort, Gott mehr zu gehorchen als den Menschen.«

Sämtliche Bischöfe Dänemarks haben diesen Hirtenbrief unterzeichnet. Es ist durchgesickert, dass die Deportation aller so genannten »Volljuden« und »Halbjuden« geplant ist. Danach geht alles ganz schnell. Fast alle Juden tauchen im Land unter, finden Unterschlupf bei Freunden und Nachbarn oder auch Wildfremden, in Pfarrhäusern und Kirchen und Krankenhäusern. Im Dom werden die Torarollen versteckt. Jugendliche Pfadfinder machen sich auf und suchen Menschen, die panisch durch die offene Landschaft irren. Alle helfen mit, wo sie nur können, sammeln Geld, organisieren Verstecke und Fluchtwege, in Krankenwagen, ja sogar in Müllwagen, alles, was fahren kann. Fischer machen sodann ihre Boote klar und fangen an, bei Nacht und Nebel Geflüchtete nach Schweden überzusetzen.

Einer, der früh von einem solchen Fischerboot gerettet wird, ist der Nobelpreisträger Niels Bohr. Er wird zu einer Art Mose, der seinen verzweifelten Landsleuten, die fliehen wollen, den Weg übers Meer in die Freiheit bahnt. Als er in Schweden in Sicherheit ist, wendet er sich zielstrebig an den schwedischen König und schafft es, Asyl für seine Landsleute zu erwirken. Das schwedische Aufnahmeangebot wird über die Radionachrichten verbreitet, und es beginnt eine beispiellose Ausschiffungsaktion.[1]

Warum Mose zu Weihnachten? Darum! Weil Gott seine Verheißungen für sein Volk Israel nicht vergisst, und weil Christen das in der Geburt Jesu bestätigt finden und es zum Fest seiner Geburt immer neu zu bekräftigen haben. Oder wie der Kopenhagener Bischof es formulierte, als es um Leben und Tod von Jüdinnen und Juden ging: »Weil wir nie vergessen dürfen, dass der Herr der Kirche, Jesus Christus, in Bethlehem von der Jungfrau Maria geboren wurde – gemäß der Verheißung Gottes an sein Volk Israel.« Dies war nicht theologische Drechselei, es war seine buchstäblich rettende Überzeugung. Die haben wir immer wieder stark zu machen, auch und gerade zu Weihnachten. Jesus ist nicht von Israel und von dem zu trennen, von dem gesagt wird: »Niemals wieder ist in Israel ein Prophet wie Mose aufgetreten. Ihn hat der Herr Auge in Auge berufen. Keiner ist ihm vergleichbar, wegen all der Zeichen und Wunder, die er in Ägypten im Auftrag des Herrn am Pharao, an seinem ganzen Hof und an seinem ganzen Land getan hat.« (Dtn 34,10f.)

Die Geschichte von Moses Geburt als Predigttext ausgerechnet für das Christfest vorzuschlagen, ist einigermaßen waghalsig. Die Entscheidung dafür war durchaus umstritten.[2] Nicht, weil man damit Jesus um seine Geburtstagsfeier brächte, sondern weil es das Risiko birgt, zu Weihnachten könnten auf nicht wenigen Kanzeln die alten Stereotypen der christlichen Überbietungstheologie in den Glanz der Weihnachtskerzen getaucht werden. Trotz Jahrzehnten des christlich-jüdischen Dialogs gilt, was Frank Crüsemann feststellt: »Im Alltag wird vieles längst Erreichte nicht selten einfach vergessen. Dieses

Schwanken, diese Unsicherheit hängt nicht nur mit verschiedenen theologischen Richtungen in der Kirche zusammen, es gibt sie auch bei vielen einzelnen Christen, vielleicht, wenn wir ehrlich sind, auch bei manchen von uns. Wir wollen das Judentum anerkennen und meinen doch gleichzeitig, durch Jesus Christus eine Nähe zu Gott und zum Heil erfahren zu haben, die den Juden fehlt. Einer der tiefsten Gründe für diese Widersprüchlichkeit liegt in der Art und Weise, wie wir die Bibel lesen.«[3] Die gängige Art und Weise, Exodus 2 zu lesen, ist diese: Jesus ist der neue Mose. Er tritt an Moses Stelle. Jesus ersetzt das Gesetz durch sein Evangelium. Der Evangelist Matthäus hat sein Werk in der Tat so komponiert, dass Jesus die Geschichte des großen Befreiers wiederholt. Alles liegt daran, die Geschichte von der Geburt des Mose so zu lesen, dass deutlich wird: Das, was hier erzählt wird, ist weder eine Vorform noch eine Schwundform dessen, was wir zu Weihnachten feiern. Es ist nichts, was erst durch Christus beglaubigt und vollendet werden müsste. Die Geschichte Jesu ist im wahren Wortsinn eine »Wieder-Holung« der Geschichte des Mose. Wir sind mit dem Predigttext mitten im Weihnachtsevangelium, das von Gottes befreiendem Handeln erzählt, von der großen Umkehr der Verhältnisse, von der großartigen subversiven Macht der kleinen Leute. Ob am Ufer des Nil, in Bethlehem oder vor achtzig Jahren in Dänemark.

[1] Berichte über die Rettung der dänischen Juden u. a. hier: https://www.deutschlandfunkkultur.de/rettung-daenischer-juden-in-der-shoah-mit-der-bibel-gegen-100.html

[2] Alexander Deeg, Andreas Schülle, Die neuen alttestamentlichen Perikopentexte, Leipzig 2018, 111.

[3] https://www.karl-barth-jahr.eu/daten/File/Upload/doc-14365-1.pdf

CHRISTFEST II
2. KORINTHER 8,7-9

Wolf Krötke

Wie ihr aber in allen Stücken reich seid, im Glauben und im Wort und in der Erkenntnis und in allem Eifer und in der Liebe, die wir in euch erweckt haben, so gebt auch reichlich bei dieser Wohltat. Nicht als Befehl sage ich das; sondern weil andere so eifrig sind, prüfe ich auch eure Liebe, ob sie echt sei. Denn ihr kennt die Gnade unseres Herrn Jesus Christus: Obwohl er reich ist, wurde er doch arm um euretwillen, auf dass ihr durch seine Armut reich würdet.

Über diesen Text zu Weihnachten zu predigen ist nicht ganz einfach. Denn dass es sich hier um Weihnachten handelt, kann man nicht leicht erkennen. Worum es geht, wird vielmehr erst aus dem Kontext (2. Kor 8,1-24) erkennbar. Auf ihn sollte schon vor Verlesung des Textes kurz hingewiesen werden, damit die Gemeinde verstehen kann, worum es Paulus geht. Dieser Kontext handelt von einer *Geldsammlung* für die Gemeinde in Jerusalem. Dem Anliegen einer solchen Sammlung ist auch unser Text zuzuordnen. Aber kann und soll zu Weihnachten wirklich über das Geldsammeln *gepredigt* werden?

Von Geld wird heutzutage allenthalben geredet. Denn der Ukraine-Krieg hat unsere Gesellschaft und viele private Haushalte in eine unabsehbare Finanzkrise gestürzt. Besonders ärmere Menschen fragen sich, wovon sie ihr Leben morgen bezahlen können. Geld brauchen heute vor allem die unter Krieg, Bürgerkrieg und Terrorherrschaft leidenden Menschen. Eine Fülle von Organisationen ruft deshalb zum Spenden von Geld auf. Es ist erstaunlich und gut, wie groß dabei die Spendenbereitschaft unseres Volkes ist.

Das ist auch die Erfahrung von christlichen Kirchen und Gemeinden, wenn sie zu Spenden für die Ärmsten der Armen in der Welt aufrufen. So wird es auch in diesem Jahre sein. Warum aber muss dann auch noch eine Predigt lang über das Spenden geredet werden? Viele Gemeindeglieder besuchen am 2. Christtag den Gottesdienst, um Ruhe nach Tagen der Anspannung zu finden und den Sinn von Weihnachten für ihr Leben zu vertiefen. Damit wird aber nicht in Frage gestellt, dass Spenden zum Christsein gehört. Denn es ist mit der Geburtsstunde des christlichen Glaubens, also mit Weihnachten, eng verbunden. Das will der Apostel Paulus der Gemeinde in Korinth klarmachen. Der Glaube an Christus und das Spenden gehören zusammen. Das ist so, weil Christus, der Mensch wurde, aus dem Reichtum seiner göttlichen Möglichkeiten in Bethlehem um unsertwillen »arm« wurde. Er hat das getan und tut das im Geiste noch immer, damit Menschen durch ihn »reich« werden.

Damit ist natürlich zuerst ein geistlicher Reichtum gemeint. Menschen werden im Vertrauen auf das Wort der Schrift sowie auf die Erfahrung der Liebe und Gnade Gottes reich gemacht. Aber sie bleiben nicht nur den Reichtum Jesu Christi *Empfangende*. Sie werden zu *Gebenden*, die den Armen von ihrem Reichtum abgeben. Der Apostel spricht jedoch nur indirekt davon, dass zu diesem Reichtum auch der Besitz von Geld gehören kann. Denn er vermeidet die Wörter »Geld« oder »Geldsammlung«. Vielleicht hängt das damit zusammen, dass Geld als solches auch in der Gemeinde zum »Mammon« zu werden vermag (Mt 6,24). Paulus redet deshalb lieber von der »Wohltat«, welche die besitzenden Gemeindeglieder ihren Nächsten zu erweisen vermögen. Wenn er also damit rechnet, dass es in der glaubenden Gemeinde auch den

Besitz von Geld gibt, so darum, weil es armen Gliedern der Gemeinde im Geiste der Liebe zu Gute zu kommen vermag.

Von der Gemeinde gegebenes Geld wird dann, eingebettet in diesen Geist, zur »Wohltat« für Menschen. Paulus wirbt deshalb auch darum, dass den Bedürftigen »reichlich« gegeben wird. Das gehört zu der Liebe unserer Nächsten, die untrennbar mit dem Glauben an Jesus Christus verbunden ist. Gespendetes Geld, das nicht aus der Liebe stammt, ist in der Sicht von Paulus dagegen fragwürdiges Geld. Indem es auch anderen Zwecken dient als der Liebe, ist sein Besitz in der Gefahr, die Gemeinde von Christus zu entfernen.

In diesem Sinne gelten auch heute die Beschlüsse der Lippstadter Synode der Bekennenden Kirche von 1937. Sie hat sich gegen eine Verfügung der staatlichen Finanzausschüsse gewandt, die den Gemeinden das Sammeln von Kollekten verbieten wollte. Demgegenüber wird festgehalten, dass die Kollekte selbst eine Gnade Gottes ist, durch die Christus das Herz für die Bedürftigen und Elenden öffnet. Darauf zu verzichten hieße, die Kirche zu »verweltlichen«.

Wenn Paulus sich vorgenommen hat, die »Echtheit« der Liebe der korinthischen Gemeinde zu prüfen, möchte er ausschließen, dass ihrem Spenden finanzielle Interessen beigemischt sind. Denn dann wäre die Gemeinde auf dem Wege, anderen Herren zu dienen als Christus. Paulus wollte darum mit seinem liebevollen Werben um Spenden dafür Sorge tragen, dass *Spenden eine deutliche Dimension des christlichen Glaubens* bleibt. Dieses Anliegen hat sich bis heute erhalten, indem im Gottesdienst die Verkündigung, das Gebet und die Bitte um Spenden zusammengehören.

Das Thema »Kirche und Geld« reicht in unserer Zeit jedoch weit über das gottesdienstliche Spenden hinaus.

Die Kirche als Institution in der demokratischen Gesellschaft verfügt durchaus über Geld, das nicht aus der Liebe stammt. Bei der Vereinigung der ost- und westdeutschen Kirchen ist darum der Verdacht geäußert worden, die westdeutschen Kirchen seien der Herrschaft des Geldes ausgeliefert. Das hat sich nicht bewahrheitet. Heute leiden die Kirchen und viele Gemeinden vielmehr unter Geldmangel. In dieser Situation der Freude über das Kind in Bethlehem zusammen mit der Freude am Spenden Ausdruck zu geben, ist Aufgabe der Predigt am 2. Christtag. Hinzu kommt noch aber noch etwas anderes.

Weihnachten ist für alle, die dieses Fest feiern, ein Fest des *Schenkens*. Das Schenken ist sicher ein vom Spenden abgeleiteter Brauch, den sich Menschen zu eigen gemacht haben, auch wenn sie nicht der christlichen Kirche angehören. Es ist ein Zeichen der Liebe zu Verwandten und anderen befreundeten Menschen, das seine Wurzel in der Liebe Jesu Christi hat. Ich würde empfehlen, die Predigt am 2. Christtag in das Loben des Schenkens münden zu lassen.

1. SONNTAG NACH DEM CHRISTFEST
JOHANNES 12,44-50

Julia Koll

Jesus aber rief: Wer an mich glaubt, der glaubt nicht an mich, sondern an den, der mich gesandt hat. Und wer mich sieht, der sieht den, der mich gesandt hat. Ich bin als Licht in die Welt gekommen, auf dass, wer an mich glaubt, nicht in der Finsternis bleibe. Und wer meine Worte hört und bewahrt sie nicht, den richte ich nicht; denn ich bin nicht gekommen, dass ich die Welt richte, sondern dass ich die Welt rette. Wer mich verachtet und nimmt meine Worte nicht an, der hat schon seinen Richter: Das Wort, das ich geredet habe, das wird ihn richten am Jüngsten Tage. Denn ich habe nicht aus mir selbst geredet, sondern der Vater, der mich gesandt hat, der hat mir ein Gebot gegeben, was ich tun und reden soll. Und ich weiß: Sein Gebot ist das ewige Leben. Darum: Was ich rede, das rede ich so, wie es mir der Vater gesagt hat.

I

Mit dem Jesus bei Johannes ist das so eine Sache. Ihn umweht etwas Ort- und Zeitloses. Er schimpft nicht, er schwitzt nicht, er scheint immer ein paar Zentimeter über der Erde zu schweben. Er schwingt Reden, doch nein, er schwingt sie nicht: Er hält sie. Mit geringen Amplituden, irgendwo zwischen Raunen und gregorianischem Gesang und einer Stimme aus dem Off, zwischen anmaßend und anämisch. Keine Angst vor Wiederholungen, bloß keine Angst vor großen Worten! Man muss sie nur selbstverständlich genug vortragen. So ist es auch hier wieder, in diesen Zeilen, die szenisch nicht einmal lose angebunden sind. Als seien sie vom Himmel gefallen.

II

Simeon kommt mir zu Hilfe, aus dem Evangelium für den Sonntag. Der ist nicht blutarm, sondern lebenssatt. Einer dieser freudigen Alten, schlohweiß geworden auf dem Kopf, aber die Augen noch blitzblank, weil sie immer noch Ausschau halten. Der sitzt im Tempel zu Jerusalem, so erzählt es Lukas, und Lukas will, dass mir Simeon vor Augen steht, als Mensch aus Fleisch, Blut und heiliger Geistkraft. Der sitzt und hofft, weil ihm noch eine schöne Aussicht verheißen worden ist, nämlich: den Christus Gottes zu sehen, ehe er stirbt. Und so geschieht es. Das ist die Kurz-nach-Weihnachtsgeschichte im Lukasevangelium. Simeon erblickt das Neugeborene, nimmt es auf die Arme und stimmt seinen Lobgesang an. Als wollte er dem Jesus bei Johannes die Stichworte liefern, singt er: Meine Augen haben den *Retter* gesehen. Ein *Licht*! Das Pendant dazu in Joh 12,46: *Ich bin als Licht in die Welt gekommen.* Finsternis nicht mehr finster bei dir, die du glaubst. Das ist die Kurz-nach-Weihnachts-Erinnerung im Johannesevangelium. Der eine Vers, der vor sich hinfunkelt, ohne Widerrede, ohne Missverständnisse. Ohne dass ich etwas hinzutun müsste.

III

Denn der vorherrschende Gestus ist ein anderer. Der Tenor lautet: »nicht«. Nicht ich, nicht mich. Allein sieben Mal springt mir in diesen Zeilen das Wörtchen »nicht« entgegen. Im Sinne von Anti-Ich-bin-Worten? Nein. Wie eine abwehrende Handbewegung? Nicht ganz. Dieser Jesus verweist weiter. Er sei nicht der richtige Adressat für den Glauben, oder genauer: Man täusche sich nicht, an wen man da eigentlich glaubt. Er sei nicht der Urheber seiner Worte, der großen bis mittelgroßen. Man täusche sich nicht, wer da eigentlich spricht. Dieser Jesus: nur ein Weitersager, ein Durchsichtiger, ein Gesandter, ein Medium. Eine Persona, durch die der Vater hindurchtönt. In dieser Bewegung, mag sie hier auch noch so ruhig vorgetragen werden, steckt etwas Beunruhigendes. Wer bekommt schon gerne einen Verweis? Hier wird auf ein Hintergrundgeschehen verwiesen, um nicht zu sagen: auf ein Himmelsgeschehen ungeklärten Ausmaßes und abgründiger Beschaffenheit. Wo das Licht scheint, wird es hell. Da darf ich meinen Augen trauen. Aber wen oder was sehe ich hinter dem Licht? Wie höre ich diese Worte, wenn sie mir Hinweise zum ewigen Leben zu geben versprechen? Ich taste mich vorwärts. Spätestens jetzt bleibt mir nur noch zu vertrauen. Ein Medium, meint Wikipedia, stellt Kontakt zu unerreichbaren Welten her.

IV

Was ist denn zu befürchten? In die Mitte, ins Herzinnere dieser Zeilen ist noch ein Thema montiert, hinter das ich lauter Fragezeichen setze. Vom Richten und Retten ist die Rede, vom Retten statt Richten. Rettung wovor? Wie bewahre ich Worte? Was ist daran so schwer? Wo überhöre ich Worte? Und wo geht die Ignoranz in Verachtung über? Notabene: Hier ist das »nicht« kein »nicht ich«, sondern ein »ich nicht« – und in diesem »ich nicht« steckt durchaus ein weihnachtsnaher Glutkern: Das, was sie Gericht nennen, ist nichts dem Gotteswort Äußerliches, kein Ereignis fremder Art, sondern ein Aspekt seiner Wirkweise. Von Ferne höre ich Marie Luise Kaschnitz' Phantasie vom *Leben nach dem Tode* hindurchtönen: »Kein Niedersturz / Verdammter Seelen / Nur // Nur Liebe frei gewordne / Niemals aufgezehrte / Mich überflutend«. Welchem Wort wäre solche Urgewalt zuzutrauen? Und wie verhalten sich Wort, Worte und Gebot zueinander?

V

Mit dem Jesus bei Johannes ist das so eine rätselhafte Sache. Er wirft mit großen Worten um sich. »Wort« und »Welt«, »Gebot« und »ewiges Leben«, »Richten« und »Retten« – wahlweise ausnüchternde Abstrakta – Stichwort Anämie –, Leuchtfeuer in der Finsternis oder Arkaden, die zum Spaziergang einladen. Die Jünger:innen helfen mir, die von gestern und die von heute. Diejenigen, die den Verweisen trauen, die Glauben schenken und unerreichbare Welten erblicken. Sie helfen mir, immer wieder zurückzukehren, zu diesem Jesus bei Johannes, wie zu einer Ikone, die mich anblickt, und ich blicke zurück, bis etwas geschieht. Die Tastenden helfen mir und die Horchenden. Die Weitersager und die Durchsichtigen, die Gesandten bis heute. Und Simeon hilft mir, der freundliche Alte unterm Weihnachtsbaum nach Lukas, der den Heiland entdeckt und zu singen beginnt.

ALTJAHRSABEND
PREDIGER 3,1-15

Christian Stäblein

Ein jegliches hat seine Zeit, und alles Vorhaben unter dem Himmel hat seine Stunde: Geboren werden hat seine Zeit, sterben hat seine Zeit; pflanzen hat seine Zeit, ausreißen, was gepflanzt ist, hat seine Zeit; töten hat seine Zeit, heilen hat seine Zeit; abbrechen hat seine Zeit, bauen hat seine Zeit; weinen hat seine Zeit, lachen hat seine Zeit; klagen hat seine Zeit, tanzen hat seine Zeit; Steine wegwerfen hat seine Zeit, Steine sammeln hat seine Zeit; herzen hat seine Zeit, aufhören zu herzen hat seine Zeit; suchen hat seine Zeit, verlieren hat seine Zeit; behalten hat seine Zeit, wegwerfen hat seine Zeit; zerreißen hat seine Zeit, zunähen hat seine Zeit; schweigen hat seine Zeit, reden hat seine Zeit; lieben hat seine Zeit, hassen hat seine Zeit; Streit hat seine Zeit, Friede hat seine Zeit.

Man mühe sich ab, wie man will, so hat man keinen Gewinn davon.

Ich sah die Arbeit, die Gott den Menschen gegeben hat, dass sie sich damit plagen. Er hat alles schön gemacht zu seiner Zeit, auch hat er die Ewigkeit in ihr Herz gelegt; nur dass der Mensch nicht ergründen kann das Werk, das Gott tut, weder Anfang noch Ende. Da merkte ich, dass es nichts Besseres dabei gibt als fröhlich sein und sich gütlich tun in seinem Leben. Denn ein jeder Mensch, der da isst und trinkt und hat guten Mut bei all seinem Mühen, das ist eine Gabe Gottes.

Ich merkte, dass alles, was Gott tut, das besteht für ewig; man kann nichts dazutun noch wegtun. Das alles tut Gott, dass man sich vor ihm fürchten soll. Was geschieht, das ist schon längst gewesen, und was sein wird, ist auch schon längst gewesen; und Gott holt wieder hervor, was vergangen ist.

Vielleicht weil es das letzte Schuljahr war und wir das nahende Ende dieses in vielem so vorformatierten Lebensabschnitts spürten – und auch, dass es danach vermutlich sehr viel ungewisser würde, was die Tage, Monate und Jahre angeht –, vielleicht deshalb schmetterten wir auf Partys gern »Alles hat ein Ende, nur die Wurst hat zwei«. Dieser Nachhall-Schlager der Mitte der 80er Jahre schon im Verklingen befindlichen »Neuen Deutschen Welle« gehört zu jenen Songs von Stephan Remmler, die des Lebens Lust und Frust, des Lebens Sehnsucht und Melancholie in ironisch-distanzierender Lakonie aufheben und so den allem innewohnenden Schmerz aushaltbar, ja feierfähig machen. *Alles hat ein Ende, nur die Wurst hat zwei* – dieser wohl im 19. Jahrhundert aus dem Angelsächsischen eingewanderte Spruch reimt sich in Remmlers Schlager auf »Jawoll, mein Schatz, es ist vorbei«. Die in moderner Genderperspektive wenig erbauende Story des Liedes mit dem Klammernamen »Krause & Ruth« trägt allerdings eine gewisse Zeitlosigkeit in Scheitern von Liebe und Leben durch die Reime der Strophen. Warum mir dieses Lied fast 40 Jahre später bei den Versen von Kohelet 3 einfällt, braucht einerseits vermutlich gar keine Erklärung, könnte andererseits natürlich von persönlicher Aufarbeitungsnotwendigkeit künden, zeigt drittens die allseits bekannte Assoziationsanschlussfähigkeit eines der vermutlich bekanntesten Kapitel des biblischen Kanons und weist schließlich viertens schon zu Beginn meiner Denkskizze auf jene Glaubens- bzw. Theologik hin, in die der (?) Prediger – Kohelet, wörtlich der »Versammler«, könnte nicht nur grammatisch womöglich besser mit »Versammlerin« wiedergegeben werden – uns einweisen will: Im Einsehen und Aushalten von Ambivalenz und Endlichkeit kann eine Annahme des Lebens und seines Schöpfers liegen, die befreit. Ambiguitätstoleranz als Sinn von Religion und Grund der Freude. Endlichkeitsannahme endlich als Annahme des Lebens.

Man könnte es in Abwandlung eines berühmten, von mir im Rezitieren immer wieder neu geliebten Aphorismus von Wilhelm Busch – »Gehabte Schmerzen, die hab' ich gern« (Busch, Ein frohes Ereignis, 1875) – auf die Formel bringen: Gehabte Zeit, die hab' ich gern. Unter dieser Überschrift, so hofft man, wollen sich am Altjahresabend Menschen versammeln, blicken auf das vergangene Jahr zurück, auf alles, was seine Zeit hat – gehabt hat, muss man ja beim Durchgang durch Alben und Chroniken, Jahresrückblicke, Geburts-, Tauf- und Sterbelisten festhalten. Alles hat seine Zeit. Gehabt. Das ist natürlich schon eine Deutung der in sich ja sehr offenen Verse von Kohelet 3. Die sprachwissenschaftliche Auseinandersetzung, ob das Hebräische *'Et* angemessener mit Frist als mit Zeit übersetzt wäre, darf unabgeschlossen bleiben – auch sie hat ihre Zeit, aber mit Zeit entspricht die Wiedergabe jedenfalls dem poetischen Grundduktus der ersten acht Verse. Alles hat seine Zeit. Gutes und Schweres. Wir empfinden die Gewichte von Jahr zu Jahr nicht immer gleich verteilt, die letzten Jahre haben uns das neu gelehrt: Pandemie, Krieg, Klimakatastrophe. Insofern kann es sein, dass die dieser Poesie immer schon innewohnende Melancholie des Lebens, das so ist, wie es ist – eben oft schmerzhaft »befristet« und von Menschen »gefristet« – derzeit stärker empfunden wird, womöglich auch von mir, siehe die Assoziation von Remmlers Schlager-Lakonie.

Die biblische Einbettung ist dann selbstverständlich eine andere: Das eigentlich Rätselhafte steckt ja, jedenfalls für das »glaubende Ich«, im zweiten Teil des Abschnitts (Vv. 9-15). Hier wird die Zweigesichtigkeit menschlichen Zeiterfahrens in tiefen, je für sich schon gewichtigen Sätzen benannt und auf Gott gewendet. Dabei bleibt die Einsicht in Schöpfer und Schöpfung allerdings irgendwie unvermittelt, geradezu grundlos. Man könnte mit Remmler – nicht ohne skeptisches Schmunzeln – reimen: »Alles hat eine Ende, nur die Wurst hat zwei, jawoll, mein Kind,

Gott ist dabei.« Mühe und Freude der Existenz werden benannt, Endlichkeit und Ewigkeit bleiben für sich stehen. Von Rettung aus allem scheint Kohelet allerdings nichts zu wissen (oder zu glauben). Der »fremde Gast« im Kanon, Nihilist (und deshalb Hedonist) ist dieser Versammler am Jahresende gern genannt worden, nun, so oder so keine genuin biblische Botschaft. Wer Kohelet auslegt, wandelt mit der existenzialistischen Tiefe, die die Verse öffnen, stets in heftigem Zweifel, dass es jenseits von Schmerz und Endlichkeit etwas gibt. Kohelet am Altjahresabend lässt für diesen Augenblick die Angst zu, die jede Schwelle in der Zeit auch in sich trägt.

Mir scheint, dass viele Menschen die Poesie des Kohelet deshalb so lieben, weil sie den Zweifel und das Glück, die Ehrfurcht, aber auch die Angst in sich tragen, ohne sie zu zerreden. Das eben ist das Risiko, dem sich jede Predigt über poetische Texte stellen muss: dem Gefühl, den Text durch Gerede kaputt zu machen (ohne das zum Glück je zu vermögen). Alles hat seine Zeit. Einen tieferen Trost für den Altjahresabend und eine größere Zuversicht für den Jahreswechsel und das Neue kann ich mir kaum vorstellen als diesen: gehabte Zeiten gern haben, weil es Gottes Zeiten sind, auch und gerade die schweren. Darin schlummert und wacht mein Gottvertrauen. »Alles hat ein Ende, nur die Wurst hat zwei. Gott ist dabei. Gott bleibt dabei.« Wem das dann doch zu schlicht oder gar kitschig wird, holt die Poesie mit Religionsfunktionsbeschreibung auf den Boden: Ambiguitätstoleranz als Kern religiöser Kraft zu Aushalten und Aufbrechen. Nicht immer schön, aber wahr. Und eben eine uralte Kraft, diese Treue Gottes, die uns von Jahr zu Jahr im Unterwegssein begleitet. Nicht zufällig ist Kohelet das biblische Buch, das bei der Feier des jüdischen Laubhüttenfestes in den Synagogen gelesen wird. Sukkot, jenes Fest, das das Unterwegssein unserer Existenz in Endlichkeit und Schönheit sinnfällig macht.

NEUJAHRSTAG
JAKOBUS 4,13-15

Wolfgang Thierse

Wohlan nun, die ihr sagt: Heute oder morgen wollen wir in die oder die Stadt gehen und wollen ein Jahr dort zubringen und Handel treiben und Gewinn machen –, und wisst nicht, was morgen sein wird. Was ist euer Leben? Dunst seid ihr, der eine kleine Zeit bleibt und dann verschwindet. Dagegen solltet ihr sagen: Wenn der Herr will, werden wir leben und dies oder das tun.

Es ist immer wieder dasselbe: Zum Jahreswechsel blicken wir zurück und blicken nach vorn, fassen gute Vorsätze, wollen alles oder jedenfalls vieles besser machen, wollen dieses tun und jenes unterlassen, wollen uns vielleicht gar selbst ändern. Das ist zutiefst menschlich. Wir können eben nicht anders, als auf Besseres zu hoffen. Und wir müssen Pläne machen, sonst gibt's kein Morgen. Das ist wohl eine notwendige Weise, uns selbst für wichtig zu halten. Wer das nicht mehr kann oder will, hat sich aufgegeben, ist doch eigentlich schon tot. (Aber dass wir noch leben, beweisen wir uns zu Silvester, indem wir besonders viel Lärm machen und Lichter in den Himmel steigen lassen.)

Wenn man nicht mehr ganz jung ist, kennt man sich aus mit sich selbst. Und kennt auch den Spruch: Der Weg zur Hölle ist mit guten Vorsätzen gepflastert. So schlimm muss es ja nicht gleich werden. Aber man weiß das doch: Das Leben ist nun mal auch eine Abfolge von guten Vorsätzen und besten Absichten, von großen Zielen und perfekt gemachten Plänen. Wie viele davon hat man verfehlt, nicht eingehalten, nicht erreicht. Man erinnert sich der eigenen Ausflüchte und Ausreden, des eigenen Versagens und auch der immer wieder schönen Anfänge, deren Zauber allerdings immer so schnell verfliegt. Wir tragen die lastenden Erbschaften der vergangenen Jahre mit uns – und können doch nicht anders, als weiterzumachen mit alledem: »Heute oder morgen wollen wir in die oder die Stadt gehen [...] und Handel treiben und Gewinn machen.«

Also ein unbelehrbares Weiter-so? Die Fortsetzung des Immerselben, der gleichen Betriebsamkeit? Oder etwa Resignation? Oder gar Zynismus? Der Jakobusbrief hält dagegen. Die Verse 13-15 mahnen uns zu einer gänzlich anderen Lebenseinstellung: Es ist gewiss alles ganz wichtig, was ihr tut. Aber begreift, dass ihr nicht wirklich wissen könnt, was die Zukunft bringt, trotz aller guten Absichten und perfekten Pläne! Bedenkt eure Vergänglichkeit: »Dunst seid ihr, der eine kleine Zeit bleibt und dann verschwindet«! Und vor allem bildet euch nicht ein, dass ihr wirklich Herrscher über euer Leben seid: »Wenn der Herr will, dann werden wir leben und dies und das tun.«

Sind das nicht ziemlich anstößige Aufforderungen? Quer zum Zeitgeist, quer zu unserem erheblichen Selbstbewusstsein als moderne Menschen? Nicht Unterwerfung, sondern: Wer auf sein Schicksal tritt, steht höher. So heißt der stolze Satz. Wir wollen Herr unseres Schicksals sein, Regisseur des eigenen Lebens, Autor der eigenen Biografie. Das ist unser Anspruch. Das ist unser Selbstverständnis als Menschen der aufgeklärten Moderne. Autonomie, selbstbestimmte individuelle Selbstverwirklichung – das gilt als der höchste Wert unserer Gesellschaft. Und dann ein solcher Satz: »Wenn der Herr es will, dann werden wir leben.«

Der Satz erinnert uns an eine fundamentale Lebenstatsache: Geboren zu werden, zu lieben und geliebt zu werden, gesund oder krank zu sein, zu sterben – solche entscheidenden Lebensmomente sind keine Akte reiner Selbstbestimmung. Der Satz warnt vor der Selbstsicherheit, im Leben alles im Griff haben zu können, warnt vor einem allzu selbstherrlichen Verständnis von Autonomie. Der Satz relativiert einen Machtanspruch sowohl über das eigene Leben wie über das Leben anderer.

Und vielleicht ist der Satz noch mehr, kann er noch mehr sein: eine Einladung nämlich, sich auf die Unverfügbarkeit des Schicksals einzulassen und so – vielleicht – das unfassliche Glück der Unverfügbarkeit des Schicksals zu erfahren? Das Unverfügbare als Geschenk! In den Worten Hiobs: »Der Herr hat's gegeben, der Herr hat's genommen; der Name des Herrn sei gelobt!«

An Gott zu glauben heißt zu wissen: Wir Menschen sind nicht selber Gott! Das mag eine Kränkung des menschlichen Selbstbewusstseins sein, Friedrich Nietzsche hat es so empfunden. Aber dieser Glaube kann befreien: Von der Selbstüberschätzung, alles selbst lösen, alles selbst im Griff haben zu *können*. Von der Selbstüberforderung, alle Probleme und Konflikte selbst lösen zu *müssen*. Von der illusionären Leistungsideologie, dass man seines Glückes Schmied sein könne, ja sein müsse. Dieser Glaube kann schützen vor Resignation und Verzweiflung und Zynismus, die aus dem unvermeidlichen Scheitern solcher Selbstansprüche folgen. Und er ist eine Einladung zu Gelassenheit, eine Einladung zum Tun dessen, was gut und notwendig ist. Dies zu prüfen ist unsere tägliche, ernsthafte Aufgabe. Zu der wir ausdrücklich aufgefordert werden: »Wer nun weiß, Gutes zu tun, und tut's nicht, der sündigt«, so heißt es in dem auf unseren Text folgenden Vers 17.

Aus diesem Glauben kann ein viel größeres Selbstvertrauen, ein stärkeres Selbstbewusstsein gewonnen werden, weil es auf Gottvertrauen gründet. »So der Herr will und wir leben«, das ist der Ausdruck solchen hoffnungsvollen Vertrauens. Aber eben nicht der Selbstgewissheit. Und genau das könnte und sollte eine Kraft sein für die Bewältigung der so viele Ängste und Unsicherheiten erzeugenden Krisen und Konflikte der Gegenwart. Eine Garantie gibt es nicht. Aber eine Verheißung: »Nächstes Jahr in Jerusalem, so Gott will und wir leben«, sagen unsere jüdischen Schwestern und Brüder. Das ist doch ein sehr passender Wunsch zum Jahreswechsel.

2. SONNTAG NACH DEM CHRISTFEST
LUKAS 2,41-52

Reiner Anselm

Und seine Eltern gingen alle Jahre nach Jerusalem zum Passafest. Und als er zwölf Jahre alt war, gingen sie hinauf nach dem Brauch des Festes. Und als die Tage vorüber waren und sie wieder nach Hause gingen, blieb der Knabe Jesus in Jerusalem, und seine Eltern wussten's nicht. Sie meinten aber, er wäre unter den Gefährten, und kamen eine Tagereise weit und suchten ihn unter den Verwandten und Bekannten. Und da sie ihn nicht fanden, gingen sie wieder nach Jerusalem und suchten ihn.

Und es begab sich nach drei Tagen, da fanden sie ihn im Tempel sitzen, mitten unter den Lehrern, wie er ihnen zuhörte und sie fragte. Und alle, die ihm zuhörten, verwunderten sich über seinen Verstand und seine Antworten. Und als sie ihn sahen, entsetzten sie sich. Und seine Mutter sprach zu ihm: Mein Kind, warum hast du uns das getan? Siehe, dein Vater und ich haben dich mit Schmerzen gesucht. Und er sprach zu ihnen: Warum habt ihr mich gesucht? Wusstet ihr nicht, dass ich sein muss bei denen, die zu meinem Vater gehören? Und sie verstanden das Wort nicht, das er zu ihnen sagte. Und er ging mit ihnen hinab und kam nach Nazareth und war ihnen gehorsam. Und seine Mutter behielt alle diese Worte in ihrem Herzen. Und Jesus nahm zu an Weisheit, Alter und Gnade bei Gott und den Menschen.

Der zwölfjährige Jesus lehrt im Tempel. Es ist faszinierend, wie viele Fäden der Evangelist in diese Geschichte gewoben hat. Auf der Oberfläche der Erzählung geht es vermeintlich darum, die Lücke zwischen der Geburt des Kindes und dem Auftreten als Erwachsenen zu überbrücken. Von den Eltern mit nach Jerusalem genommen, kehrt Jesus zunächst nicht mehr zurück in sein vermeintliches Elternhaus, nein, er bleibt schon einmal in dem Haus, das seinem eigentlichen Vater gehört. Fast beiläufig macht so die Geschichte klar, dass Jesus Gottes Sohn ist. Und während man als Leserin und Leser noch darüber nachdenkt, wie es denn passieren konnte und wie es sich für Eltern anfühlt, einen Zwölfjährigen in Jerusalem zu verlieren, wird die symbolische Funktion dieses Verlierens und Wiederfindens deutlich: Am dritten Tag! In der Szene prägt sich vor, was sich später an Ostern ereignen wird. Auch jetzt ist er nicht dort, wo man ihn nach menschlichem Ermessen vermutet hätte, in der Pilgergruppe, bei Freunden oder Verwandten. Er ist im Haus seines Vaters. Ebenso symbolträchtig ist die Angabe zu Jesu Alter: Jakob hatte zwölf Söhne, Israel dann zwölf Stämme. Und der, der später zwölf Apostel um sich scharen wird, beginnt sein öffentliches Wirken mit zwölf Jahren.

Es ist also keine Erzählung, die aus sich heraus wirken soll, die uns Lukas hier präsentiert. Ihre Faszination und ihre Überzeugungskraft erschließen sich nur für die Leserinnen und Leser, die mit den biblischen Schriften vertraut sind und sich in ihnen zu bewegen wissen. Erst wenn man die Anspielungen und Querverbindungen zuordnen kann, entsteht aus den gegenseitigen Verweisungen das Gewebe einer eigenen literarischen Welt, deren Plausibilität die Verkündigung trägt. Menschwerdung und Auferweckung, die Geburt als Kind und die Bestätigung der Gottessohnschaft greifen ineinander. Sie sind aber nur für diejenigen erkennbar, die sich in dieser Welt bewegen, die in sie eingeführt worden sind.

Vor diesem Hintergrund gewinnt die Bemerkung des Lukas besondere Bedeutung, die Gelehrten im Tempel hätten nicht nur über die Fragen, sondern auch über die Antworten des Zwölfjährigen gestaunt. Hier spricht jemand aus einem festen Gottesverständnis heraus, jemand, der Gott als seinen Vater weiß: Die Botschaft des Evangeliums erschließt sich erst aus dem Gottesverhältnis, eben aus dem Glauben heraus, dessen Entstehen letztlich unverfügbar bleibt. Jedoch: Diese Gottesbeziehung, dieser Glaube setzt voraus, dass man mit ihm in Verbindung gebracht wird. Es ist die Passa-Wallfahrt, die den jungen Jesus in den Tempel bringt.

Neben diesem großen Bogen der Perikope verdienen zwei weitere Details besondere Aufmerksamkeit. Da ist einmal die Beziehung zum Tempel und zu der dort angesiedelten Tradition. Die gesamte lukanische Vorgeschichte thematisiert diesen Sachverhalt in verschiedenen Anläufen, von der Ankündigung der Geburt Johannes des Täufers über die Frömmigkeit von Simeon und Hanna bis eben zur Szene des lehrenden Zwölfjährigen im Tempel. Lukas ist offenbar daran interessiert, die Kontinuität der neuen Glaubensgemeinschaft mit dem Judentum zu betonen, auch wenn er in der Apostelgeschichte Paulus als Missionar des Heidenchristentums besonders positiv herausstellen kann. Aus heutiger Sicht wird man mit Dietrich Ritschl beides unterstreichen müssen: die gemeinsamen Wurzeln in der Erwählung des Volkes Israel und die Ausweitung dieser Erwählung auf alle Völker über die Missionstätigkeit, die aus der Verkündigung Jesu entspringt. Daher kann es weder eine christliche Vereinnahmung des Judentums noch ein Konkurrenzverhältnis geben.

Das zweite interessante Detail des Erzählstücks ist das Zurücktreten, ja das Unsichtbarwerden des Josef. Es geht einher mit einer ausgesprochen weiblichen Perspektive, die den gesamten Spannungsbogen der ersten Kapitel des Lukasevangeliums prägt. Die Schwangerschaften von

Elisabeth und Maria, die Umstände der Geburt und hier nun die besondere Nachdenklichkeit der Mutter, während Jesus selber Gott, nicht etwa Josef, als seinen Vater nennt. Obwohl die evangelische Tradition die Rolle der Maria und damit die Rolle der Frau und die Bedeutung der Mutter sicherlich unterbestimmt hat, dürfte die Pointe dennoch eine andere sein. Denn Josef ist es, der zunächst den Zusammenhang mit dem Haus Davids herstellt. Gerade diese Zugehörigkeit muss aber gemäß der Geschichtstheologie des Lukas überwunden werden: Der Vater Jesu ist eben Gott selbst, und die, die sich zu ihm zählen, bilden eine Gemeinschaft, die anders begründet ist als jede irdische Gemeinschaft. Ohne die Bindung an ihre leibliche Herkunft, ohne – zweifelsohne stereotypisiert – das weibliche Element der Geburtlichkeit zu leugnen, finden sich diejenigen, die im Glauben stehen, immer auch in einer Gemeinschaft wieder, die solche Bindungen überschreitet.

So entsteht ein Bild, in dem eine Heranwachsendenbiographie in einer Familie und eine Glaubensbiographie, in dem Emanzipation und Gewinnen eines Standpunkts, Tradition und ihre Überschreitung ebenso ineinandergreifen wie Heilsgeschichte und Individualgeschichte. Im Glauben sind Christinnen und Christen Teil dieser Geschichte, einem Glauben, der der Orte der Tradition für seine Entstehung bedarf, der aber diese Herkunft und seine Entstehung immer auch überschreitet.

FEST DER ERSCHEINUNG DES HERRN – EPIPHANIAS
1. KÖNIGE 10,1-13

Johann-Hinrich Claussen

Und als die Königin von Saba die Kunde von Salomo vernahm, kam sie, um Salomo mit Rätselfragen zu prüfen. Und sie kam nach Jerusalem mit sehr großem Gefolge, mit Kamelen, die Spezerei trugen und viel Gold und Edelsteine. Und als sie zum König Salomo kam, redete sie mit ihm alles, was sie sich vorgenommen hatte. Und Salomo gab ihr Antwort auf alles, und es war dem König nichts verborgen, was er ihr nicht hätte sagen können.

Da aber die Königin von Saba alle Weisheit Salomos sah und das Haus, das er gebaut hatte, und die Speisen für seinen Tisch und die Sitzordnung seiner Großen und das Aufwarten seiner Diener und ihre Kleider und seine Mundschenken und seine Brandopfer, die er in dem Hause des Herrn opferte, stockte ihr der Atem, und sie sprach zum König: Es ist wahr, was ich in meinem Lande gehört habe von deinen Taten und von deiner Weisheit. Und ich hab's nicht glauben wollen, bis ich gekommen bin und es mit eigenen Augen gesehen habe. Und siehe, nicht die Hälfte hat man mir gesagt. Du hast mehr Weisheit und Güter, als die Kunde sagte, die ich vernommen habe. Glücklich sind deine Männer und deine Großen, die allezeit vor dir stehen und deine Weisheit hören. Gelobt sei der HERR, dein Gott, der an dir Wohlgefallen hat, sodass er dich auf den Thron Israels gesetzt hat! Weil der HERR Israel lieb hat ewiglich, hat er dich zum König gesetzt, dass du Recht und Gerechtigkeit übst. Und sie gab dem König hundertzwanzig Zentner Gold und sehr viel Spezerei und Edelsteine. Es kam nie mehr so viel Spezerei ins Land, wie die Königin von Saba dem König Salomo gab.

Auch brachten die Schiffe Hirams, die Gold aus Ofir einführten, sehr viel Sandelholz und Edelsteine. Und der König ließ Schnitzarbeiten machen aus dem Sandelholz im Hause des HERRN und im Hause des Königs und Harfen und Zithern für die Sänger. Es kam nie mehr so viel Sandelholz ins Land, wurde auch nicht gesehen bis auf diesen Tag.

Und der König Salomo gab der Königin von Saba alles, was ihr gefiel und was sie erbat, außer dem, was er ihr von sich aus gab. Und sie wandte sich und zog in ihr Land mit ihrem Gefolge.

O, welche Tiefe der Weisheit! Aber ach, wie unbegreiflich ist manche Entscheidung unserer Perikopen-Kommission! Der für Epiphanias vorgeschlagene Predigttext erzählt eine traumhaft schöne Geschichte. Aber kann man auch gut über sie predigen? Dazu müsste sich zeigen lassen, dass sie uns – Deutschland am 6. Januar – irgendwie unbedingt angeht. Nur, was haben wir mit König Salomo und der Königin von Saba zu schaffen? Was verbindet die Weisheit der beiden mit unserer Sehnsucht, unserer Ratlosigkeit, unseren Glaubens- und Lebensfragen? Es schadet sicher nichts, einen biblischen Text auch einmal so zu bedenken, ohne ihn gleich homiletisch zu verwerten. Diese Passage aus dem 1. Buch der Könige ist ja wie ein geheimnisvoller Brunnen, in dessen Tiefe man lange schauen kann, ohne sich zu langweilen. Ob man danach darüber predigen mag, steht auf einem anderen Blatt. Also genug gemault und in diese Geschichte geschaut.

Es hilft, beim Lesen Händels Oratorium »Solomon« zu hören und daraus das symphonische Stück über die Ankunft der Königin von Saba. Herrliche, leicht federnde, opernhafte Musik ist dies, ein reiner Genuss, über dessen tieferen Sinn man jedoch nicht zu lange grübeln sollte. In gut höfischer Manier komponiert Händel an theologischer Bedeutungshuberei vorbei und konzentriert sich darauf, königliche Pracht musikalisch zu entfalten. Damit trifft er genau den Ton dieser Geschichte, die mit Lust ein

Königsmärchen ausbreitet. Da ist der König von Israel auf dem Höhepunkt seiner Herrschaft. Jetzt ist alles auf Glanz gestimmt. Dieser strahlt umso heller, als eine wunderbare Dame zu Besuch kommt, die es mit ihm an Macht, Reichtum, vor allem aber Weisheit aufzunehmen weiß. Sie erscheint mit großem Gefolge und vielen Geschenken, die beiden verbringen unvergessliche Tage miteinander, an deren Ende die fremde Königin offiziell bestätigt, dass Salomo ein weiser König ist. Danach kehrt sie, ihrerseits reich beschenkt, in ihr fernes Saba zurück.

Leider hat diese Geschichte Lücken. So vermisst man die Überlieferung der Rätselfragen, die die Königin Salomo stellte. Auch hätte man gern mehr über die Königin, zumindest ihren Namen, erfahren. Aber äthiopische Legenden haben dies mehr als gutgemacht. Denn für sie war die legendarische Königin Makeda von Aksum eine Gründungsfigur ihrer Nation und Kirche. So machten sie aus ihrem royalen Besuch eine innige Liebesgeschichte mit Salomo, aus der ein gemeinsamer Sohn hervorging: der spätere König Menelik, Gründer des Reichs von Aksum. Deshalb konnte sich der letzte Kaiser von Äthiopien, Haile Selassie, als direkter Nachfahre Salomos, in 225. Generation, vorstellen. Nicht zuletzt soll sich die Königin nach ihrem Besuch von ihrer Vielgötterei abgekehrt und fortan allein den einen Gott angebetet haben. Damit schlägt die Legende einen weiten Bogen vom 1. Buch der Könige zur Apostelgeschichte, die davon erzählt, wie der Apostel Philippus durch eine Fügung den äthiopischen Schatzmeister kennenlernte, ihm die Heilige Schrift öffnete und ihn anschließend taufte.

Was uns das angeht? Zunächst wird unser Sinn geweckt für die von Beginn an globale Weite des Christentums. Dieses ist eben keine europäische Erfindung. Es entstand nicht in Rom, schon gar nicht in Wittenberg oder Genf. Sein Quellort ist der Nahe Osten, Palästina, aber auch Syrien und Teile der heutigen Türkei. Ebenso bedeutsam sind Regionen, an die deutsche Protestanten selten denken: Ägypten, Armenien, Georgien und eben Äthiopien. Es war ein König von Aksum, nämlich Ezana (321–360), der das Christentum in seinem Reich groß und dieses zu einer der allerersten »christlichen Nationen« machte. Es hat nichts mit einem angestrengten postkolonialen Moralismus zu tun, sondern schlicht mit historischer Gerechtigkeit und lebendiger Neugier, wenn wir uns für Äthiopien interessieren, weil es das erste Land in Afrika war, in dem das Christentum heimisch wurde und das eine erstaunliche kirchliche Kultur entfaltet hat, die bis heute lebendig ist.

Es gibt noch einen zweiten Grund, warum uns Äthiopien angeht. Denn hier kann man erfahren, was heute »Christenverfolgung« bedeutet. Denn es gibt nicht nur die massive Unterdrückung von Gläubigen – wie zurzeit in China, Indien, Nordkorea oder dem Iran. Es gibt auch kulturelle Formen der Verfolgung, bei denen manche der Verfolger sich selbst als Christen bezeichnen. Sie zielen auf die christliche Kultur eines Landes. Mit ungehemmter Brutalität und einer klaren Strategie töten sie Menschen, zerstören aber auch Kirchbauten, Klöster, Bildwerke, Handschriften, Instrumente des Gottesdienstes. Damit wollen sie die Identität ihrer Feinde zerstören. So ist es beim Angriff des vermeintlich christlichen Russland auf die Ukraine zu beobachten und ebenso beim Bürgerkrieg in Äthiopien: In Tigray werden geistlich-kulturelle Weinberge vernichtet, um Christinnen und Christen die ererbte Heimat zu nehmen. Zusammen mit ihrer Tradition soll ihre Zukunft ausgelöscht werden. Es ist also auch ein Akt kulturchristlicher Solidarität, sich in Deutschland intensiv für äthiopische Glaubensgeschwister zu interessieren. Übrigens, nicht wenige leben inzwischen mitten unter uns.

Literatur:
Äthiopien. Fürbitte für bedrängte und verfolgte Christen. Sonntag Reminiszere, 5. März 2023 (das von der EKD herausgegebene Materialheft ist immer noch auf der Website www.ekd.de abrufbar).

1. SONNTAG NACH EPIPHANIAS
1. KORINTHER 1,26-31

Katharina Gralla

Seht doch, Brüder und Schwestern, auf eure Berufung. Nicht viele Weise nach dem Fleisch, nicht viele Mächtige, nicht viele Vornehme sind berufen. Sondern was töricht ist vor der Welt, das hat Gott erwählt, damit er die Weisen zuschanden mache; und was schwach ist vor der Welt, das hat Gott erwählt, damit er zuschanden mache, was stark ist; und was gering ist vor der Welt und was verachtet ist, das hat Gott erwählt, was nichts ist, damit er zunichtemache, was etwas ist, auf dass sich kein Mensch vor Gott rühme. Durch ihn aber seid ihr in Christus Jesus, der für uns zur Weisheit wurde durch Gott und zur Gerechtigkeit und zur Heiligung und zur Erlösung, auf dass gilt, wie geschrieben steht (Jer 9,22-23): »Wer sich rühmt, der rühme sich des Herrn!«

Wen erwählt Gott? Wer gehört zu Jesus Christus?

In eine verwirrte und zerstrittene Gemeinde hinein antwortet Paulus. Provozierend ist das. Widerspruchsgeist weckend. Bis heute.

Denn, bitte, wie meint er das?

Dass die Dummen und Verachteten, die Hilfsarbeiter und Putzfrauen, die Flüchtlinge und Schulabbrecher von Gott erwählt sind? Und die Abgeordneten und Theaterintendanten, die Influencerinnen, Hausärzte, Mäzeninnen sollen zunichte gemacht und gedemütigt werden?

Von den Verachteten, weil sie verachtet sind und jetzt endlich zu ihrem Recht kommen?

Den Wutbürgern, sofern sie die Bibel lesen, könnte das gefallen. Die Mächtigen vom Thron! Nieder mit dem

Establishment. Steht ja auch im Magnificat. Und hat manche revolutionäre Bewegung beflügelt.

Beflügelt können sich auch die Spötter fühlen: Ach, die Christenmenschen, ewige Licht-untern-Scheffel-Steller, humorbefreite Langzeitopfer mit Sklavenmoral, wehleidige Minderleister, im besten Fall gutmütige, schwerfällige Wenigkönnerinnen und deshalb ganz zu Recht abgemeldet auf dem Markt der Spiritualität, auf dem Yogaköniginnen, freie Beerdigungsredner und Traumatransformatoren die Menschen erfolgreich beglücken. Töricht, schwach und gering, diese Christen, in der Tat. Wer will zu diesem Club der Erwählten schon gehören?

Halt, nochmal genau lesen.

Die Frage war nicht: Wer bekämpft wen erfolgreich? Die Frage war: Was heißt es, als Christ und Christin zu leben? Nach der Taufe, von der das Evangelium des Sonntags erzählt. »Du bist mein geliebtes Kind, mein Sohn, meine Tochter!« Bedingungslose Zusage, voraussetzungslose Annahme. Und dann? Was heißt es, in, mit und durch Jesus Christus zu leben?

Ich lese: Es spielt vor Gott einfach keine Rolle, was du hast und was du bist in den Augen der Welt. Du kannst arm und verwirrt sein, gefangen, gescheitert und frustriert. Du kannst erfolgreich, gebildet und einflussreich sein. Du kannst begabt sein und deine Gaben für andere einsetzen. Alles fein. Aber: Es ist egal. Menschliche Maßstäbe, irdische Bewertungskriterien: unerheblich. Alles irrelevant, wenn es um die Nähe zu Gott geht.

Das müssen die erfolgreichen Vielkönner unter den Christen, und davon gibt es ja – Gott sei Dank – eine ganze Menge, immer wieder verdauen. Es ist schwer auszuhalten, dass der Aufbau einer Obdachlosenherberge, die Erfindung eines neuen Impfstoffs oder die Renovierung eines alten Kirchenfensters nicht zählen. In der Welt schon. Sicher. Aber eben nicht bei Gott. Was nicht heißt, dass Leistung verachtet wird. Allzumal Leistungen zugunsten des Gemeinwohls. Aber es ist einfach nicht der Maßstab, wenn es um das Leben in Jesus Christus geht.

Was einzig und allein zählt, ist das Sein in Jesus Christus. Das allein macht weise, gerecht und heilig. Das allein verspricht Erlösung.

Eine Zumutung ist das.

Eine Zumutung, die den Stillen und Bescheidenen Mut macht, den Unsichtbaren, Gelähmten und Verzweifelten. Denn ihnen gibt Paulus die gleiche Chance, Gott nahe zu sein. Gottes Ja steht vor aller Leistung.

Eine Zumutung, die alle befreit, die Lauten und die Leisen: Von der Annahme, Wert und Würde eines Menschen würden sich auch nur ansatzweise über die eigene Leistung definieren lassen.

Stolz ist nur in Bezug auf Gott angebracht. Denn ihm allein ist alles zu verdanken. Wer das verstanden hat und seinen Selbstwert nicht mehr auf sich selbst und die eigene Brillanz baut, den erwählt Gott. Der wird wirklich frei. Erlöst vom Wahn, sich durch Leistung selbst erhöhen und erlösen zu können.

Paulus konkretisiert an dieser Stelle nicht, was es genau heißt, in Christus zu leben. Aber es steht ja an vielerlei Stellen der Bibel nachzulesen. In Christus leben bedeutet, sich anderen Menschen zuzuwenden. Nicht das Ich steht im Zentrum aller Wahrnehmung, sondern die anderen Menschen, in denen Christus begegnet. Im leidenden Menschen, der krank, obdachlos, auf der Flucht, hungrig, durstig, verletzt und bedürftig ist. Aber auch im Kind, das etwas lernen will. In der frisch Verliebten, die jemand braucht zum Mitfreuen. Im Freund, der noch jemand zum Joggen und Quatschen sucht.

Wo Menschen liebevoll und wertschätzend miteinander sind, wo sie einander helfen, trösten, ermutigen und zum Recht verhelfen, da geschieht Leben in Christus. Als

Folge, nicht als Voraussetzung für die Erwählung durch Gott.

Und wie ist das mit der Beschämung und Zunichtemachung der (Ein-)Gebildeten und Mächtigen?

Es ist die Beschämung, die entsteht, wenn einem wirklicher Großmut und selbstlose Menschenfreundlichkeit begegnen. Wenn Menschen das Leben aus vollem Herzen hegen und pflegen und sich für andere oder für ein wichtiges Anliegen in Dienst nehmen lassen. Und man selbst es sich auf dem heimischen Sofa gemütlich gemacht hat und ausschließlich die eigenen Befindlichkeiten pflegt. Was keine Frage des Geldes oder des sozialen Status ist. Auch arme Menschen können lebensfeindliche Egoisten sein.

Die Beschämung und Zunichtemachung gilt also jeder Form der lieblosen Selbstbezüglichkeit, eines Lebens fern von Gott und abseits der Liebe.

Das ist wirklich provokant und umstürzlerisch in einer narzisstisch geprägten Gesellschaft.

Und eine heilsame Zumutung, ein kostbarer paulinischer Stachel zu Beginn des neuen Jahres.

2. SONNTAG NACH EPIPHANIAS
HEBRÄER 12,12-18(19-21)22-25a

Jörg Uhle-Wettler

Darum stärkt die müden Hände und die wankenden Knie und tut sichere Schritte mit euren Füßen, dass nicht jemand strauchle wie ein Lahmer, sondern vielmehr gesund werde. Jagt dem Frieden nach mit jedermann und der Heiligung, ohne die niemand den Herrn sehen wird, und seht darauf, dass nicht jemand Gottes Gnade versäume; dass nicht etwa eine bittere Wurzel aufwachse und Unfrieden anrichte und viele durch sie verunreinigt werden; dass nicht jemand sei ein Hurer oder Gottloser wie Esau, der um der einen Speise willen sein Erstgeburtsrecht verkaufte. Ihr wisst ja, dass er hernach, als er den Segen ererben wollte, verworfen wurde, denn er fand keinen Raum zur Buße, obwohl er sie mit Tränen suchte.

Denn ihr seid nicht zu etwas gekommen, das man anrühren konnte und das mit Feuer brannte, nicht zu Dunkelheit und Finsternis und Ungewitter [und nicht zum Schall der Posaune und zum Klang der Worte. Die das hörten, baten, dass ihnen kein Wort mehr gesagt würde; denn sie konnten's nicht ertragen, was da gesagt wurde (2. Mose 19,13): »Und auch wenn ein Tier den Berg anrührt, soll es gesteinigt werden.« Und so schrecklich war die Erscheinung, dass Mose sprach (5. Mose 9,19): »Ich bin erschrocken und zittere.«]

Sondern ihr seid gekommen zu dem Berg Zion und zu der Stadt des lebendigen Gottes, dem himmlischen Jerusalem, und zu den vielen tausend Engeln und zur Festversammlung und zu der Gemeinde der Erstgeborenen, die im Himmel aufgeschrieben sind, und zu Gott, dem Richter über alle, und zu den Geistern der vollendeten Gerechten

und zu dem Mittler des neuen Bundes, Jesus, und zu dem Blut der Besprengung, das besser redet als Abels Blut.

Seht zu, dass ihr den nicht abweist, der da redet.

Der Hebräerbrief richtet sich an Menschen mit »müden Händen und wankenden Knien«. Es sind nicht die Glaubenssicheren und Selbstgewissen, die angesprochen werden, sondern diejenigen, deren Herz verzagt, weil sie etwas spüren – das von außen kommt: die Angst, im Leben zu bestehen; Erinnerungen plagen sie. Die Ordnungen sind nicht selten porös, die Schutzmauern des Alltags sind durchlässig.

Die Herzen sind beunruhigt.

Leidgeprüfte, die Gottes Güte auch in Leid und Schmerz zu erkennen vermögen, sind befähigt, Strauchelnde und Zweifelnde vor Verbitterung zu bewahren. Lebensfähige Gemeinden leben nicht nur von (frommen) Vorbildern der Vergangenheit, sondern brauchen Menschen, die heute Sicherheit und Halt zu geben vermögen.

Seht zu, dass keine bittere Wurzel in euch aufsteigt. Verbitterung vergiftet die Seelen.

Auch heute geht es um eine Wurzelbehandlung. Fünfmal kommt die Wurzel im Neuen Testament vor. Hier im Hebräerbrief als Mahnung und Warnung. Zuerst erscheint das Wort »Wurzel« allerdings bei Johannes dem Täufer und Cousin von Jesus. Er sagt: »Es ist schon den Bäumen die Axt an die Wurzel gelegt.« Wer nicht zur Besinnung kommt, fällt. Ein harter Satz in den Advent gerufen. Im Gleichnis vom Saatgut aus dem Matthäusevangelium geht etliches im Leben nicht auf, weil es keine Wurzeln hat. Es verdorrt. Der Weihnachtskreislauf mit seinen Epiphanias-Sonntagen entfaltet seine tragenden Zusagen aus der tiefen Wurzel unseres Kulturgutes. Geschenke, Gänse und Grünkohl sind dabei eine angenehme Nebenwirkung, allerdings mit Verfallsdatum. Verwundert reibt man sich die Augen, wenn man im 1. Timotheusbrief liest: »Geldgier ist eine Wurzel alles Übels.« Die Menschen schaden sich selbst am meisten durch diese Gier. Die fünfte neutestamentliche Wurzel steht im Römerbrief: »Bedenke, dass nicht du die Wurzel trägst, sondern die Wurzel trägt dich.« Jedes Jahr bekommt ein Konfirmand oder eine Konfirmandin zu Pfingsten diesen Vers als Konfirmationsspruch im Magdeburger Dom zugesagt.

Kraft wächst zu, um müde Hände und wankende Knie zu stärken. Sie sollen gesund werden und dem Frieden nachjagen. Wenn wir es schon nicht mehr können.

Im Predigttext wird an Esau erinnert, der für ein Linsengericht sein Erstgeburtsrecht verkaufte. Dieses Negativimage gehört ausgeräumt. Meister Bertram hat im 14. Jahrhundert seinen Grabower spätgotischen Flügelaltar geschaffen, der in der Hamburger Kunsthalle zu betrachten und beachten ist. Das Altarbild zeigt nicht Isaaks Segen, sondern Jakobs Betrug, gedeckt von der Mutter Rebekka.

Die Gewissen müssen dauerhaft beunruhigt werden.

Hier liegt der Wurzelnerv nun frei. Wer urteilt über die (Lebens-)Geschichte?

Esau wird von seinem Bruder Jakob übervorteilt. Manchmal verspricht man im Leben Dinge, die man später bereut. Esau war hungrig und Jakob trickst ihn aus mit dem berühmtesten Linsengericht der Welt. Zusätzlich lügt er den Vater an, der bekommt es auch mit, aber er sagt nichts mehr. Seine Blindheit ist ihm Schutz geworden, um die Hinterhältigkeit des Lebens nicht mehr sehen zu müssen. Sehr viel später versöhnen sich die ungleichen Brüder Jakob und Esau. Esau hegt keine Rachegelüste mehr, nimmt aber keines der Geschenke Jakobs an.

Ich empfehle eine gesunde Skepsis den Menschen gegenüber, die zu sehr ins Sonnenlicht gestellt werden, und positive Neugier den Menschen gegenüber, die mit einem Negativimage überzogen werden.

Vergessen wir nicht:

David stellt Uria an die vorderste Frontlinie, damit er nicht heimkehre.

Petrus verleugnet, als es eng wurde.

Das wissenschaftliche Gremium am Hof von König Herodes sagt ihm den Ort der Geburt, obwohl es genau weiß, dass er das Kind töten will.

Andererseits vergessen wir auch nicht:

Abel, der nichts dafür kann, dass Gott ihn mehr beachtet als seinen Bruder. Er sagt in der ganzen Mordgeschichte kein einziges Wort. Sein Blut schreit noch immer zum Himmel.

Nikodemus, der dafür sorgt, dass man per se keine Berufsgruppe verurteilen soll.

Judas – ohne ihn: kein Kreuz, keine Auferstehung, kein 2. Sonntag nach Epiphanias.

Im Hebräerbrief werden die Hörenden zum Berg Zion geführt und in das Himmlische Jerusalem. Sie kommen dort nicht an. Allein die Sehnsucht bleibt, eines Tages anzukommen.

Bis dahin schreibt Gott auch mit den von uns bezeichneten »Gottlosen« Geschichte.

Gott schreibt auf krummen Zeilen gerade.

3. SONNTAG NACH EPIPHANIAS
2. KÖNIGE 5,(1-8)9-15(16-18)19a

Horst Gorski

[Naaman, der Feldhauptmann des Königs von Aram, war ein trefflicher Mann vor seinem Herrn und wert gehalten; denn durch ihn gab der Herr den Aramäern Sieg. Und er war ein gewaltiger Mann, jedoch aussätzig. Aber die Kriegsleute der Aramäer waren ausgezogen und hatten ein junges Mädchen weggeführt aus dem Lande Israel; die war im Dienst der Frau Naamans. Die sprach zu ihrer Herrin: Ach dass mein Herr wäre bei dem Propheten in Samaria! Der könnte ihn von seinem Aussatz befreien.

Da ging Naaman hinein zu seinem Herrn und sagte es ihm an und sprach: So und so hat das Mädchen aus dem Lande Israel geredet. Der König von Aram sprach: So zieh hin, ich will dem König von Israel einen Brief schreiben. Und er zog hin und nahm mit sich zehn Zentner Silber und sechstausend Schekel Gold und zehn Feierkleider und brachte den Brief dem König von Israel; der lautete: Wenn dieser Brief zu dir kommt, siehe, so wisse, ich habe meinen Knecht Naaman zu dir gesandt, damit du ihn von seinem Aussatz befreist. Und als der König von Israel den Brief las, zerriss er seine Kleider und sprach: Bin ich denn Gott, dass ich töten und lebendig machen könnte, dass er zu mir schickt, ich solle den Mann von seinem Aussatz befreien? Merkt und seht, wie er Streit mit mir sucht!

Als Elisa, der Mann Gottes, hörte, dass der König von Israel seine Kleider zerrissen hatte, sandte er zu ihm und ließ ihm sagen: Warum hast du deine Kleider zerrissen? Lass ihn zu mir kommen, damit er innewerde, dass ein Prophet in Israel ist.] So kam Naaman mit Rossen und Wagen und hielt vor der Tür am Hause Elisas. Da sandte Elisa einen

Boten zu ihm und ließ ihm sagen: Geh hin und wasche dich siebenmal im Jordan, so wird dir dein Fleisch wieder heil und du wirst rein werden.

Da wurde Naaman zornig und zog weg und sprach: Ich meinte, er selbst sollte zu mir herauskommen und hertreten und den Namen des Herrn, seines Gottes, anrufen und seine Hand über der Stelle bewegen und mich so von dem Aussatz befreien. Sind nicht die Flüsse von Damaskus, Abana und Parpar, besser als alle Wasser in Israel, sodass ich mich in ihnen waschen und rein werden könnte? Und er wandte sich und zog weg im Zorn. Da machten sich seine Diener an ihn heran, redeten mit ihm und sprachen: Lieber Vater, wenn dir der Prophet etwas Großes geboten hätte, würdest du es nicht tun? Wie viel mehr, wenn er zu dir sagt: Wasche dich, so wirst du rein! Da stieg er ab und tauchte unter im Jordan siebenmal, wie der Mann Gottes geboten hatte. Und sein Fleisch wurde wieder heil wie das Fleisch eines jungen Knaben, und er wurde rein.

Und er kehrte zurück zu dem Mann Gottes samt seinem ganzen Gefolge. Und als er hinkam, trat er vor ihn und sprach: Siehe, nun weiß ich, dass kein Gott ist in allen Landen außer in Israel; so nimm nun eine Segensgabe von deinem Knecht. [Elisa aber sprach: So wahr der Herr lebt, vor dem ich stehe: Ich nehme es nicht. Und er nötigte ihn, dass er es nehme; aber er wollte nicht. Da sprach Naaman: Wenn nicht, so könnte doch deinem Knecht gegeben werden von dieser Erde eine Last, so viel zwei Maultiere tragen! Denn dein Knecht will nicht mehr andern Göttern Brandopfer und Schlachtopfer darbringen, sondern allein dem Herrn. Nur darin wolle der Herr deinem Knecht gnädig sein: Wenn mein Herr in den Tempel Rimmons geht, um dort anzubeten, und er sich auf meinen Arm lehnt und ich auch anbeten muss, wenn er anbetet, im Tempel Rimmons, dann möge der Herr deinem Knecht vergeben.] Er sprach zu ihm: Zieh hin mit Frieden!

Die handelnden Personen: zwei im Krieg befindliche Völker, ein erkrankter Heerführer aus dem einen Volk, ein Arzt oder Heiler aus dem anderen. Dazwischen Grenzen von Rang und Stand, die die Kommunikation unüberwindlich erscheinen lassen. In den Nebenrollen treten weitere Personen und Gruppen auf. Der Plot wird kunstreich verwoben mit zahlreichen Wortspielen und rhetorischen Figuren. Und fertig ist eine der kleinen unglaublichen Geschichten, von denen die hebräische Bibel so voll ist. Wer will, mag sie sich durchsichtig werden lassen für Gegenwärtiges: Was wäre, wenn ein russischer General die dringend benötigte medizinische Hilfe nur in der Ukraine finden könnte? Ein Serbe im Kosovo, ein Israeli in Gaza, ein Tutsi bei den Hutu? Das mag als Plot klischeehaft wirken, in der Ausführung stehen wir vor einer kleinen Perle der Erzählkunst. Kann das Leben jemals ein Klischee sein?

Der Name des Heerführers ist Programm: Naaman – der Angenehme – heißt er. Nur das Beste wird über ihn gesagt: erfolgreich, angesehen, von Gott begnadet. Und doch, er leidet. Aussatz, so ist zu lesen, auf Hebräisch allgemeiner: Eine Hautkrankheit hat ihn befallen. Lepra kann es nicht sein, denn er befindet sich mitten in seinem Heer, reist mit Gefolge, verkehrt mit seiner Familie. Doch setzt ihm die Krankheit zu. Ohne Leidensdruck wäre nicht erklärlich, was in Bewegung kommt. Es genügt eine juckende, schmerzende Stelle. Das kann das Leben zur Hölle machen. Er fühlt sich nicht wohl in seiner Haut, kann aus ihr nicht heraus. Doch, ab und zu, da fährt er mit Wucht aus ihr heraus. Dieser angenehme Mensch neigt zu Zornesausbrüchen und abrupten Handlungen. So gereizt wie seine Haut scheint er selbst, bisweilen.

Marodierende Banden der Aramäer haben ein junges Mädchen aus Israel verschleppt. Sie dient bei seiner Frau. Ein Wortspiel verweist auf die Heilung: »junges Mädchen«, dieselben Worte mit denen, in maskuliner Form, die geheilte Haut beschrieben wird. Sie wird wieder sein wie die eines jungen Knaben. Ein Stück Sozialgeschichte hören wir; denn, erstaunlich genug, die verschleppte Dienerin weist den Weg zur Heilung ihres Herrn, und, ebenso erstaunlich, ihre Herrin und ihr Herr hören auf sie. Man kommuniziert miteinander irgendwie doch auf Augenhöhe.

Aber dann greifen erst einmal wieder die Standesregeln. Der aramäische Heerführer lässt sich von seinem König an den tributpflichtigen König des israelitischen Nordreichs ein Empfehlungsschreiben geben. Ohne Diplomatie auf höchster Ebene ist nichts zu machen. Fast geht die Diplomatie den Jordan runter. Denn der israelitische König wittert eine Falle, die erneut zum Kriegsgrund werden könnte. Wie soll er den Heerführer heilen? Nach alter Sitte reißt er sein Hemd als Zeichen der Verzweiflung ein.

Davon hört Elischa und bittet, den Mann zu ihm zu schicken. Standesgemäß fährt Naaman bei Elischa vor, mit Rossen und Wagen. Doch der reagiert mit einem Affront. Nur einen Diener schickt er vor die Tür. Lässt sich nicht sehen, nur ausrichten, der Mann solle siebenmal im Jordan baden. Grund genug, aus der Haut zu fahren. Abrupt beschließt er die Abreise. Mindestens ein Ritual hätte er erwartet: dass Elischa mit seiner Hand über der kranken Stelle wedelt. Und bläst ins Horn des Nationalismus. Da hätte man in Damaskus wohl bessere Flüsse als den mickrigen Jordan. Doch erneut werden die Grenzen der Stände überschritten: Sein Gefolge rät ihm, es wenigstens zu versuchen, da es doch nur eine einfache Übung ist. Wieder erstaunlich, Naaman hört auf sie. Wie viele Kriege könnten verhindert werden, wenn Herrscher Menschen um sich hätten, die ihnen widersprechen, und sie auf diese hören würden?

Naaman geht hinunter zum Jordan, dem »Hinuntergehenden«, bis er 400 m unter dem Meeresspiegel in das Tote Meer mündet. Statt siebenmal zu baden, taucht er siebenmal vollständig unter. Das ist er seinem Stolz schuldig, selbst zu bestimmen, wie er in dieses Wasser geht. Er kommt rein wieder heraus, ihm kehrt zurück ein Körper, zart wie der eines kleinen Knaben. Die Wasser des Toten Meeres schaffen auch heute Linderung bei Schuppenflechte. Möglich, dass Jordan und Totes Meer hier in eins gesetzt werden. Zurückkehren, dieselbe Vokabel, die auch für die Rückkehr aus der babylonischen Gefangenschaft verwendet wird. Rückkehr in einen Körper, in dem man sich zu Hause fühlen kann. Eingesammelt aus der Zerstreuung. Das Wort für vom Aussatz »befreien« heißt wörtlich »einsammeln«: aus der Aussonderung in die Versammlung zurückholen.

Zurück bei Elischa kommt es endlich zur persönlichen Begegnung. Seine Geschenke wird Naaman bei ihm nicht los. Er erbittet Erde von der Erde Israels, um darauf zu Hause dem Gott Israels zu opfern. Archaisch der Gedanke, dass Götter erdgebunden sind. Vorsorglich schon lässt er sich Vergebung zusprechen, wenn er mit seinem König in Damaskus den Gott Rimmon anbeten muss. Elischa verabschiedet ihn: »Geh zum Frieden.« Das ist Segen und Aufforderung zugleich.

Die Haut ist der Spiegel der Seele. Seine Seele ist in neuer Haut zur Ruhe gekommen. Der Anfang des Schalom.

LETZTER SONNTAG NACH EPIPHANIAS
2. KORINTHER 4,6-10

Jörg Oberbeckmann

Denn Gott, der da sprach: Licht soll aus der Finsternis hervorleuchten, der hat einen hellen Schein in unsre Herzen gegeben, dass die Erleuchtung entstünde zur Erkenntnis der Herrlichkeit Gottes in dem Angesicht Jesu Christi.

Wir haben aber diesen Schatz in irdenen Gefäßen, auf dass die überschwängliche Kraft von Gott sei und nicht von uns. Wir sind von allen Seiten bedrängt, aber wir ängstigen uns nicht. Uns ist bange, aber wir verzagen nicht. Wir leiden Verfolgung, aber wir werden nicht verlassen. Wir werden unterdrückt, aber wir kommen nicht um. Wir tragen allezeit das Sterben Jesu an unserm Leibe, auf dass auch das Leben Jesu an unserm Leibe offenbar werde.

Erster Eindruck: kaum zu verstehen, kaum zu vermitteln. Mit Ausnahme weniger Gedankenfetzen: »Kraft von Gott«. Wohl wahr, brauchen wir dringend, denn viele Menschen haben keine Kraft mehr. Ich höre davon, spüre es zuweilen selbst: Erschöpfung und Überforderung sind vorherrschende Gefühle unserer Tage. Angststörungen, Depressionen, psychische Belastungen: Leben unter Druck. Trübe Aussichten.

Immerhin: Gottes Wort ist da, hörbar, lesbar, vernehmbar. Gott wird »eingespielt« in bedrückende Lebensumstände, wenn ER (oder SIE) spricht und wir hören. ER-SIE spricht: »Es werde Licht!«, nicht nur kosmisch, sondern auch in mir, in unseren Herzen. Gott ist hörbar da. Und schafft sich selbst Resonanz in uns. Wo Gott ist, da tun sich neue Perspektiven auf für das Leben. Gott redet nicht unmittelbar, aber doch unüberhörbar, für Juden in der Tora, für Christen in Jesus Christus: »Erkenntnis der Herrlichkeit in dem Angesicht Jesu Christi«. Für den Juden Paulus ist Gott erkennbar »in beiderlei Gestalt«, in der Tora und in Christus. Für uns Heiden in umgekehrter Reihenfolge inzwischen vielleicht auch. Im Blick auf Jesus gilt: »das ewig Licht geht da hinein«, hinein ins jüdische Kind in der Krippe, hinein in den König der Juden am Kreuz. Und »gibt der Welt ein' neuen Schein« (Luther, 1524 – EG 23,4). Und weiter: »Der Sohn des Vaters, Gott von Art [...], und führt uns aus dem Jammertal, macht uns zu Erben in seinem Saal« (EG 23,5).

Das neue »Welt-Erleben«, das »im Angesicht Jesu Christi« möglich wird, verändert das eigene Erleben schon jetzt. Das künftige Erbe strahlt aus auf die Gegenwart: Wir stehen unter Druck, aber werden nicht erdrückt. Sind ratlos, aber nicht verzweifelt. Erschöpft, aber nicht hoffnungslos. Überfordert, aber bleiben gelassen. Wir sind zu Boden geworfen, aber nicht am Boden zerstört. Wir sind angeschlagen, sehen überall beschädigtes Leben, das aber nicht verloren geht, nie verloren ist. Denn »Welt ging [zwar schon und geht immer] verloren«, aber: »Christ ist geboren!« Der sagt: »Ich bin das Licht der Welt.« Und die Alten sagten von ihm: »Gott von Gott, Licht von Licht.« Und die ihm folgen: glauben an das Leben der kommenden Welt. Verwandlung findet statt. Heute. Verwandlung durch Klarheit, weil Gott sie gibt. »Täglich erleben wir am eigenen Leib etwas von dem Sterben, das Jesus erlitten hat«, so die Basisbibel. Das macht das andere möglich: »Denn unser Leib soll auch das Leben zeigen, zu dem Jesus auferstanden ist«, so wieder die Basisbibel.

Die Auflösung der Basisbibel leuchtet mir ein und bahnt dem schwerfälligen Verstehen einen Weg: »Immer tragen wir das Sterben Jesu an unserem Körper«, übersetzt die Bibel in gerechter Sprache, und »genauso erscheint an unserem Körper auch das Leben Jesu«. Ich weiß nicht, wie und wo. Die Basisbibel gibt mir mehr Licht, »dass Erleuchtung entstünde«, wenn ich verstehe: In meinem Leiden, in meinem Scheitern, in meinem Versagen und dem Unverständnis ist Jesus nicht außen vor. Es sind Schattierungen des Lebens und Sterbens Jesu, der dafür gekommen und dafür gestorben ist: für mich und für uns alle. Für Judas, den Verräter. (Hätte er doch mit dem Erhängen gewartet – Leben nicht aus sich selbst, stattdessen: alle Kraft und letztes Wort der Befreiung zum Leben von Gott.) Für Simon, den Petrus, das Großmaul, den Selbstüberschätzer, den Verleugner; er durfte weinen. Für die Jünger, die an Jesus täglich scheitern und nichts verstehen. In alledem aber sind wir nicht zum Tode verdammt, sondern zum Leben berufen, ins Leben gezogen. Betrübt, aber befreit. Traurig, aber heilfroh. Erschöpft, aber voller schöner Zukunftsaussichten. Immer überfordert, aber ebenso zuversichtlich. – Warum?

»Jesus ist kommen, Grund ewiger Freude.« Oder, um etwas umgangssprachlich die Worte des heiligen Paulus zu übertragen: damit wir nicht »rummachen«, sondern IHN machen lassen. Denn das Hohe, das Himmlische, die Herrlichkeit Gottes, sein Glanz und seine Güte, die gibt die Ewige in Jesus hinein – diesen Schatz, der nicht im Himmel geblieben ist, sondern irdisch wurde. So haben wir diesen Schatz auf Erden und in irdenen Gefäßen. »So stammt die alles übersteigende Kraft von Gott und nicht von uns!« (BigS) – ach, wie schön! Und wie wahr. Und dann doch verständlich, hoffen wir.

5. SONNTAG VOR DER PASSIONSZEIT
MATTHÄUS 21,28-32

Bodo Ramelow

Was meint ihr aber? Es hatte ein Mann zwei Söhne und ging zu dem ersten und sprach: Mein Sohn, geh hin und arbeite heute im Weinberg. Er antwortete aber und sprach: Ich will nicht. Danach aber reute es ihn, und er ging hin. Und der Vater ging zum andern Sohn und sagte dasselbe. Der aber antwortete und sprach: Ja, Herr!, und ging nicht hin. Wer von den beiden hat des Vaters Willen getan?

Sie sprachen: Der erste. Jesus sprach zu ihnen: Wahrlich, ich sage euch: Die Zöllner und Huren kommen eher ins Reich Gottes als ihr. Denn Johannes kam zu euch und wies euch den Weg der Gerechtigkeit, und ihr glaubtet ihm nicht; aber die Zöllner und Huren glaubten ihm. Und obwohl ihr's saht, reute es euch nicht, sodass ihr ihm danach geglaubt hättet.

Zunächst ist da ein Vater mit seinen beiden Söhnen, der da zu jedem sagt, er möge in den Weinberg gehen und dort arbeiten. Der eine sagt zuerst »Nein«, besinnt sich und tut es dann doch. Der andere hingegen sagt »Ja« und tut es dann nicht. – Beide Situationen hat jeder von uns schon einmal erlebt. Im ersten Fall ist man zunächst enttäuscht, und letztlich fragt man sich höchstens, wozu das vorschnelle »Nein«, die Abwehr nötig war. Zum zweiten Fall kommen mir die sogenannten »Sonntagsreden« in den Sinn, auf deren Einlösung man vergebens wartet.

1. Erkenntnis: Es kommt auf das Tun an, nicht auf das Reden oder den schönen Schein. Wir sind aufgefordert, zu tun und nicht nur schön zu reden.

Noch etwas steckt darin: Wir sollen (einen Menschen) nicht beurteilen nach einem ersten oberflächlichen Eindruck, sondern genau hinschauen und unterscheiden zwischen dem Vordergründigen/Reden und dem richtigen Tun.

2. Erkenntnis: Wenn man einen Fehler gemacht hat, hat man die Chance, sich zu besinnen und umzukehren bzw. auf den richtigen Weg zu kommen (»...reute es ihn und er ging hin...«)

Wir sollen unser Tun reflektieren und uns fragen: Bin ich bereit, Fehler einzugestehen und wo nötig umzukehren auf den richtigen Weg?

Das bedeutet aber auch, anderen ihre Fehler nachzusehen und ihnen eine zweite Chance zu geben, den richtigen Weg zu finden. Denn wer von uns hat nicht selbst schon einmal voreilig etwas abgelehnt oder aus reinem Harmoniebedürfnis vorschnell etwas zugesagt, das er dann nicht halten konnte oder wollte?

3. Erkenntnis: Jesus jedoch geht noch weiter, er hält den Hohepriestern und Ältesten einen Spiegel vor: »Wahrlich, ich sage euch: Die Zöllner und die Huren kommen eher ins Reich Gottes als ihr.«

Was ist gemeint?

Die geistigen und geistlichen Autoritäten des Volkes, die da Glauben, Wissen und Macht vordergründig in und mit ihren Worten, Theorien und Ritualen verkörpern, aber tief im Inneren/Herzen leer sind und nicht den Weg der Gerechtigkeit gehen, seien es nicht wert, in das Reich Gottes aufgenommen zu werden. Jesus offenbart der gesellschaftlich-religiösen Elite, wie es nach seiner Ansicht um sie bestellt ist, dass es nicht auf Position und Macht ankommt, sondern dass allein das richtige Tun zählt. Er zeigt aber auch, dass Gott jedem eine Chance gibt, vom

Falschen abzulassen und sich auf den richtigen Weg zu begeben. Auch die »Sündigen« (Huren und Zöllner), die da glauben und dementsprechend tun, kommen ins Reich Gottes.

So weit, so gut, aber was macht dieses starke Gleichnis mit mir? Was kann ich für mich erkennen, lernen und in Zukunft besser machen? – Für mich sind in der Geschichte drei Botschaften enthalten.

Erstens: Das Wichtige/Wahrhafte ist das Tun, nicht das Reden.

Zweitens: Man kann Fehler machen, muss aber bereit sein, diese zu erkennen und zu korrigieren. Und: Gib anderen eine zweite Chance, genauso wie auch du eine zweite Chance verdient hast.

Gerade in der heutigen schnelllebigen Zeit erscheint mir dies als eine wichtige Botschaft. Denn wie schnell gibt man einem ersten Impuls nach oder lässt sich in etwas hineinziehen, vielleicht weil das einem bekannten oder erlernten Muster entspricht? Und später erkennt man, dass es in eine falsche Richtung geht.

Für eine Umkehr ist es nie zu spät. Die Frage ist: Hat man aber den Mut, anzuhalten, durchzuatmen, in sich zu gehen und nach der richtigen Lösung zu suchen? Das kann schon eine ganz schöne Herausforderung sein, gerade auch in schwierigeren Situationen oder Zeiten.

Genau aus diesem Grunde ist es heute so wichtig, zur Ruhe zu kommen, bei sich zu bleiben und sich und sein Tun einmal zu hinterfragen:

- Nehme ich mir immer die Zeit, alles richtig zu durchdenken und hinter die Dinge zu schauen?
- Bin ich bereit, auch mir gegenüber, einen Fehler einzugestehen, das Ruder noch einmal herumzureißen und auf dem richtigen Weg weiterzumachen?

- Bin ich bereit, zuzuhören, anzunehmen, mich, meine Ansichten und Denkweisen, zu hinterfragen?
- Wie gehe ich mit meinen Mitmenschen um – gebe ich ihnen nach einem falschen »Nein« eine neue Chance?

Botschaft 3: Sei offen für neue Erkenntnisse, Wege und Herausforderungen, prüfe und hinterfrage dich und dein Tun/Handeln.

Halte ich mir einen Spiegel vor, so fällt mir folgende Frage ein: Stehe ich Neuem ablehnend gegenüber? Bin ich bereit, Neues anzunehmen, zu prüfen und Althergebrachtes zu hinterfragen?

Gerade die heutige Zeit, die uns mit allerhand Neuem, Unbekanntem und Herausforderndem konfrontiert, macht es notwendig, selbst einmal innezuhalten und auch alte (erlernte) Muster zu hinterfragen und nach dem richtigen (gerechten) Weg zu suchen.

Neben diesen Erkenntnissen und den vielen Fragen zur Selbsterkenntnis nehme ich noch etwas ganz besonders Wichtiges für mich mit: Zuversicht.

Jesus/Gott liebt diejenigen, die Fehler machen, diese eingestehen und den Weg der Gerechtigkeit gehen. Das erfordert manchmal Arbeit und Mut, aber es lohnt sich. Jesus gibt mir mit dem Gleichnis die Versicherung, dass ich auch irren darf, ich muss nur bereit sein, dies zu erkennen und auf den richtigen Weg zurückzukehren.

In diesem Sinne lassen Sie uns die kommende Zeit nutzen, uns selbst zu erkennen und das Richtige zu tun. Denn die Erkenntnis ist das eine. Das Tun das andere.

4. SONNTAG VOR DER PASSIONSZEIT
1. MOSE 8,1-12

Dorothea Grünzweig

Da gedachte Gott an Noah und an alles wilde Getier und an alles Vieh, das mit ihm in der Arche war; und Gott ließ Wind auf Erden kommen, und die Wasser fielen. Und die Brunnen der Tiefe wurden verstopft samt den Fenstern des Himmels, und dem Regen vom Himmel wurde gewehrt. Da verliefen sich die Wasser von der Erde und nahmen immer mehr ab nach hundertfünfzig Tagen. Am siebzehnten Tag des siebenten Monats setzte die Arche auf dem Gebirge Ararat auf. Es nahmen aber die Wasser immer mehr ab bis auf den zehnten Monat. Am ersten Tage des zehnten Monats sahen die Spitzen der Berge hervor.

Nach vierzig Tagen tat Noah an der Arche das Fenster auf, das er gemacht hatte, und ließ einen Raben ausfliegen; der flog immer hin und her, bis die Wasser vertrockneten auf Erden. Danach ließ er eine Taube ausfliegen, um zu erfahren, ob die Wasser sich verlaufen hätten auf Erden. Da aber die Taube nichts fand, wo ihr Fuß ruhen konnte, kam sie wieder zu ihm in die Arche; denn noch war Wasser auf dem ganzen Erdboden. Da tat er die Hand heraus und nahm sie zu sich in die Arche. Da harrte er noch weitere sieben Tage und ließ abermals die Taube fliegen aus der Arche. Sie kam zu ihm um die Abendzeit, und siehe, sie hatte ein frisches Ölblatt in ihrem Schnabel. Da merkte Noah, dass die Wasser sich verlaufen hatten auf Erden. Aber er harrte noch weitere sieben Tage und ließ die Taube ausfliegen; sie kam nicht wieder zu ihm.

Noahs Geschichte ist die eines Auserwählten, der Bewahrung erfährt. »Wahr« – die Kernsilbe dieses Worts – ruft das sprachlich verwandte Verb auf: wahrnehmen – wahrgenommen, gesehen werden, »Gott gedachte an Noah«. In seinem Fall steht das in direktem Zusammenhang mit seiner untadeligen, frommen Lebensweise. Ihr verdankt Noah, als Einziger, zusammen mit seiner Familie, vom Strafgericht Gottes ausgenommen und gerettet zu werden.

Noahs Haltung bleibt durchgehend dieselbe: Er hinterfragt nicht, zweifelt nicht, zeigt bedingungsloses Vertrauen, das allerdings auch auf den klar dargelegten Plan des Höchsten bauen kann. Nach einer Zeit der Beschwernis und Drangsal wird sich Ankunft ereignen. Der bewahrte Noah bewährt sich durch Geduld. Eine Bedeutung seines Namens – »der Ruhige« – scheint auf ihn zugeschnitten zu sein: der in Gott Ruhende und deshalb seine Mitwelt Beruhigende. Dass an keiner Stelle von Angst, Panik oder Hadern die Rede ist, auch nicht von verschlingenden Schuldgefühlen wegen des schaudervollen Sterbens um ihn herum, ist vor allem dem mythischen Genre des Texts geschuldet.

Dennoch erregen Noahs Gelassenheit, seine fehlende Ungeduld, seine Zuversicht bei mir Bewunderung. Denn die Zeit im auf einer Bergspitze des Ararat-Gebirges aufgesetzten Schiffs wirkt gebläht. Das Abebben der Wasser erfolgt in zermürbenden Stufen. Es dauert ›eine Ewigkeit‹. Aber Noah weiß: Der Heilungsprozess der Erde nimmt nun ihren Lauf. Bildliches Verstehen des Texts lässt an langwierige Genesungsetappen nach einer überstandenen schweren Krankheit oder einem schlimmen Unfall denken, wenn sich schon abzeichnet, dass einem das Leben noch einmal geschenkt wird.

Mit der Sintflut kehrt Gott, der Unerschaffene, zum Zustand von Genesis 1,2 zurück. Rundum wird die Erde noch einmal »wüst und leer«. – Eine Rückblende anderer

Art ergibt sich durch die ›teure Last‹ der Arche: Bilder des Paradieses werden evoziert. Unterschiede wie Noahs ordnendes Organisieren, die Einteilung des Laderaums in Stockwerke, sind offensichtlich. Nichtsdestotrotz ist der Mensch, hier Noah und seine Familie, mit den Vertretern aller Tiergattungen friedlich zusammengespannt. Vereint im voluminösen Schiffsbauch wie in einem Mutterschoß. Menschliches und nichtmenschliches Leben wird durch die Gewässer getragen, hindurchgetragen – bis die Arche Bodenkontakt gewinnt. Ein verkapselter durch die Fluten gleitender und bei Sturm hin- und hergeworfener Garten Eden – zumindest ein Widerschein davon. Das ohrenbetäubende, großartige Lautkonzert, welches aus der Arche dringt, kann man förmlich hören.

So idyllisch-tröstlich wird die Szene gerne dargestellt, ist namengebend für Organisationen zum Tierschutz, für Zoos, Kirchengemeinden und vieles mehr. Auch ich habe sie in mir seit Kinderkirchtagen so aufbewahrt. Aber das Paradiesische der Situation wird überschattet, ja aufgehoben, wenn man einen Blick vorauswirft auf die unmittelbare Fortsetzung der Geschichte. Gott gibt Noah und den Seinen folgende Richtlinien an die Hand: »Furcht und Schrecken vor euch sei über allen Tieren auf Erden…« (Genesis 9,2). Die Nachfahren der nichtmenschlichen Bewohner des Gartens Eden, welche durch den Sündenfall Evas und Adams schuldlos mit diesen aus ihrem Heimatgelände gerissen wurden, mussten durch die Sintflut neu erleben, dass sie im Zorn des Allmächtigen an den Menschen gefesselt sind. Die Archenreise bildet den Schlussakkord einer Ära. Bald soll der Mensch dem Tier zum Feind werden und über es herrschen. Hier scheint eine direkte Linie zum ›Anthropozän‹ zu führen, zu unserem Zeitalter, in welchem der Mensch eine ernsthafte Gefährdung für die Erde darstellt.

Aber zurück zur Arche: Dort ist es stockdunkel. Das

einzige Fenster besteht ja nicht aus Glas, sondern vermutlich aus einer während der Fahrt durch die wilden Wasser mit einer Bretterplatte verschlossenen Luke. Noahs Vertrauen in Gott ist im wahrsten Sinne des Worts ›blind‹ Aber noch mehr: Durch die Wortverwandtschaft zwischen den Wörtern *arkki* (Arche) und *arkku* (Kasten, Truhe, Sarg) in der finnischen Sprache, die mich umgibt, steht mir Noahs Schiff als eine Art schwimmender Sarg vor Augen. Hans Baldung Griens berühmtes Gemälde »Sintflut« von 1516 befeuert diese Assoziation: ein Sarg, der durch die Hölle der Katastrophe, durch das Reich des Todes reist und am Ufer einer anderen Welt anlandet. Dort trägt sich Auferweckung zu. Eine leise typologische Vorausweisung auf Aussagen des Neuen Testaments zur Ewigkeit und Endzeit. Das hebräische Wort für ›Arche‹ (*tēvāh*) kann ebenfalls ›Sarg‹ bedeuten. Im Urtext schwingt damit diese Sinn-Nuance mit.

Zwei Tiere – Vögel, die Lebewesen zwischen Himmel und Erde – erhalten hier eine Schlüsselrolle: der Rabe und die Taube. Beide sind mehr als nur Kundschafter, Pfad-Finder, Vorläufer technischer Geräte. Das Geschehen um sie stelle ich mir, beim Mythos-Charakter der Erzählung bleibend, so vor: Zwischen Noah und den Vögeln gibt es eine tiefe archaische Verbindung, der man noch das Nachglühen der ursprünglichen verwandten Gemeinschaft von Tier und Mensch abspürt. Diese ist ja im Inneren des Kastens noch einmal aufgelebt. Noah sehe ich als Vertreter bzw. Nachfahren eines indigenen Volks, der noch das ganzheitliche, kosmische Weltverständnis von Ursprungsethnien im Blut hat. Für sie können Vögel heute noch Vermittler sein zwischen den Menschen und den unsichtbaren Mächten, die sie leiten. Können Führer sein zur jenseitigen Welt, um deren Geheimnisse sie wissen, besitzen magische Kräfte. In der finnisch-samischen Mythologie, im kulturellen Leben immer noch als Echo auszumachen, gibt es ein solches Begreifen von Vögeln.

Der Rabe: hochintelligent, Flugakrobat. Sein dunkles Raak und Kraok ist mysteriös, eine Verlautbarung von oben, Gänsehaut verursachend. Kein Wunder, dass der Rabe in der Antike als ›Orakelvogel‹ galt. Und dass das finnische Wort für Rabe (*korppi*) einmal ›geheimnisvolles Geschöpf‹ bedeutete. Der Wortlaut von Vers 7 lässt sich auch so auffassen: Der Rabe webt durch sein unermüdliches Hin- und Herfliegen, abgestimmt auf das Sehnen Noahs, der Erde ein festes, trockenes Kleid. Er bespricht sie mit seiner Stimme – seine von Gott bestimmte Aufgabe.

Die Taube: zähmbare Orientierungskünstlerin. Sie ist sichtbar auf Noah bezogen. Beim zweiten Flug bringt sie das zum Vorschein, an dessen Entwicklung der Rabe beteiligt war. In meinen Augen ergänzen die beiden Vögel einander und bilden keinen Kontrast, wie dies jahrhundertelang in moraltheologischen, auf Gegensatzdenken fixierten Allegoresen dargelegt wurde. Der Rabe verkörpert nicht das Böse. Das Ölblatt im Schnabel der Taube soll Noah Kunde geben davon, dass die Erde nun wiederhergestellt wird. Die Annahme ihrer Heilung kann zur erlösenden Gewissheit werden. Diese Taube wird nicht unter den Tieren sein, die Noah dem Höchsten zum Dank opfert. Sie kehrt nicht zurück. Als ob es ihr Auftrag sei, dabei mitzuwirken, dass die Erde nach Gottes Vernichtungstat wieder frisch begrünt und gesegnet wird. Ihr rhythmisch-skandierendes Gurren lässt sich bald als Flehen, bald als triumphierend-sanfter Trompetenstoß deuten. Sie zeigt die Richtung an, in der Noah und die Seinen sich bewegen sollen: heraus aus dem Kasten, aus dem Sarg. Und auferstehen in das erblühende Leben der Erde, dieser in Gottes Bund verankerten neuen Welt. – Es leuchtet ein, dass später in der Bibel der Heilige Geist in Gestalt einer Taube am Himmel erscheinen wird.

3. SONNTAG VOR DER PASSIONSZEIT (SEPTUAGESIMÄ)
1. KORINTHER 9,19-27

Klaus Mertes

Denn obwohl ich frei bin von jedermann, habe ich doch mich selbst jedermann zum Knecht gemacht, auf dass ich möglichst viele gewinne. Den Juden bin ich wie ein Jude geworden, damit ich die Juden gewinne. Denen unter dem Gesetz bin ich wie einer unter dem Gesetz geworden – obwohl ich selbst nicht unter dem Gesetz bin –, damit ich die unter dem Gesetz gewinne. Denen ohne Gesetz bin ich wie einer ohne Gesetz geworden – obwohl ich doch nicht ohne Gesetz bin vor Gott, sondern bin im Gesetz vor Christus –, damit ich die ohne Gesetz gewinne. Den Schwachen bin ich ein Schwacher geworden, damit ich die Schwachen gewinne. Ich bin allen alles geworden, damit ich auf alle Weise etliche rette. Alles aber tue ich um des Evangeliums willen, auf dass ich an ihm teilhabe.

Wisst ihr nicht: Die im Stadion laufen, die laufen alle, aber nur einer empfängt den Siegespreis? Lauft so, dass ihr ihn erlangt. Jeder aber, der kämpft, enthält sich aller Dinge; jene nun, damit sie einen vergänglichen Kranz empfangen, wir aber einen unvergänglichen. Ich aber laufe nicht wie ins Ungewisse; ich kämpfe mit der Faust nicht wie einer, der in die Luft schlägt, sondern ich schinde meinen Leib und bezwinge ihn, dass ich nicht andern predige und selbst verwerflich werde.

Paulus spricht von sich sehr persönlich. Ich schlage vor, den Text nicht mit dem Appell-Ohr zu hören, sondern mit dem Mitteilungsohr. Paulus möchte sich seiner Gemeinde in Korinth verständlich machen. Sie hat Fragen an seinen Lebenswandel und an seinen Stil der Verkündigung.

Zunächst legt Paulus Wert darauf, dass er das Evangelium unentgeltlich verkündigt. Zwar hätte er, wie Jesus in seiner Aussendungsrede sagte, Anspruch auf Lohn für seine Arbeit (V. 18, vgl. Lk 10,7), aber er verzichtet darauf. Die Begründung lautet: Ich verkündige das Evangelium nicht freiwillig (vgl. V. 17), sondern, wie es im Vers vorher heißt, »gezwungenermaßen«, denn »wehe« mir – und zwar nicht erst beim jüngsten Gericht, aus Angst vor Höllenstrafen, sondern weil es mir jetzt schon weh tut –, »wenn ich das Evangelium nicht verkündige« (V. 16). Die Geschichte des Jona ist ein treffendes Beispiel dafür, in welcher inneren Situation Paulus sich sieht: Jona erhält den Auftrag, Ninive die Umkehr zu predigen, entzieht sich diesem Auftrag aus Angst vor dem Konflikt mit den Einwohnern von Ninive und landet schließlich im Bauch des Wals. Es lohnt sich also nicht, dem Auftrag wegen der mit ihm verbundenen Anstrengungen entkommen zu wollen. Noch anstrengender, als ihn auszuführen, ist es, ihn nicht auszuführen.

Die Unentgeltlichkeit von Paulus' Dienst hat Zeichencharakter. Sie steht für Paulus' Freiheit, konkret für die Unabhängigkeit von Geldgebern (als Zeltmacher verdient Paulus seinen Lebensunterhalt mit seiner eigenen Hände Arbeit), aber auch tiefer für die Freiheit des Evangeliums. *Sie* steht im Zentrum der paulinischen Verkündigung (vgl. Gal 5), und *sie* ist die Bedingung dafür, dass er sich zum »Sklaven aller« machen kann. Das bedeutet, wie die folgenden Verse zeigen: Anpassung an die jeweilige Situation der Adressaten seines Auftrages, mit unterschiedlichen Nuancen (Vv. 19-23).

Anpassung ist die Methode seines Vorgehens. Paulus fällt nicht mit der Tür ins Haus. Er sucht zunächst den Anknüpfungspunkt bei den Adressaten seiner Predigt. Lukas beschreibt an anderer Stelle (Apg 17,22-31) dieses Vorgehen beispielhaft an der Rede von Paulus auf dem Areopag. Dort knüpft Paulus am nahestehenden Altar für den Unbekannten Gott an, um einen Zugang zu den griechischen Intellektuellen zu finden, die ihm zuhören. Er geht, wie es in der jesuitischen Tradition heißt, »zur Tür des anderen herein und zur eigenen Tür heraus«. Diese Methode setzt sich leicht dem Vorwurf der Manipulation aus. Umso wichtiger ist das Stichwort Freiheit. Die Freiheit der Annahme des Evangeliums kommt darin zum Ausdruck, dass Paulus zwar alle anspricht, aber nur »einige rettet« (V. 22) – terminus technicus dafür, im Ergebnis (nur wenige) Personen für das Evangelium zu gewinnen. Nicht die Menge macht es, nicht die Begeisterung im großen Stadion, nicht gezielt herbeigeführter Enthusiasmus.

Man könnte natürlich entgegnen: Warum überhaupt mit dem Evangelium auf andere Personen zugehen? Die Antwort steht am Anfang, sinngemäß: »Ich kann nicht anders«, oder, wie es in der Apostelgeschichte heißt: »Wir können unmöglich schweigen über das, was wir gehört und gesehen haben.« (Apg 4,30) Es ist nicht der Wille der beauftragten Person, den Auftrag auszuführen, sondern der Wille Gottes. Gerade deswegen ist es so wichtig, dass Paulus und alle, die nach ihm kommen, es dem Willen Gottes überlassen, was der Geist Gottes in den Herzen derjenigen macht, die ihre Rede hören. Die jesuitische Formel dazu lautet: Die beauftragte Person soll die andere Person »nicht mehr zu der einen als zu der anderen Seite zu bewegen versuchen, damit Gott unmittelbar mit der Seele wirken kann und die Seele mit Gott«. Der Evangelist ist »nur« Evangeliums-Gefährte (vgl. V. 23).

Die abschließenden Bildreden können – wie alle Bilder – leicht missverstanden werden, wenn der falsche Vergleichspunkt gewählt wird. Der Läufer auf der Rennbahn und der Boxer stehen für die Selbstdisziplin, die Konzentration und die methodische Strenge, der sich Paulus unterzieht, um seinem Auftrag gerecht zu werden. Damit ist mehr als nur Verzicht auf Lohn für die Arbeit gemeint. Es geht auch nicht um Askese gegen den eigenen »Leib« (V. 27) im Sinne von selbstverletzenden »geistlichen« Übungen. Die Rede ist insgesamt bildlich zu verstehen: Paulus lebt konzentriert auf seine Sendung hin, er lässt sich weder von außen noch von innen ablenken, »grüßt niemanden« unterwegs (vgl. Lk 10,4), lässt sich eher nicht auf Smalltalk ein, weist Fragen zurück, für die er nicht zuständig ist (Lk 12,14) oder von denen er keine Ahnung hat. Man muss nicht alles wissen und können, um das Evangelium zu verkündigen.

So gelesen wird der Text auch heute aktuell für alle, die das Evangelium in sich tragen: Es wird nicht freiwillig verkündigt, sondern im Auftrag. Man fällt damit nicht wie mit der Tür in das Haus anderer Kulturen und Verstehens-Horizonte. Es zu verkündigen erfordert eine Form von Konzentration, die das ganze Leben in Anspruch nimmt.

2. SONNTAG VOR DER PASSIONSZEIT (SEXAGESIMÄ)
MARKUS 4,26-29

Joachim Hake

Und er sprach: Mit dem Reich Gottes ist es so, wie wenn ein Mensch Samen aufs Land wirft und schläft und steht auf, Nacht und Tag; und der Same geht auf und wächst – er weiß nicht wie. Von selbst bringt die Erde Frucht, zuerst den Halm, danach die Ähre, danach den vollen Weizen in der Ähre. Wenn aber die Frucht reif ist, so schickt er alsbald die Sichel hin; denn die Ernte ist da.

Biblische Kommentare über diese Stelle strahlen eine merkwürdige Zuversicht und Ruhe aus. Zumindest jene, zu denen ich greife. Mir fehlt die Kraft nach anderen zu suchen, so dass die verbleibende Kraft in die Assoziationen schießt, die vom Text selbst ausgehen. Dabei immer wieder das Erstaunen darüber, mit wie wenig Kraft Assoziationen auskommen. Ob auch Assoziationen wachsen? Der Vorzug von Assoziationen, dass sie nicht wachsen, sondern wie im Flug da sind, blitzschnell und ohne Luftwurzeln.

Die Botschaft vom Reich Gottes als Botschaft: Habe keine Angst vor dem Wachstum und habe keine Angst vor der Frucht, die am Ende steht. Und vor der scharfen Sichel habe auch keine Angst. Eine Botschaft, die alles andere ist als selbstverständlich. Ob Assoziationen der Sichel entgehen?

Stagionare. Stagione – Jahreszeit. Stagionare: kaum übersetzbar. Auf Gedanken übertragen vielleicht so: Wachstum im Fortgang der Zeit, der Jahreszeiten Frühling, Sommer,

Herbst, Winter. An ein und demselben Gedanken geht die Zeit in ihrer wechselnden Farbigkeit, dem Wechsel der Temperaturen und Stimmungen vorbei. Ein Gedanke wird festgehalten, aufmerksam bewacht und immer wieder aufgerufen und in den Wind und die Sonne gehalten, dem Regen ausgesetzt und den Wolken gezeigt, die achtlos an ihm vorbeiziehen. So trägt ein Gedanke Frucht, wird reif und lässt sich irgendwann ernten. Gedanken brauchen Zeit, schätzen den Wechsel der Jahreszeiten, wollen hier und da geerntet werden, einen natürlichen Rhythmus der Ernte kennen sie nicht. Was verbindet das Wachstum von Gedanken mit dem Wachstum des Reiches Gottes?

Ein Text, den ich besonders liebe: »DIU NOCTUQUE INCUBANDO – *incubando*, und nicht *laborando*; nicht eigentlich der Arbeit schreibt Newton seine große Entdeckung zu, sondern einem unaufhörlichen Nachsinnen bei Tag und bei Nacht.« (Georges Roditi, Vom Geist der Vollkommenheit, Stuttgart 1984, 107)

Und noch ein Kommentar: Die antiken Leser von Mk 4,26 hätten noch ein Verständnis für das Geheimnis und das Mysterium des Wachsens besessen. Dem zeitgenössischen Leser sei diese Gefühlslage fremd. Was Kommentatoren treibt, so etwas zu schreiben... Keine Spur von Unbehagen angesichts des Faktums des Wachsens. Wenn das nicht geheimnisvoll ist. Ich werde das Unbehagen nicht los. Wundersames Wachsenmüssen. Dass wir nicht nicht wachsen können. Dass wir zum Wachsen verurteilt sind? Dass wir wachsen müssen, so oder so, und einem Ende entgegenwachsen, heiße dieses Ende nun Gericht oder Ernte. Warum haben die Kommentare keinen Sinn für den dunklen und schwarzen Schatten des Wachsens, dem niemand entkommt bis heute nicht?

Das dunkle Wachsenmüssen und das lichtvolle Wachsen des Gottesreiches mehr und mehr unterscheiden lernen.

Und da ist noch: Wachsen als Trost. Als Ansage von Hoffnung. Es geht nicht weiter, aber auch ohne unser Zutun wächst das Erwartete. Unsere Weisheit nimmt auch zu, wenn wir es nicht erwarten und denken, wir treten in Klugheit und Wissen auf der Stelle. Ich mag diese Reflexionsfigur und könnte sie mit eigenen Erfahrungen unterlegen. Gleichzeitig immer wieder das Erschrecken, einem Ende entgegenzuwachsen, dem ich nicht entkomme und das der Kraft des Wachsens entgegenarbeitet. Wachsen in die Resignation hinein.

Der Sämann sät, und dann schläft und wacht er. Ein Kommentar deutet den Hinweis auf diesen Wechsel von Schlafen und Wachen als Zeichen des Unbeteiligtseins. Das überzeugt mich nicht. Der Sämann ist keineswegs unbeteiligt: Er steht in der wundersamen Zone des beteiligten Unbeteiligtseins und unbeteiligten Beteiligtseins und folgt dem Rhythmus von Einschlafen und Aufwachen, das mehr ist als das bloße An und Aus von Schlafen und Wachen. Eine analoge Welle gegen die Logiken der Identität, die uns mittlerweile bis in den Schlaf verfolgen. Den Schlafenden stört dies hoffentlich nicht und jenen Zauber des Aufwachens, der immer wieder Erstaunliches präsentiert.

Vorfreude sei die größte Freude, heißt es. Aber: Kann die Vorfreude wachsen? Und wie wächst sie? Ist die Freude die Frucht der wachsenden Vorfreude?

Und wenn Vorfreude wächst: Wächst sie leise und im Verborgenen oder laut und vor aller Augen? Und wenn die Vorfreude ihren Rhythmus zu verlieren droht, greife man zu diesem Text, den ich mag: »Vielleicht leben in der Luft gerade verschiedene Zeitschichten und sprechen sich ab, fließen mal hier-, mal dorthin, und dann wächst auch die Zeit irgendwann wieder in ihren Rhythmus hinein, so wie die echten Umarmungen nachwachsen.« (Marica Bodrožić, Pantherzeit. Vom Innenmaß der Dinge, Salzburg-Wien 2021, 28.)

SONNTAG VOR DER PASSIONSZEIT (ESTOMIHI)
AMOS 5,21-24

Magdalene L. Frettlöh

Ich hasse und verachte eure Feste und mag eure Versammlungen nicht riechen – es sei denn, ihr bringt mir rechte Brandopfer dar –, und an euren Speisopfern habe ich kein Gefallen, und euer fettes Schlachtopfer sehe ich nicht an. Tu weg von mir das Geplärr deiner Lieder; denn ich mag dein Harfenspiel nicht hören!

Es ströme aber das Recht wie Wasser und die Gerechtigkeit wie ein nie versiegender Bach.

GOTT – EIN *HATE SPEAKER*?

Während meiner Studienzeit hatte der Prophet Amos Hochkonjunktur. Kaum ein Theologiestudium ohne Amos-Vorlesung oder -Seminar. Amos – das war der kritische Prophet, der genau hinsah, schonungslos die sozialen, ökonomischen, politischen und kultischen Missstände seiner Zeit aufdeckte und das wahrgenommene Unrecht anprangerte, ohne Rücksicht auf die eigene Person. Wie er wollten auch wir künftig politisch wirksame Prophet_innen sein, der gesicherten Institution des Pfarramts zum Trotz.

40 Jahre später bringt mich derselbe Amos in Verlegenheit. Wo *hate speeches* längst salonfähig geworden sind, blinder Hass gegen Andersdenkende, -lebende und -glaubende wütet, antisemitische und rassistische Ausschreitungen an der Tagesordnung sind und Menschen mit Migrationshintergrund ihres Lebens bei uns nicht mehr sicher sind – wie kann ich da einen Text predigen,

der dem biblischen Gott abgrundtiefen Hass in den Mund legt? Ungeheuer starke Emotionen bescheinigt Amos seinem Gott, der sich leidenschaftlich von einer IHM schier unerträglich gewordenen Kultpraxis distanziert: Gott verachtet sie, kann sie partout nicht mehr riechen.

In *Gegen den Hass* ruft Carolin Emcke zum zivilen Widerstand gegen zwischenmenschliches Hassen auf und ist überzeugt: »Hass und Gewalt in ihren präzisen Abläufen zu beschreiben, heißt, immer auch die Möglichkeit aufzuzeigen, wo sie unterbrochen oder unterwandert werden können.« Lässt sich entsprechend auch *Gottes* Hassrede ergründen? Was hat sie heraufbeschworen? Warum haben jene Gottesdienste den Gott Israels so in Rage gebracht? Und was müssen wir heute tun, um nicht eine solche göttliche Hasstirade gegen uns heraufzubeschwören?

Der Hass, dem Emckes engagierte Gegenrede gilt, richtet sich lebensbedrohlich gegen andere Menschen. Gottes Hass dagegen gilt unrechtem Tun. Er entzündet sich am Auseinanderdriften von Kult- und Lebenspraxis: »Gottesdienst ist wertlos, wenn ihm das Leben widerspricht«, titelt die Elberfelder Bibel. Ein Gottesdienst, der nicht verhindert, dass Recht und Gerechtigkeit im Alltag versiegen, verkommt zum Götzendienst: »Was *diesen* Kult an *diesen* Orten falsch *macht*, ist die Tatsache, dass zur gleichen Zeit in Israel Menschen um ihr Land gebracht werden, Kleinbauern und ihre Familien um des Profits neuer Wirtschaftsformen willen ihre Subsistenz verlieren und in Schuldknechtschaft geraten, und dass das weithin *legal* geschieht. Was *legal* ist, ist nicht darum auch schon *legitim*!« (Jürgen Ebach) Gott verabscheut keineswegs den Gottesdienst als solchen, propagiert kein »Recht statt Kult!«.

Der gähnende Abgrund zwischen Gottesdienst und Alltag gefährdet nicht nur geschöpfliches Leben, sondern zieht Gott selbst in Mitleidenschaft: Wenn es in Amos 5 um eine Totenklage über Israel geht, dann gerät Gott hier in die Nähe einer *Totenklage über sich selbst*. Denn die inkriminierten Gottesdienste stumpfen, ja töten die Sinne Gottes ab. Selbst zartestes Harfenspiel ruft einen göttlichen Tinnitus hervor.

Ein Gottesdienst, der alle göttlichen Sinne erfreut und ihnen schmeichelt, müsste dazu anleiten und ermächtigen, im Alltag Recht und Gerechtigkeit zu üben, den Zukurz-Gekommenen, Marginalisierten, Entrechteten und Unterdrückten zu ihrem Recht zu verhelfen, den Mund aufzumachen für das Recht der Schwachen und Zum-Schweigen-Gebrachten, für Geschlechtergerechtigkeit einzutreten, kinderrechten Raum zu geben, auf Grundrechte für Fauna und Flora zu pochen. Eine solche Ermächtigung ist aber nur möglich, wenn Gerechtigkeit zunächst als Beziehungsweise, als Handeln und als Gabe Gottes in den Blick kommt. Nur wenn wir mit göttlicher Gerechtigkeit, die auf- und nicht zugrunde richtet, begabt werden, wird die Praxis irdischer Gerechtigkeit uns nicht heillos überfordern.

Und schließlich – darauf gilt es besonders zu achten: Die göttliche *hate speech* lässt dem Hass nicht das letzte Wort. Sie zielt vielmehr auf eine Entsprechung zwischen Kultus und Ethos – im Tun des Gerechten. Im anmutigen Schlussvers werden strömendes Wasser, sprudelnde Quellen und rauschende Bäche zum Gleichnis für eine unversiegbar wirksame Gegenwart von Recht und Gerechtigkeit.

Da ist eine aktuelle politisch-ökonomische Dimension mit Händen zu greifen: Wo Recht *wie* Wasser strömen soll, da muss es auch ein Recht *auf* Wasser geben, ein Grundrecht auf genießbares Wasser für alle Menschen, ja alle Geschöpfe. Da darf niemandem der Zugang zu reinem Wasser verwehrt werden. Da muss dem unverantwortlichen Treiben der Konzerne, die sich am Geschäft mit dem Wasser bereichern, ein Riegel vorgeschoben werden. In Zeiten um sich greifender Dürre in immer mehr Weltregionen und zugleich tödlicher Überschwemmungen kann das Recht nur wie Wasser strömen, wenn wir die Weltmeere, Flüsse und Seen nicht irreversibel vergiften und das immer kostbarer werdende Trinkwasser gerecht verteilen. Das Recht auf Wasser ist ein allgemeines Lebensrecht und nicht das Privileg derer, die es in PET-Flaschen abfüllen und teuer verkaufen. Für die weltweite Durchsetzung des Grundrechts auf Wasser *brennen* – könnten nicht auch das die Brandopfer (V. 22) sein, die Gott die Zornesfalten aus dem Gesicht streicheln und IHR so den Ausstieg aus dem Hass gegen unser Unrechttun ermöglichen?!

ASCHERMITTWOCH
2. PETRUS 1,2-11

Julia Helmke

Gott gebe euch viel Gnade und Frieden durch die Erkenntnis Gottes und Jesu, unseres Herrn!

Alles, was zum Leben und zur Frömmigkeit dient, hat uns seine göttliche Kraft geschenkt durch die Erkenntnis dessen, der uns berufen hat durch seine Herrlichkeit und Kraft. Durch sie sind uns die kostbaren und allergrößten Verheißungen geschenkt, damit ihr durch sie Anteil bekommt an der göttlichen Natur, wenn ihr der Vergänglichkeit entflieht, die durch Begierde in der Welt ist.

So wendet allen Fleiß daran und erweist in eurem Glauben Tugend und in der Tugend Erkenntnis und in der Erkenntnis Mäßigkeit und in der Mäßigkeit Geduld und in der Geduld Frömmigkeit und in der Frömmigkeit Brüderlichkeit und in der Brüderlichkeit die Liebe. Denn wenn dies alles reichlich bei euch ist, wird's euch nicht faul und unfruchtbar sein lassen in der Erkenntnis unseres Herrn Jesus Christus. Wer dies aber nicht hat, der ist blind und tappt im Dunkeln und hat vergessen, dass er rein geworden ist von seinen früheren Sünden. Darum, Brüder und Schwestern, bemüht euch umso eifriger, eure Berufung und Erwählung festzumachen. Denn wenn ihr dies tut, werdet ihr niemals straucheln, und so wird euch reichlich gewährt werden der Eingang in das ewige Reich unseres Herrn und Heilands Jesus Christus.

Ungeduld und Umkehr, Irrlehrer und Geistliches Wachstum

Der 2. Petrusbrief erzählt von Ungeduld. Es ist die Ungeduld des Briefverfassers, der fast irre wird an seiner

Wahrnehmung, dass Irrlehren und Irrlehrer die junge christliche Gemeinde schwächen, von außen wie von innen. Es ist die Ungeduld dessen, der für sich eine Entscheidung getroffen hat, Glaubenswirklichkeit in Orthodoxie und Irrlehre zu unterteilen. Es ist die Ungeduld dessen, der versucht, den rechten Gottes-Glauben zu bewahren, und zweifelt, ob dies gelingen wird. In solcher Haltung verfasst er diesen Brief und verwendet zweierlei Stilmittel: Zum einen bedient er sich des Apostels Petrus als Zeugen und Alias. Unter seinem Namen schreibt er, die Sprache und Begrifflichkeiten sind hellenistisch geprägt, und übernimmt die literarische Gattung des Testaments:[1] Hört, was mir kostbar und wichtig ist, was ich euch abschließend sagen will und muss.

Mit dieser Prämisse beginnt er das Proömium dieses 2. Petrus-Briefes. Formal mag das zum Aschermittwoch passen, der Einleitung und Auftakt zur Passionszeit darstellt. Inhaltlich jedoch müssen Brücken gebaut, Widersprüche benannt und der Kontext des Aschermittwochs stark gemacht werden, um diesen Text zu predigen. Die Verfasserin dieser Denkskizze wird ebenfalls leicht ungeduldig beim Lesen der Verse, die vollmundig absolute Gotteserkenntnis und apodiktisch Ratschläge für geistliches Wachstum verkünden. Kein Hauch von unterschiedlichen Wegen, um zur Gotteserkenntnis zu kommen, kein Zentimeter Gedankenfreiheit, um über Vergänglichkeit und Ewigkeit nachzudenken, ein breiter Graben zwischen denen, die faul, unfruchtbar und blind in ihrer Nicht-Erkenntnis bleiben (V 8f), und denen, die ihrer Berufung und Erwählung folgen.

Die Unterscheidung zwischen »Wir« und »Ihr« wird angelegt und in den folgenden Briefkapiteln ausgeführt. Diese Weltsicht trifft bei der Deutung des biblischen Zeugnisses in das Heute einer Gegenwart, in der heftig über *Othering* diskutiert wird. Eine Gegenwart, in der

Verschwörungstheorien Hochkonjunktur haben, die trotz aller Säkularisierung oft religiöse Begrifflichkeiten und Vorstellungen beinhalten, und eine Gegenwart, in der die Frage offenbleibt, inwieweit gerade überzeugte Christen hierfür anfällig sind bzw. neue Irrlehren am Werk und ›die Welt‹ als Gegnerschaft sehen.

Vielleicht hilft hier der Kontext des Aschermittwochs. »Kehrt um und glaubt an das Evangelium« (Mk 1,15). Der Ruf zur Umkehr prägt die Bräuche und Deutungen des Aschermittwochs seit Anbeginn. Asche ist ein Zeichen für Vergänglichkeit (Gen 3,19), das Aschekreuz auf der Stirn ein Sinnbild für die Buße (Hiob 30,19; 2. Sam 13,19), die Verbindung zu Christus auf seinem Weg in das Leiden, den Tod und dessen Überwindung. In die vollmundigen, untergründig von Ungeduld und Zweifel angekratzten Worte des Bibeltextes etwas Asche zu streuen macht den Text durchlässiger für das, was in ihm enthalten, wahrlich kostbar und eine Verheißung ist: »Alles, was zum Leben und zur Frömmigkeit dient, hat uns seine göttliche Kraft geschenkt«, heißt es im Auftakt (2. Petr 1,3a). Radikal und kritisch das eigene Leben, Verhalten und die eigene Frömmigkeit in den Blick zu nehmen und bewusst die Denkrichtung umzukehren: von sich als Sender und Empfänger weg auf Gott hin und von Gott her. Sich auf den Weg zu machen, jedes Jahr neu. »Jetzt mal Asche aufs Haupt und Klartext reden: Der leeren Worte sind genug.« – »Jetzt mal Asche aufs Haupt und Ruhe finden: Der lauten Tage sind genug.« – »Jetzt mal Asche aufs Haupt und Friede sein: Der Kriege weltweit sind genug.« – »Jetzt mal Asche aufs Haupt und Veränderung wagen: Der alten Zöpfe sind genug.« – »Jetzt mal Asche aufs Haupt und Segen leben: Der göttlichen Kräfte sind genug.« – »Jetzt mal Asche aufs Haupt und Hand aufs Herz: Umkehren geht.«[2]

Keine leeren Worte: Von der Abgrenzung zum Dialog

»Darum, Brüder und Schwestern, bemüht euch umso eifriger, eure Berufung und Erwählung festzumachen« (2. Petr 1,10a). Sich fest zu verorten, um den eigenen Stand nicht zu verlieren bzw. zu einem Standpunkt auch zu stehen, ist meines Erachtens gerade in der heutigen Zeit ein hohes Gut und eine christliche Tugend. Diese gilt es jedoch nicht in Abgrenzung zu erreichen, sondern, soweit es möglich ist, im Dialog, im Zuhören, Ringen und Ausloten. In der katholischen Tradition gibt es seit einigen Jahrzehnten den »Aschermittwoch der Künstler«, im protestantischen den »Aschermittwoch der Künste«. Beide eint, dass sie den Künsten und Künstler:innen zutrauen, mit ihren Mitteln, ihrem Suchen und Zweifeln sich tastend anzunähern an das Geheimnis von Erkenntnis, Erkennen und Erkanntwerden. Den Aschermittwoch auszuhalten und alles, was folgt; den Zweifel, die Ungeduld auszuhalten – auch darüber, dass Gott zuweilen so weit entfernt scheint und die Wiederkehr Christi auf sich warten lässt. Denn das war es, was den Verfasser des 2. Petrusbriefes zutiefst umgetrieben hat. Und was uns, wenn wir ehrlich sind, seitdem und bis heute umtreibt: Wo ist Gott in alledem – und wo der Mensch? Der zu Beginn des Ersten Weltkrieges gefallene Lyriker Alfred Lichtenstein (1889–1914) hat vor 100 Jahren dies in seinem Gedicht »Aschermittwoch« so gefasst:

> Gestern noch ging ich gepudert und süchtig
> In der vielbunten tönenden Welt.
> Heute ist alles schon lange ersoffen.
>
> Hier ist ein Ding.
> Dort ist ein Ding.
> Etwas sieht so aus.
> Etwas sieht anders aus.

Wie leicht pustet einer die ganze
Blühende Erde aus.

Der Himmel ist kalt und blau.
Oder der Mond ist gelb und platt.
Ein Wald hat viele einzelne Bäume.

Ist nichts mehr zum Weinen.
Ist nichts mehr zum Schreien.
Wo bin ich –

Von hier aus kann ich losgehen, kann wachsen in das Geheimnis Christi hinein. In dieser Perspektive kann ich selbst dem allzu schematisch wirkenden Ablauf des Weges christlicher Existenz, wie er in Versen 5-7 vorexerziert wird, etwas abgewinnen. Werden die alten Worte zu einem Taktgeber auf dem Weg durch die Passionszeit und beginnen zu schwingen und zu klingen: Mäßigung, Geduld, Geschwisterlichkeit und Liebe bleiben die wahren Wegweiser hin zur Fülle des Lebens, in Gnade und Friede. Sie sind, das wäre meine Hoffnung, zugleich Gradmesser für alle Irrlehren, die uns in uns und um uns herum begegnen.

1 www.bibelwissenschaft.de/bibelkunde/neues-testament/katholische-briefe/2-petrusbrief (aufbauend auf Klaus-Michael Bull, Bibelkunde des Neuen Testaments, Die kanonischen Schriften und die Apostolischen Väter, Göttingen [8]2018).

2 So bei: Aktion Misereor. Digitale Impulse zur Fastenzeit, Aschermittwoch 2023.

1. SONNTAG DER PASSIONSZEIT (INVOKAVIT)
MATTHÄUS 4,1-11

Katharina Scholl

Da wurde Jesus vom Geist in die Wüste geführt, damit er von dem Teufel versucht würde. Und da er vierzig Tage und vierzig Nächte gefastet hatte, hungerte ihn. Und der Versucher trat herzu und sprach zu ihm: Bist du Gottes Sohn, so sprich, dass diese Steine Brot werden. Er aber antwortete und sprach: Es steht geschrieben (5. Mose 8,3): »Der Mensch lebt nicht vom Brot allein, sondern von einem jeden Wort, das aus dem Mund Gottes geht.«

Da führte ihn der Teufel mit sich in die heilige Stadt und stellte ihn auf die Zinne des Tempels und sprach zu ihm: Bist du Gottes Sohn, so wirf dich hinab; denn es steht geschrieben (Ps 91,11-12): »Er wird seinen Engeln für dich Befehl geben; und sie werden dich auf den Händen tragen, damit du deinen Fuß nicht an einen Stein stößt.« Da sprach Jesus zu ihm: Wiederum steht auch geschrieben (5. Mose 6,16): »Du sollst den Herrn, deinen Gott, nicht versuchen.«

Wiederum führte ihn der Teufel mit sich auf einen sehr hohen Berg und zeigte ihm alle Reiche der Welt und ihre Herrlichkeit und sprach zu ihm: Das alles will ich dir geben, wenn du niederfällst und mich anbetest. Da sprach Jesus zu ihm: Weg mit dir, Satan! Denn es steht geschrieben (5. Mose 6,13): »Du sollst anbeten den Herrn, deinen Gott, und ihm allein dienen.« Da verließ ihn der Teufel. Und siehe, da traten Engel herzu und dienten ihm.

Der Film-Regisseur hat es leichter als die Predigerin am ersten Sonntag in der Fastenzeit. Während die unmittelbare Rede vom Teufel als einem leibhaftigen Versucher bei den Hörenden höchstens noch ein müdes Lächeln wachrufen dürfte, ist der Bann des *diabolos* auf der Leinwand vom Kinosessel aus betrachtet ungebrochen. So beispielsweise im Film »Die Bibel – Jesus«, bei dem Roger Young 1999 Regie führte. Inmitten einer steinigen Wüste erscheint der Teufel Jesus hier gleich in zweifacher Gestalt. Erst als Frau mit langem schwarzem Haar und einem blutroten Kleid aus leichtem Chiffonstoff, der vom Wind in langen Bahnen in die Luft geweht wird. Verführerisch nähert sich die Frau dem schon sichtlich mitgenommenen Jesus und flüstert ihm zu, um den Versuchungen zu widerstehen, müsse er bereit sein, so schwach zu sein, wie die Menschen es sind, und auf alle Vorrechte zu verzichten. Kurze Zeit später, bei den Versuchungen selbst, erscheint der Teufel in Gestalt eines Mannes, der aussieht wie das absolute Klischee eines Managers, mit einem feinen schwarzen Anzug und zurückgegeltem Haar.

Der Philosoph Hans Blumenberg hat die These vertreten, dass das Religiöse unter den Bedingungen der Moderne nur noch im Modus des Ästhetischen auftauchen kann. Beim Schauen des Filmes kann ich mich dem Bild des Teufels stellen, ohne zu entscheiden, ob es ihn gibt oder nicht. Die Frage wird in gewisser Weise suspendiert. Die ganz grundlegende Frage nach der Existenz des Teufels als einem Gegenspieler Gottes lässt ja bereits der biblische Text selbst in einer eigentümlichen Schwebe, insofern es die Geistkraft Gottes ist, die Jesus in die Wüste bringt und dem Versucher ausliefert, also in vermittelter Weise gleichsam Gott selbst zum Akteur der Versuchungen wird, so könnte man zumindest vermuten.

Das Medium Film ist noch in der Lage, uns in den Bann universeller Geschichten zu ziehen, und es steht damit in einer gewissen Verwandtschaft zum Mythos. Dem Film gelingt es, ein Leben vor uns auszubreiten, welches sich von unserem grundlegend unterscheidet und dennoch etwas in uns anspricht, dem wir bisher vielleicht keine Beachtung geschenkt haben. Wie der Mythos kann der Film zu einer Offenbarung führen – wenn nicht über die Welt, so doch zumindest über uns selbst.

Die drei Szenen der Versuchung Jesu durch den Teufel werfen in besonderer Weise ein Licht auf eine ganz grundlegende menschliche Erfahrung, nämlich die, dass das Böse nicht nur einfach vorkommt und in der Hand des Menschen liegt, sondern dass zum Bösen die Erfahrung gehört, dass es Macht über mich hat. Weil der biblische Text dieser Grunderfahrung einen Ausdruck verleihen will, kommt er nicht ohne die mythologische Dimension aus (vgl. Luz, EKK I/1, S. 167).

Offenbar genügt es im Matthäusevangelium, welches ja sonst das Mensch-Sein Jesu sehr ernst nimmt, an dieser Stelle nicht, eine rein menschliche Geschichte von bestandener Versuchung zu erzählen, sondern es wird eine mythologische Geschichte erzählt mit der personifizierten Gestalt des Teufels und den Engeln, die am Ende der Perikope den Platz einnehmen, den der Teufel verlassen hat, und die so zum mythischen Ausdruck der Präsenz Gottes werden.

Wer sich diesem Bibeltext in homiletischer Absicht nähert und dabei seinen Ausgangspunkt bei den kleinen Versuchungen des Alltags nimmt, kann dem Text kaum gerecht werden. Denn es sind ja gerade nicht menschliche Alltagserfahrungen, um die es hier geht, sondern die ganz grundlegende Frage, wer die Oberhand über das Leben hat, der Teufel oder Gott. Es geht nicht darum, dem Stück Schokolade zu widerstehen, sondern um das ganz große Kino von der Herrschaft über Himmel und Erde.

Denn genau das ist ja Thema der dritten Versuchung. Wenn der Teufel Jesus die Königreiche dieser Welt anbieten kann, bedeutet es ja letztlich, dass sie ihm gehören und er sie im Grunde in seiner Gewalt hat. Karl Barth hat in seiner Auslegung des Textes stark gemacht, dass es im Grunde bei Jesu Absage an den Teufel darum gehe, dass Jesus sich ein Bekenntnis zum Realismus verbiete. Wenn er einfach dem Teufel gehuldigt hätte, hätte er ja vielleicht sogar eine einigermaßen humane Weltordnung aufbauen können, aber der Teufel hätte die Macht behalten. Jesus schwimmt nicht mit auf der Welle imperialer Gewalt, sondern wird als Opfer dieser imperialen Gewalt am Kreuz enden (vgl. KD IV 1, Zürich 1953).

Ich schreibe diese Denkskizze unter dem Eindruck der furchtbaren Kriegshandlungen in der Ukraine. Man muss keine fanatische Christin mit merkwürdigen Auswüchsen evangelikaler Prägung sein, um angesichts dieser Ereignisse einen Zugang zu dem Gefühl zu haben, dass das Böse Macht hat über die Welt und über das Leben von Menschen und dass dieses Böse auch komplexer ist, als dass es schlicht auf die Handlungen des Individuums Wladimir Putin zurückgeführt werden könnte.

In dieser politischen Großwetterlage beeindruckt mich das ruhige Intervenieren Jesu, der sich von den Überbietungsbildern des Teufels nicht herausfordern lässt, sondern sich immer wieder besonnen am Wort Gottes festmacht. Jedes Mal ist es ja ein Schriftzitat, mit dem Jesus sich dem Teufel widersetzt. Nicht auf der Welle imperialer Gewalt mitschwimmen, sondern ihr immer wieder ruhig und besonnen die Wahrheit entgegenhalten.

Für mich ist Alexej Nawalny genau dafür ein gegenwärtiges Beispiel. Noch aus dem Straflager heraus kämpft er für die Befreiung Russlands aus den Fängen Putins und seiner politischen Gefolgsleute. Nawalny schreibt zum zweiten Jahrestag seiner Festnahme auf Twitter: »Ich habe nicht vor, ihnen mein Land zu überlassen, ich glaube, dass die Finsternis verschwindet.« Vielleicht könnte heute die Absage an die Versuchungen durch das Böse in etwa so klingen.

2. SONNTAG DER PASSIONSZEIT (REMINISZERE)
4. MOSE 21,4-9

Johanna J. Klee

Da brachen sie auf von dem Berge Hor in Richtung auf das Schilfmeer, um das Land der Edomiter zu umgehen. Und das Volk wurde verdrossen auf dem Wege und redete wider Gott und wider Mose: Warum habt ihr uns aus Ägypten geführt, dass wir sterben in der Wüste? Denn es ist kein Brot noch Wasser hier, und uns ekelt vor dieser mageren Speise.

Da sandte der HERR feurige Schlangen unter das Volk; die bissen das Volk, dass viele aus Israel starben. Da kamen sie zu Mose und sprachen: Wir haben gesündigt, dass wir wider den HERRN und wider dich geredet haben. Bitte den HERRN, dass er die Schlangen von uns nehme. Und Mose bat für das Volk. Da sprach der HERR zu Mose: Mache dir eine eherne Schlange und richte sie an einer Stange hoch auf. Wer gebissen ist und sieht sie an, der soll leben. Da machte Mose eine eherne Schlange und richtete sie hoch auf. Und wenn jemanden eine Schlange biss, so sah er die eherne Schlange an und blieb leben.

DIE EHERNE SCHLANGE

Todesmutig stellt sich der Archäologe Indiana Jones im Film »Jäger des Verlorenen Schatzes« (1981) seiner größten Angst. Tausende Schlangen umgeben ihn, als er sich auf der Suche nach der Bundeslade in einen alten Tempel begibt. Doch er kann einen Ausweg finden. Mit Petroleum und Feuer vertreibt Indiana Jones die Schlangen und bahnt sich den Weg zur Bundeslade.

Schlangen sind nicht nur in der Bibel, sondern auch in der Mythologie faszinierende Lebewesen. Mancherorts werden sie für ihre Lebensbedrohlichkeit gefürchtet, mancherorts als Gottheiten verehrt. Sinnbildlich stehen sie sowohl für das Leben als auch für den Tod: Bei den Azteken war die Schlange Quetzalcoatl ein Schöpfergott, ein Gott des Windes, des Himmels und der Erde. Als Weltenschlange findet die Schlange sich auch in der germanischen und indischen Mythologie wieder. Zudem waren in der indischen Vorstellungswelt Schlangenwesen als Wächter der Schwellen bekannt, die in Notsituationen helfen konnten. In der ägyptischen und griechischen Antike symbolisierten Schlangen die Beziehung zur Unterwelt. Vor allem aber waren Schlangen für ihre Heilkraft geachtet. Der griechische Gott Asklepios, der für seine Heilkräfte bekannt war, wurde mit einem Schlangenstab dargestellt – und noch heute ist der Asklepiosstab ein Symbol für die Medizin, für die Heilberufe.

Da auch im Vorderen Orient die Schlange als Gottheit verehrt wurde, liegt es nahe, dass die negative Sichtweise auf die Schlange in der Bibel hier ihren Ursprung hat. Als *Nehuschtan* wird die eherne Schlange im Hebräischen bezeichnet. Es muss in einer Form Schlangenkulte im antiken Israel gegeben haben, denn sonst wäre die Notiz der Zerstörung des Symbols durch Hiskia im 8. Jahrhundert (2. Kön 18,4) hinfällig. Auch archäologische Funde in Hazor und Timna von kupfernen Schlangenfigurinen lassen die Deutung zu, dass auf dem Gebiet Israels Schlangengottheiten verehrt worden sind. Sie wurden wohl aufgrund der von ihnen erwünschten Heilkraft bei Schlangenbissen angebetet. Auch Intelligenz, Weisheit und Tücke wurden ihnen zugerechnet (Gen 3).

Mit der Etablierung des JHWH-Kults in Jerusalem wurden andere Kulte Israels integriert – so auch der Schlangenkult. Dementsprechend lässt sich die Geschichte im vierten Buch Mose so deuten, dass die Schlangenskulptur *Nebuschtan* im Zuge einer deuteronomistischen Redaktion auf Mose selbst zurückgeführt wurde. JHWH ist es, der Rettung vor Schlangenbissen verspricht und durch Mose die eherne Schlange aufrichten lässt. Die Geschichte enthält jedoch auch eine Warnung: Wer Gott anzweifelt, ist der Lebensgefahr ausgesetzt.

Wahrscheinlich liegt dieser uns überlieferten und deuteronomistisch überarbeiteten Geschichte noch eine ältere Erzählung zugrunde, die auf Gottes Heilstaten hinweist. Gott nimmt sich seines Volks an (Dtn 8,15). Er bewahrt in der Wüstensituation vor Gefahren, vor Schlangen und Skorpionen. Auch die späteren Rezeptionen in der Weisheit Salomos (Weish 16,5-11) und im Johannesevangelium (Joh 3,14-15) legen den Fokus auf die Heilstat Gottes.

Es ist augenscheinlich, dass die Geschichte von der ehernen Schlange sehr komplex und vielschichtig ist. Profane Deutungen der Erzählungen in Form von Wüstenerfahrungen, in denen die Gefahr durch wilde Tiere thematisiert wird, sind zwar naheliegend, werden aber der eigentlichen Tiefe wenig gerecht. Gott selbst tritt hier in einer sehr ambivalenten Rolle auf. Gott ist es, der auf den Unmut des Volks Israels mit Bestrafung reagiert. Er schickt die giftigen Schlangen. Als Schöpfergott ist er Ursprung aller Tiere: Er erschafft gefährliche und wilde Tiere, wie er auch die Nutztiere erschafft. Gott ist der eine und einzige Gott, der über allen Wesen steht und auf den alle Wesen zurückgehen. Alle anderen numinosen Wesenheiten sind ihm untergeordnet.

Gott entscheidet auch über Leben und Tod – wenn Menschen sterben, dann geschieht das in der Welt, die Gott erschaffen hat. Mit allen Gefahren, die sie birgt. Das wirft jedoch noch einmal ganz andere Fragen nach dem gerechten Wirken Gottes auf, als sie neutestamentlich in Joh 3,14-15 beantwortet werden.

Und doch: Letztlich ist es Gott, der aus Gefahren rettet. Es ist Gott, der sich erbarmen lässt, der Gnade zeigt und durch Mose handelt. Trotz allen Zweifeln des Volkes Israels hält Gott an seinem Bund fest. Er steht zu seinem Wort und führt das Volk durch die Wüste in das gelobte Land.

In den Filmen wird Indiana Jones immer wieder mit seiner Angst vor Schlangen konfrontiert. An entscheidenden Stellen muss er seiner Angst begegnen, um die Bundeslade zu finden – aber auch, um sein Leben zu retten. Im vierten Kinofilm »Das Königreich des Kristallschädels« (2008) entkommt Indiana Jones dem tödlichen Treibsand nur, weil sein Sohn Mutt ihm eine Schlange als Seil zuwirft. Widerwillig greift Indiana Jones nach der Schlange und kann aus dem Treibsand gerettet werden.

Tödliche Gefahren gehören wie der Unmut darüber wohl unweigerlich zum Leben. Es ist aber unsere Entscheidung, wie wir damit umgehen und von wem wir Heil erhoffen. Gott hält an seiner Beziehung zu uns fest, ganz gleich, wie sehr wir an ihm (ver)zweifeln, »damit jeder, der an ihn glaubt, das ewige Leben hat.« (Joh 3,15)

3. SONNTAG DER PASSIONSZEIT (OKULI)
1. PETRUS 1,(13-17)18-21

Christina Costanza

[Darum umgürtet eure Lenden und stärkt euren Verstand, seid nüchtern und setzt eure Hoffnung ganz auf die Gnade, die euch dargeboten wird in der Offenbarung Jesu Christi. Als gehorsame Kinder gebt euch nicht den Begierden hin, in denen ihr früher in eurer Unwissenheit lebtet; sondern wie der, der euch berufen hat, heilig ist, sollt auch ihr heilig sein in eurem ganzen Wandel.

Denn es steht geschrieben (3. Mose 19,2): »Ihr sollt heilig sein, denn ich bin heilig.« Und da ihr den als Vater anruft, der ohne Ansehen der Person einen jeden richtet nach seinem Werk, so führt euer Leben in Gottesfurcht, solange ihr hier in der Fremde weilt;] denn ihr wisst, dass ihr nicht mit vergänglichem Silber oder Gold erlöst seid von eurem nichtigen Wandel nach der Väter Weise, sondern mit dem teuren Blut Christi als eines unschuldigen und unbefleckten Lammes. Er ist zwar zuvor ausersehen, ehe der Welt Grund gelegt war, aber offenbart am Ende der Zeiten um euretwillen, die ihr durch ihn glaubt an Gott, der ihn von den Toten auferweckt und ihm die Herrlichkeit gegeben hat, sodass ihr Glauben und Hoffnung zu Gott habt.

»Nüchtern« – an diesem Wort bleibe ich hängen. Ich denke an den Beginn des Morgengebets: »Die Nacht ist vergangen, ein neuer Tag hat begonnen. Lasst uns wachen und nüchtern sein…« Das Aufstehen aus einer gerade zu Ende gegangenen Nacht: Da ist die Morgendämmerung, das Hellerwerden des Lichts, die aufgehende Sonne. Und in mir das Wachwerden, das Gefühl langsam losbrizzelnder Energie, der Appetit nach Leben (vielleicht erst mal nach einer Tasse Kaffee). Die Herkunft des Wortes »nüchtern« hängt mit dem Ende der Nacht zusammen: Es entstand aus einer Kombination des lateinischen »nocturnus« («nächtlich«) und alt- und mittelhochdeutschen Worten für »frühmorgendlich«, »in der Morgendämmerung«. Mit der Nüchternheit am frühen Morgen verbindet sich beides: Es bedeutet, nichts gegessen und nichts getrunken zu haben. Und es bedeutet, aus dem Dunkel der Nacht ins Licht eines neuen Tages zu gehen – klar zu sehen, zu empfinden, zu denken.

Heute bezeichnen Menschen mit diesem Wort eine Lebensweise, die sie freier und glücklicher macht. So wie zum Beispiel Daniel Schreiber in seinem Essay »Nüchtern. Über das Trinken und das Glück« (München 2014). Schreiber erzählt hier, wie das Alkoholtrinken lange Zeit sein Leben bestimmt und gefährdet hat und wie er einen Weg in ein Leben ohne Alkohol gefunden hat – mitten in einer Gesellschaft und Kultur, in der Alkohol einen zentralen Stellenwert hat und als Sucht zugleich tabuisiert wird. Vor allem erzählt Schreiber, was Nüchternsein für ihn bedeutet. Er erzählt von der Gnade und dem Glück der Nüchternheit.

Mit Nüchternheit kann der Verzicht auf Alkohol gemeint sein. Es gibt andere Zeiten und Kulturen, und es gibt andere Lebenssituationen, in denen nicht dem Alkohol die versklavende Macht über das eigene Leben zukommt, sondern anderen Substanzen, Verhaltensweisen und Selbstbildern. Der Mensch, der den 1. Petrusbrief geschrieben hat (wohl nicht Petrus selber, aber doch jemand, dem man dessen angefochtene Jesusnähe zusprechen wollte), redet von »Begierden« (1,14). Alles Mögliche kann das sein: sozialer Erfolg, der durch Lüge und Lästern erkauft wird; ein genussvolles Leben, das aber von Neid und Angst statt von Gastfreundschaft geprägt ist; sich allein am Äußerlichen ausrichten und das Innerliche, das »Verborgene des Herzens« missachten (Kap. 3 und 4). Vor allem aber: im »Götzendienst« die Bindung an Gott (die eigene »Heiligkeit«) aufgeben.

Die frühen Christ:innen, an die der Brief geht, sollen deshalb in ihrem Glauben an Gott gestärkt werden. Dieser Glaube ist gefährdet, und zwar vor allem, weil es schwer ist, in einer andersdenkenden und -lebenden Umgebung am Eigenen festzuhalten. Besonders, wenn es so neu und so skandalös ist wie der Glaube an einen auferweckten Gekreuzigten, besonders, wenn dieser Glaube die alten, selbstverständlichen Loyalitäten des sozialen Lebens ersetzt und in unbekannte, kleinere Gemeinschaften hineinführt. »Dissident:innen der Hoffnung« sind es, an die der 1. Petrusbrief geht (Gerald Wagner/François Vouga, Der erste Brief des Petrus, Tübingen 2020).

Sich diesen Dissident:innen der Hoffnung auf der Suche nach einem »heiligen« Leben verbunden zu fühlen heißt heute nicht, den christlichen Glauben von einer »heidnischen«, vermeintlich säkularen Welt abzugrenzen. Es heißt, die Gefährdung des eigenen Glaubens, der eigenen Identität, der eigenen Lebensausrichtung mit offenen Augen, »nüchtern«, wahrzunehmen. Sich nicht zu betäuben gegenüber dem eigenen Schmerz, der nagenden Unsicherheit, der unklaren Zukunft.

Daniel Schreiber erzählt von seiner Alkoholkrankheit (S. 142f.): »Wenn man eine Substanz derart besetzt, wird es schwer, seine Bedürfnisse auf eine andere, eine reale Art und Weise zu befriedigen. Nüchtern kann man genau das. [...] [M]an kann lernen, sein Leben wieder mit Bedeutung und Lust zu füllen und dem Stimmenkonzert im Kopf sanftere und liebende Stimmen hinzuzufügen.«

Im 1. Petrusbrief sagt eine solche Stimme: »Setzt eure Hoffnung auf die Gnade.« (1,13)

Kann man Hoffnung befehlen? Sicher nicht, wenn damit die Gewissheit gemeint ist, dass alles gut werden wird. Denn wer weiß das schon? Die Hoffnung aus 1 Petr 1,13 ist aber keine allein zukunftsorientierte Hoffnung. Sie ist weniger ein »Erwarten aus der Zukunft« als vielmehr ein »seinen Sinn legen in« (François Vouga, Une théologie du Nouveau Testament, Genf 2001). Hoffen heißt, den Sinn in etwas hineinlegen, was schon geschehen ist und was die Gegenwart bestimmt. Im 1. Petrusbrief geht es immer wieder um dieses »etwas, was schon geschehen ist«. Es ist hier das Leiden Jesu und sein Auferwecktsein durch Gott. In dieses Geschehen den Sinn zu legen heißt, sich innerlich und äußerlich zu stabilisieren gegen die Kräfte, die das eigene Leben ins Schwanken bringen und die eigene Identität gefährden.

Fragil war diese Identität für die ersten Adressat:innen des Briefes allemal, und hierin sind sie Geschwister all derer (also wohl der meisten) unter uns, die den Boden unter den eigenen Füßen immer mal wieder schwanken spüren und nicht jeden Morgen mit Tatkraft und Zuversicht in den Tag und die Zukunft starten. In so mancher Morgendämmerung ist es gut, diese eine sanfte und liebende Stimme aus dem 1. Petrusbrief gegen die Gespenster und Sorgenvögel der Nacht zu setzen:

»Er hat euch berufen aus der Finsternis in sein wunderbares Licht.« (2,10) Deshalb: Lasst uns wachen und nüchtern sein…

4. SONNTAG DER PASSIONSZEIT (LÄTARE) LUKAS 22,54-62

Robert Leicht

Sie ergriffen ihn aber und führten ihn ab und brachten ihn in das Haus des Hohenpriesters. Petrus aber folgte von ferne. Da zündeten sie ein Feuer an mitten im Hof und setzten sich zusammen; und Petrus setzte sich mitten unter sie. Da sah ihn eine Magd im Licht sitzen und sah ihn genau an und sprach: Dieser war auch mit ihm. Er aber leugnete und sprach: Frau, ich kenne ihn nicht. Und nach einer kleinen Weile sah ihn ein anderer und sprach: Du bist auch einer von denen. Petrus aber sprach: Mensch, ich bin's nicht.

Und nach einer Weile, etwa nach einer Stunde, bekräftigte es ein anderer und sprach: Wahrhaftig, dieser war auch mit ihm; denn er ist auch ein Galiläer. Petrus aber sprach: Mensch, ich weiß nicht, was du sagst. Und alsbald, während er noch redete, krähte der Hahn. Und der Herr wandte sich und sah Petrus an. Und Petrus gedachte an des Herrn Wort, wie er zu ihm gesagt hatte: Ehe heute der Hahn kräht, wirst du mich dreimal verleugnen. Und Petrus ging hinaus und weinte bitterlich.

UND WORÜBER WEINEN DENN WIR BITTERLICH?

Das ist mir ein sonderbarer Heiliger, dieser Petrus! Zumal, wenn man bedenkt, dass er bei unseren ökumenischen Geschwistern als der »Urvater« aller schließlich unfehlbaren Päpste gilt. Im Passionsgeschehen macht dieser erste der Jünger – wie auch unser Predigttext zeigt – alles andere als *bella figura*. Und doch hat Jesus von Nazareth dem Matthäus-Evangelium zufolge über diesen Mann gesagt: »Du bist Petrus, und auf diesen Felsen werde ich meine Kirche bauen.«

Umso skandalöser diese bald auf jene »Ernennung« folgende Verleugnungsgeschichte! Auf solchen Leuten also eine Kirche bauen? Das Erschreckende an dieser dreimaligen feigen Verleugnung (und ihrem Gegensatz zu dem Petrus-Satz) weicht dann aber, wenn wir erst einmal über die aufwühlenden Passagen in den Bach'schen Passionen und das »bitterliche« Weinen des Petrus hinweggekommen sind, ein Stück weit der Erkenntnis, dass Jesus von Nazareth sich offenbar keine Illusionen über sein Personal, über seine Jünger und auch nicht über Petrus selber gemacht hat. Auf das großspurige Versprechen des Petrus: »Herr, ich bin bereit, mit dir ins Gefängnis und in den Tod zu gehen« (Lk 22, 33) antwortet Jesus ziemlich cool und ohne weitere Polemik: »Petrus, ich sage dir: Der Hahn wird heute nicht krähen, ehe du dreimal geleugnet hast, dass du mich kennst.« (Dass Petrus dies so schnell vergessen konnte!) Wenig später, im Garten Gethsemane, während Jesus unter Bluts- und Schweißtropfen darum betet, dass der Herr diesen Kelch, so möglich, von ihm nehmen möge, legen sich die Jünger (nach Matthäus nur Petrus und die beiden Söhne des Zebedäus) einfach hin und schlafen, Lukas fügt hinzu als ziemlich schwache Entschuldigung: »vor Traurigkeit«.

Der Gegensatz zwischen dieser dreifachen Verleugnung des Petrus und der geradezu übermenschlichen Verehrung des Petrus als »Urpapst«, demgegenüber sich alle Päpste der Geschichte als bloße Nachfolger und zugleich als Wiedergänger verstehen (und verstanden werden), macht es auf den ersten Blick schwer, diesen Lukas-Abschnitt auf uns selber zu beziehen. Aber gemach, bei allem schuldigen Respekt: Diese unüberbietbare Überhöhung des ersten Jüngers zum sakrosankten Monarchen der Kirche – nämlich *einer* Kirche – ist ein Werk der späteren, und zwar der spezifisch römischen und noch später der römisch-katholischen Kirchengeschichte, fortgesetzt bis zum Unfehlbarkeitsdogma des 1. Vatikanischen Konzils. Im ersten Jahrhundert gab es noch gar keinen »Monepiskopat«, das heißt: Die christliche Gemeinde wurde nicht von einem einzelnen Bischof, und zwar dem in Rom, geleitet. Die quasi-monarchische Vorrangstellung des Petrus lässt sich weder historisch noch biblisch begründet finden – und die dafür retrospektiv angezogenen Zitate (»Du bist Petrus…«) sind aus dem ursprünglichen Kontext nicht als die Vorsehung und Begründung einer weltkirchlichen Herrschaft, nicht einmal als absoluter Vorrang des einen Jüngers vor allen anderen zu lesen.

So gesehen, gewissermaßen »entmythologisiert«, rückt der ins geradezu Übermenschliche erhöhte Petrus uns unversehens viel näher – und wir auch ihm. Er wollte nicht mehr und nicht weniger sein (und war dies zweifellos auch!) als ein Jünger Jesu, der dessen Geschichte später weiterträgt. Und wir Christen heutzutage: Müssen wir, wenn wir diese Zugehörigkeit, dieses Bekenntnis wirklich ernst nehmen, nicht auch Jünger Jesu sein (wollen)?

Wir sehen aus diesem Predigttext und anderen Bibelstellen, dass Jesus von Nazareth Jünger (und nicht etwa makellose Heilige) um sich versammelt hat und dass er deren charakterlichen Schwächen nicht nur kannte, sondern sie sogar treffend vorhersah. Dass wir selber ähnliche Fehler und Feigheiten gestehen und für durchaus möglich halten müssen – das unterscheidet uns nicht trennscharf von den Jüngern, gibt uns allerdings auch nicht das Recht, über diese im Neuen Testament aufscheinenden Geschichten entsetzt und erhaben zu sein. Wir mögen uns zwar darüber wundern, dass Jesus von Nazareth durchaus mit solchen Menschen auf Erden wandelte, aber wir müssen anerkennen, dass sie wirklich Jünger waren. Und das ist die entscheidende Frage an uns: Nicht ob wir von solchen Fehlern frei sind (und sein könnten), sondern ob wir wirklich Jünger in einem ernsthaften und praktischen Sinne sein wollen. Unsere uns (vielleicht?) nur zu bekannten »moralischen« Defizite können jedenfalls nicht als Ausrede dafür herhalten, dass wir keine gegenwärtigen Jünger Jesu sind, die – mit Bonhoeffer zu sprechen – in der Nachfolge leben.

Wahrlich schlimm, dass Petrus seinen Herrn drei Mal verleugnete! Aber immerhin hatte er zuvor als Summe seines Jüngerseins versichert – und gewiss ernst gemeint: »Herr, ich bin bereit, mit dir ins Gefängnis und in den Tod zu gehen.« Über seinen Verrat weinte Petrus zu Recht bitterlich. Und wir, müssten wir nicht vielmehr darüber weinen, dass wir eine solche existentielle Nachfolge nicht einmal ernstlich erwogen, gar versprochen haben?

5. SONNTAG DER PASSIONSZEIT (JUDIKA)
1. MOSE 22,1-14(15-19)

Elke Seifert

Nach diesen Geschichten versuchte Gott Abraham und sprach zu ihm: Abraham! Und er antwortete: Hier bin ich. Und er sprach: Nimm Isaak, deinen einzigen Sohn, den du lieb hast, und geh hin in das Land Morija und opfere ihn dort zum Brandopfer auf einem Berge, den ich dir sagen werde.

Da stand Abraham früh am Morgen auf und gürtete seinen Esel und nahm mit sich zwei Knechte und seinen Sohn Isaak und spaltete Holz zum Brandopfer, machte sich auf und ging hin an den Ort, von dem ihm Gott gesagt hatte. Am dritten Tage hob Abraham seine Augen auf und sah die Stätte von ferne. Und Abraham sprach zu seinen Knechten: Bleibt ihr hier mit dem Esel. Ich und der Knabe wollen dorthin gehen, und wenn wir angebetet haben, wollen wir wieder zu euch kommen.

Und Abraham nahm das Holz zum Brandopfer und legte es auf seinen Sohn Isaak. Er aber nahm das Feuer und das Messer in seine Hand; und gingen die beiden miteinander. Da sprach Isaak zu seinem Vater Abraham: Mein Vater! Abraham antwortete: Hier bin ich, mein Sohn. Und er sprach: Siehe, hier ist Feuer und Holz; wo ist aber das Schaf zum Brandopfer? Abraham antwortete: Mein Sohn, Gott wird sich ersehen ein Schaf zum Brandopfer. Und gingen die beiden miteinander.

Und als sie an die Stätte kamen, die ihm Gott gesagt hatte, baute Abraham dort einen Altar und legte das Holz darauf und band seinen Sohn Isaak, legte ihn auf den Altar oben auf das Holz und reckte seine Hand aus und fasste das Messer, dass er seinen Sohn schlachtete.

Da rief ihn der Engel des Herrn vom Himmel und sprach: Abraham! Abraham! Er antwortete: Hier bin ich. Er sprach: Lege deine Hand nicht an den Knaben und tu ihm nichts; denn nun weiß ich, dass du Gott fürchtest und hast deines einzigen Sohnes nicht verschont um meinetwillen.

Da hob Abraham seine Augen auf und sah einen Widder hinter sich im Gestrüpp mit seinen Hörnern hängen und ging hin und nahm den Widder und opferte ihn zum Brandopfer an seines Sohnes statt. Und Abraham nannte die Stätte »Der Herr sieht«. Daher man noch heute sagt: Auf dem Berge, da der Herr sich sehen lässt.

[Und der Engel des Herrn rief Abraham abermals vom Himmel her und sprach: Ich habe bei mir selbst geschworen, spricht der Herr: Weil du solches getan hast und hast deines einzigen Sohnes nicht verschont, will ich dich segnen und deine Nachkommen mehren wie die Sterne am Himmel und wie den Sand am Ufer des Meeres, und deine Nachkommen sollen die Tore ihrer Feinde besitzen; und durch deine Nachkommen sollen alle Völker auf Erden gesegnet werden, weil du meiner Stimme gehorcht hast.

So kehrte Abraham zurück zu seinen Knechten. Und sie machten sich auf und zogen miteinander nach Beerscheba und Abraham blieb daselbst.]

Am Ende der Erzählung von der »Opferung des Isaak« steht die Rettung des Kindes. Der Vater schlachtet seinen Sohn nicht für Gott auf dem Altar. Ein Engel verhindert das »Ganzopfer« (altgriechisch: den »Holocaust«). Was wäre, wenn Gott diesen Engel nicht geschickt hätte? Wie sicher können wir uns sein, dass Gott nicht so eine »wahnsinnige Tat« befiehlt wie das Dahinschlachten des eigenen Kindes? Nicht auszudenken, wenn er es täte!

Thomas Mann spielt in seiner Trilogie »Joseph und seine Brüder« unter der Überschrift »Die Prüfung« die Erzählung noch einmal durch (Thomas Mann, Joseph und seine Brüder, Bd 1, S. Fischer Verlag, Frankfurt/Main 1978, S. 75-78). Hier stellt Jakob sich vor, er müsste die Prüfung seines Großvaters Abraham bestehen. Er müsste Gott das Liebste opfern, was er hat, nämlich seinen Sohn Joseph. Seelische Qualen löst das Einsteigen in diese Geschichte in ihm aus. Denn er könnte es nicht. Er könnte Joseph nicht wie ein Lamm schlachten. Er würde versagen, Gott den Gehorsam verweigern.

»Gott sei Dank!«, denken wir an dieser Stelle vielleicht. Es ist ja auch gar nicht Gottes Wille, dass jemand das eigene Kind mordet – und dann auch noch in seinem Namen! Wer kann nur auf solch einen absurden Gedanken kommen? Zur Entstehungszeit der Erzelterngeschichten soll die Opferung von Kindern jedoch noch zur gängigen spirituellen Praxis gehört haben.

Jakob will im Roman von Thomas Mann die Möglichkeit nicht ausschließen, dass auch der Gott Israels so etwas verlangen könnte: »...denn ist ER geringer als Melech, der Baale Stierkönig, dem sie der Menschen Erstgeburt bringen in der Not und überliefern bei heimlichen Fest die Kindlein in seine Arme? Und darf er nicht fordern von den Seinen, was Melech von denen fordert, die ihn glauben?« Lassen Sie uns – so wie in Manns Roman Abraham und dessen Enkel Jakob – den Gedanken nicht zu schnell beiseiteschieben, dass Eltern für einen (vermeintlich?) höheren Zweck bereit sind, ihre Kinder zu opfern. Denn sieht sich nicht bis heute der oder die eine oder andere vor die Entscheidung gestellt, sich für oder gegen das eigene Kind zu entscheiden? Ist diese Geschichte wirklich so weit weg von unserer heutigen Realität?

Mit diesen Überlegungen möchte ich Sie, liebe Leserinnen und Leser, anregen zur Selbstprüfung und zur Realitätsprüfung. Und wenn Sie jetzt entsetzt innerlich aussteigen, dann spricht das insofern für Sie, weil es Entsetzliches gibt, mit dem man sich einfach nicht auseinandersetzen möchte: Eltern, die ihre Kinder in Not »an die vorderste Front schicken«, obwohl sie wissen, dass sie dort vermutlich umkommen werden. Eltern, die Kinder für ihre eigenen Bedürfnisse benutzen. Bis hin den zu Eltern, die ihren Kindern vor laufender Kamera sexuelle Gewalt antun. »So etwas geschieht nicht auf Befehl Gottes!«, werden Sie vielleicht an dieser Stelle einwenden. Richtig! Aber was ist mit der theologischen Vorstellung, dass Gott seinen einzigen Sohn am Kreuz qualvoll sterben lässt, weil er keinen anderen Weg weiß, sich mit der Menschheit zu versöhnen?

Für die Opfer sind letztlich die Beweggründe egal, warum sie zugrunde gerichtet werden. Entscheidend ist, ob es den Engel, den Boten Gottes gibt, der sich dazwischenwirft und »Stopp« sagt. In der Realität kommt manchmal der Engel – oft aber auch nicht.

Thomas Mann webt die Geschichte in ein Vater-Sohn-Gespräch zwischen Jakob und Joseph ein. Das aufgeweckte Kind, das sich der grenzenlosen Liebe seines Vaters sicher sein kann, tröstet den Vater mit den Worten: »Als aber Abraham sich anschickte, sie [die Erstgeburt] zu bringen, da sprach der Herr ›Untersteh dich! Bin ich Melech, der Baale Stierkönig? Nein, sondern ich bin Abrahams Gott, […] und was ich befahl, habe ich nicht befohlen, auf dass du es tuest, sondern dass du erfahrest, dass du es nicht tun sollst, weil es schlechthin ein Greuel ist vor meinem Angesicht, und hier hast du übrigens einen Widder.‹ Mein Väterchen hat sich damit unterhalten, dass er sich prüfte, ob er zu tun vermöchte, was der Herr dem Abraham verbot, und grämt sich, weil er fand, dass er das nie und nimmer vermöchte.« – Sein Vater reagiert darauf tief bewegt: »›Wie ein Engel‹, sagte Jaakob, indem er sich aufrichtete und gerührt den Kopf schüttelte.

›Wie ein Engel aus der Nähe des Sitzes sprichst du, Jehosiph, mein Gottesknabe! Ich wollte, Mutter könnte dich hören; sie würde in die Hände klatschen, und ihre Augen, die du hast, würden vor Lachen schimmern. Nur die Hälfte der Wahrheit ist in deinen Worten, und zur anderen Hälfte bleibt es bei dem, was ich sagte, denn ich habe mich schwach erwiesen in der Zuversicht.‹«

Das Vertrauen Josephs in Gott und die Liebe seines Sohnes geben Jakob Trost. Und doch bleibt es dabei: Die Realität (und auch Gott?) stellt uns vor viele Prüfungen, in denen leider nicht immer der Engel auftaucht und die Machtlosen schützt. Trotzdem: Es gibt »Moria«, den Ort, »wo Gott sieht«.

Die Geschichte von der »Opferung des Isaak« ist abgründig – und rechnet dabei mit den Realitäten des Lebens. Gott schützt Isaak – so wie er zuvor Ismael schützte, den ersten Sohn Abrahams, den dieser zusammen mit seiner Mutter in die Wüste schickte. Gott stellt sich auf die Seite der Kinder, die immer die ersten Opfer sind in den Konflikten von uns Erwachsenen. Insofern ist und bleibt diese Erzählung eine, die trösten kann. Für die Opfer aber, für die es keinen Engel gab, steht noch etwas aus.

6. SONNTAG DER PASSIONSZEIT (PALMSONNTAG) PHILIPPER 2,5-11

Jochen Cornelius-Bundschuh

Seid so unter euch gesinnt, wie es der Gemeinschaft in Christus Jesus entspricht:

Er, der in göttlicher Gestalt war,
hielt es nicht für einen Raub, Gott gleich zu sein,
sondern entäußerte sich selbst und nahm Knechtsgestalt an,
ward den Menschen gleich und der Erscheinung nach
als Mensch erkannt.
Er erniedrigte sich selbst
und ward gehorsam bis zum Tode, ja zum Tode am Kreuz.
Darum hat ihn auch Gott erhöht
und hat ihm den Namen gegeben, der über alle Namen ist,
dass in dem Namen Jesu
sich beugen sollen aller derer Knie, die im Himmel und auf
Erden und unter der Erde sind,
und alle Zungen bekennen sollen,
dass Jesus Christus der Herr ist, zur Ehre Gottes, des Vaters.

I

Ein kurzes Lied oder Gedicht als Predigttext am Palmsonntag! Schon die Form zeigt: Wir haben das, was in diesen Tagen für und mit uns geschieht, nicht im Griff. Wenn wir miteinander davon reden wollen, brauchen wir eine Ästhetik, die Grenzen überschreitet und von sich wegweist. Wir brauchen ein Gewebe aus Worten, Klängen und Bildern, aus Verstand und Gefühl, aus persönlicher Verantwortung und gemeinsamem Ringen mit Gott und Menschen, in dem wir unsere Erfahrungen mit

Schrecken und Macht verorten können und das zugleich unser Leben an dieser Christus-Bewegung teilhaben lässt.

Wie lassen sich Menschen von der parabelförmigen Bewegung inspirieren? Wie können sie einstimmen, sich einschwingen in dieses Loslassen, Sich-den-Schrecken-Stellen, Aufsteigen in den Himmel? Die Kraft und die Richtung der Christus-Bewegung des Philipperhymnus liegen uns voraus und nehmen uns mit in einen kosmischen Horizont, der Himmel und Erde, Vergangenheit, Gegenwart und Zukunft umgreift. Was hier geschieht, will sich in unser Herz einprägen und unser Verhalten und unsere Einstellungen verändern. Es will uns frei machen zu einer neuen »Gesinnung«; es will uns ermutigen, neue Wege zu gehen, die am Ende in das Lob Gottes münden.

II

Die beiden »Strophen« halten die Spannung zwischen dem Halleluja des Einzugs und der Auferstehung und den Erfahrungen, was Menschen erleiden und einander antun. Sie betonen Differenzen: Jesus Christus hält seinen Status, »Gott gleich zu sein«, nicht für einen Raub, nicht für »unser gutes Recht« oder einen gelungenen Coup, den »man« sichern muss. Er klammert sich nicht an seinen Status, sondern lässt los und nimmt sich freiwillig zurück. Gerade so wird er Mensch und lässt uns erkennen, was Menschsein ausmacht.

Statt im Rat der Gottlosen zu sitzen und den Weg der Sünde zu wandeln, hört Christus auf Gottes Wort und ist gehorsam, bis zu seinem Tod am Kreuz. Diese Zuspitzung hebt die Erniedrigung Christi hervor: Er erlebt und erleidet, was Menschen einander antun, wie sie sich verachten und entwürdigen. Knapp und nüchtern wird festgehalten, wie brutal Menschen sein können, wenn sie etwas erreichen und sich mit ihrer Ideologie durchsetzen wollen; viele werden diesen Realismus nach den Erfahrungen der letzten Jahre neu hören.

Für Christus ist der Tod am Kreuz nicht das Ende. Gott erhöht den Erniedrigten. Aber nicht, damit der sich in eine heile Jenseits-Welt zurückzieht und sich von der Erde und den Menschen abkehrt. Christi Weg hinunter in Schrecken und Tod ist voller Kraft und führt eine neue kosmische Wirklichkeit herauf. »Ein für alle Mal« kehren sich durch seine Bewegung die Verhältnisse um; der Tod verliert nicht seinen Schrecken, aber seine letzte Macht. Eine neue Freiheit breitet sich im Planetensystem aus, weil einer sich nicht gefangen nehmen lässt von den Drohungen, von der Angst, von der Gewalt, die alle und alles anstecken wollen. Weil Gott an ihm und er an Gottes Liebe festgehalten, aber seine eigene Macht losgelassen hat. Christus Jesus wird zum Kyrios, zum Heil für die Welt in ihrer umfassenden Gestalt: Himmel und Erde, Menschen und Tiere, Steine und Pflanzen, Lebende, Tote und auch die zukünftigen Generationen.

Der Philipperhymnus besingt diesen eschatologischen Horizont, in dem »alle« Namen einen neuen Klang bekommen und »alle« Knie sich beugen. Ein Kipppunkt, an dem sich »ein für alle Mal« »alles« verändert!

III

Doch der einleitende Vers mahnt die Predigt am Palmsonntag, die Spannung zwischen »schon jetzt« und »noch nicht« nicht vorschnell aufzulösen: »Seid untereinander so gesinnt, wie es der Gemeinschaft in Jesus Christus entspricht!«

Zu dieser Gemeinschaft gehören Menschen mit vielen Namen; in jedem steckt mehr, als ich von ihr oder ihm und sie von mir wissen. Sie sprechen mit unterschiedlichen Zungen, viele verstehe ich nicht. Junge und alte Knie sind unterwegs, auch Knie-Prothesen. Nur gemeinsam im Mit-, Gegen- und Füreinander haben wir Anteil an der Christus-Bewegung. Der eine Kipppunkt eröffnet vielfältige Wege der Freiheit. Eines verbindet sie: Sie behalten die eigenen Möglichkeiten und die eigene Macht nicht für sich, sondern lassen sie los, um sich der Bewegung der Liebe Christi anzuvertrauen.

Beispielhaft scheint mir, was Navid Kermani 2015 in seiner Rede zur Verleihung des Friedenspreises des Deutschen Buchhandels von Pater Jacques aus Syrien berichtet: »Er betreute die katholische Gemeinde von Qaryatein und gehörte zugleich dem Orden von Mar Musa an, eine besondere, eine wohl einzigartige christliche Gemeinschaft, denn sie hat sich der Begegnung mit dem Islam und der Liebe zu den Muslimen verschrieben. So gewissenhaft die Nonnen und Mönche die Gebote und Rituale ihrer eigenen, katholischen Kirche befolgen, so ernsthaft beschäftigen sie sich mit dem Islam und nehmen [...] teil an der muslimischen Tradition. Das klingt verrückt, ja, aberwitzig: Christen, die sich nach ihren eigenen Worten in den Islam verliebt haben. [...] Mit ihrer Hände Arbeit, ihrer Herzen Güte und ihrer Seelen Gebete schufen die Nonnen und Mönche von Mar Musa einen Ort, der mir utopisch anmutete und für sie selbst nichts Geringeres als die endzeitliche Versöhnung – sie würden nicht sagen: vorwegnahm, aber doch vorausfühlte, die kommende Versöhnung voraussetzte.«[1]

Am Ende seiner Rede sucht Kermani nach einer angemessenen Form, an dieser Christus-Bewegung teilzuhaben, die in Mar Musa Gestalt gewann. Er bittet die Festversammlung, nicht zu applaudieren, sondern für Pater Jacques zu beten.

[1] https://www.friedenspreis-des-deutschen-buchhandels.de/die-preistraeger/2010-2019/navid-kermani (abgerufen am 11.1.2023)

TAG DER EINSETZUNG DES HEILIGEN ABENDMAHLS – GRÜNDONNERSTAG
JOHANNES 13,1-15.34-35

Patrik Schwarz

Vor dem Passafest aber erkannte Jesus, dass seine Stunde gekommen war, dass er aus dieser Welt ginge zum Vater. Wie er die Seinen geliebt hatte, die in der Welt waren, so liebte er sie bis ans Ende. Und nach dem Abendessen – als schon der Teufel dem Judas, dem Sohn des Simon Iskariot, ins Herz gegeben hatte, dass er ihn verriete; Jesus aber wusste, dass ihm der Vater alles in seine Hände gegeben hatte und dass er von Gott gekommen war und zu Gott ging – da stand er vom Mahl auf, legte seine Kleider ab und nahm einen Schurz und umgürtete sich. Danach goss er Wasser in ein Becken, fing an, den Jüngern die Füße zu waschen und zu trocknen mit dem Schurz, mit dem er umgürtet war.

Da kam er zu Simon Petrus; der sprach zu ihm: Herr, du wäschst mir die Füße? Jesus antwortete und sprach zu ihm: Was ich tue, das verstehst du jetzt nicht; du wirst es aber hernach erfahren. Da sprach Petrus zu ihm: Nimmermehr sollst du mir die Füße waschen! Jesus antwortete ihm: Wenn ich dich nicht wasche, so hast du kein Teil an mir. Spricht zu ihm Simon Petrus: Herr, nicht die Füße allein, sondern auch die Hände und das Haupt! Spricht Jesus zu ihm: Wer gewaschen ist, bedarf nichts, als dass ihm die Füße gewaschen werden; er ist vielmehr ganz rein. Und ihr seid rein, aber nicht alle. Denn er wusste, wer ihn verraten würde; darum sprach er: Ihr seid nicht alle rein.

Als er nun ihre Füße gewaschen hatte, nahm er seine Kleider und setzte sich wieder nieder und sprach zu ihnen: Wisst ihr, was ich euch getan habe? Ihr nennt mich Meister und Herr und sagt es mit Recht, denn ich bin's auch. Wenn nun ich, euer Herr und Meister, euch die Füße gewaschen habe, so sollt auch ihr euch untereinander die Füße waschen. Denn ein Beispiel habe ich euch gegeben, damit ihr tut, wie ich euch getan habe. [...]

Ein neues Gebot gebe ich euch, dass ihr euch untereinander liebt, wie ich euch geliebt habe, damit auch ihr einander lieb habt. Daran wird jedermann erkennen, dass ihr meine Jünger seid, wenn ihr Liebe untereinander habt.

Verblüfft stehe ich vor der Fußwaschung und lese vom Auftrag Jesu, wir sollten das in Zukunft aneinander tun. Wie kommt es, dass ich die Geschichte zwar kannte, womöglich sogar noch aus Kinderbibel-Zeiten, und doch das Zentrum des Textes, wie ich ihn heute lese, bisher stets überlesen habe: die Ermunterung zur Wiederholung, zur eigenen Tat, zu seinem Gedächtnis?

Ich komme aus einer Biographie, in der die Tat oft im Schatten des Gedankens und des Gefühls stand.

Als ich jünger war und das Wünschen noch geholfen hat, da stellte ich mir das Leben als einen Weg in Stufen vor. Und wenn man das mit dem Wünschen richtig angestellt hatte – so meine Vorstellung –, dann durchlief man Erfahrungen, die sich zu einem Treppchen fügten: Erst kam das Tun, dann vielleicht das Fühlen, dann das Denken und zum Schluss so etwas wie ein umfassendes Spüren, in dem die übrigen Aspekte sich vereinten und das in Summe einem spirituellen Zugang zum Leben die Tür öffnete.

Ob diese Reihung für andere Menschen Sinn machte, hat mich wenig gekümmert, und auch die Abfolge einzelner Stufen mag sich bei mir im Laufe der Zeit manchmal geändert haben (kommt erst das Fühlen, dann das Denken oder vielleicht doch umgekehrt?). Unverändert aber blieb die Annahme, dass das Tun zwar am Anfang dieses Treppchens stehe, aber gewissermaßen eine selbstverständliche Verrichtung sei, der ich wenig innere Aufmerksamkeit schenkte, vor allem aber keine geistliche Bedeutung beimaß.

Warum die Idee einer stufenweisen Entwicklung des Menschen nicht mehr meine Vorstellung widerspiegelt, hat viele Gründe, nicht zuletzt, dass es sich bei einer so dynamischen Sache wie dem Leben und dem Menschen nicht um eine statische Angelegenheit handeln kann: ein Treppchen ist also bestenfalls als Wendeltreppe vorstellbar, auf der wir vielleicht in endlosen Schleifen an immer wiederkehrende Aussichtspunkte des Lebens kommen, doch aus einer je neuen Warte.

Vor allem aber blicke ich heute anders auf die Bedeutung des Tuns: Was wir tun, kommt mir mittlerweile oft entscheidender vor als die Frage, was wir uns dabei denken oder was wir dabei fühlen. Nicht dass die Haltung und Absicht hinter einer Tat nicht wesentlich wären, doch glaube ich, am Ende kommt es darauf an, ob alle gute Absicht und redliches Abwägen auch ins konkrete Handeln führen. So gesehen ist unser Tun nicht der triviale Anfang aller Schritte, sondern die Bewährung unseres Inneren im Außen.

Vielleicht fällt darum die Geschichte der Fußwaschung heute bei mir auf einen anderen Grund: Ich sehe einen tätigen Jesus, und er ruft uns zur Tat auf.

Dass dabei sein Handeln gleichzeitig eine äußere wie eine innere Verrichtung darstellt, gibt der Sache ihre eine Doppelkraft: Was er ihren Körpern tut, tut ihrer Seele gut. Der Schmutz, die Risse, die Schrunden, gerade sie verdienen Zuwendung und Zuneigung.

Die andere Doppelkraft rührt aus der Verschränkung im Dialog mit Simon Petrus: Wer hier wem den Schmutz abwäscht, ist entscheidend für die Wirksamkeit. Was sonst des Jüngers ist, ist hier des Herren: Der Herr ist seinem Jünger zu Diensten – während der Jünger sich einen Segen zuteil werden lässt. Auch das ist nicht immer so einfach, wie es vielleicht anmutet (und wie wir am Protest des Jüngers ersehen können).

Und eine dritte Paarung von Gegensätzen umfasst die Geschichte: Wer einen Teil wäscht, tut dem Ganzen Gutes; wer das Geringe ehrt, ehrt auch das Erhabene; der schmutzige Fuß ist nicht schlechter als das erhobene Haupt.

Jede der drei beschriebenen Dimensionen dieses Aktes lädt zu einer eigenen Meditation ein.

Mich allerdings spricht am stärksten die Sendung an, der Auftrag, der die Fußwaschung einrahmt: Er hat es vorgemacht – jetzt sollen wir es üben.

Zweierlei Erschrecken überkommt mich, angesichts von solch deftiger Leiblichkeit: Kann ich mir das vorstellen, einem anderen die Füße zu waschen? Und – fast erschreckender – wie erginge es mir, müsste ich Schuhe und Strümpfe ausziehen (mit Fusseln und allem) und einem anderen, einer anderen meine bloßen Füße entgegenhalten?

Ich musste eine Weile gehen mit dem Gedanken – meinen zwei Füßen sei Dank –, ehe die Befremdung sich langsam löste und einer zögerlicheren, zarteren Empfindung Platz machte: Wie viel Gemeinschaft, wie viel *Communio* vermag ein solcher Akt wohl zu stiften? Andere Hände an meinen Füßen, meine Hände an fremden Füßen – wahrscheinlich würden wir einander danach auch anders ins Gesicht schauen in der Gemeinde.

Und kommt bloß mir es so vor, als sei Jesu Auftrag an die Jünger und womöglich alle, die ihm folgen wollen, ähnlich umfassend wie der beim letzten Abendmahl?

Und während meine Fragen in der Luft hängen, ist aus einem Impuls der Schrift der Anfang eines inneren Pilgerwegs geworden:

Erst war ich verblüfft von der Geschichte, dann befremdet bei der Vorstellung, mir selber die Hände schmutzig zu machen an einem Mitmenschen oder meine Schrunden vorzuzeigen. Schließlich war ich berührt von der Begegnung, dem Austausch, der Verbindung, die ein solches Ritual zu stiften vermag.

Und in der Folge fange ich an, den Wünschen nachzugehen, die ich an meine Kirche habe, die äußere wie die innere *Ecclesia*:

Wie sähe wohl eine Kirche aus, in der unsere Kommunion nicht allein durch Brot und Wein hergestellt würde, die ein Einzelner anstelle des Christus allen anderen austeilt? Was wäre das für ein Gottesdienst, in dem wir einander Sonntag für Sonntag die Füße zeigten? Wäre es eine Kirche größerer Gleichrangigkeit, offenerer Zugeneigtheit, direkterer Begegnung mit der Leiblichkeit der Welt?

Eine Kirche der Fußwaschung würde mich ins Tun rufen und in die Begegnung mit meinen Nächsten, so viel jedenfalls scheint mir gewiss. Wie gut ich das auf Dauer aushalten würde, müsste ich erproben, ich hoffe aber, dass es mir gefallen würde. Und vielleicht sind ja die Zeiten, als das Wünschen noch geholfen hat, doch nicht vorbei.

TAG DER KREUZIGUNG DES HERRN – KARFREITAG
MATTHÄUS 27,33-54

Felicitas Hoppe

Und als sie an die Stätte kamen mit Namen Golgatha, das heißt: Schädelstätte, gaben sie ihm Wein zu trinken mit Galle vermischt; und da er's schmeckte, wollte er nicht trinken. Als sie ihn aber gekreuzigt hatten, verteilten sie seine Kleider und warfen das Los darum. Und sie saßen da und bewachten ihn. Und oben über sein Haupt setzten sie eine Aufschrift mit der Ursache seines Todes: Dies ist Jesus, der Juden König.

Da wurden zwei Räuber mit ihm gekreuzigt, einer zur Rechten und einer zur Linken.

Die aber vorübergingen, lästerten ihn und schüttelten ihre Köpfe und sprachen: Der du den Tempel abbrichst und baust ihn auf in drei Tagen, hilf dir selber, wenn du Gottes Sohn bist, und steig herab vom Kreuz! Desgleichen spotteten auch die Hohenpriester mit den Schriftgelehrten und Ältesten und sprachen: Andern hat er geholfen und kann sich selber nicht helfen. Er ist der König von Israel, er steige nun herab vom Kreuz. Dann wollen wir an ihn glauben. Er hat Gott vertraut; der erlöse ihn nun, wenn er Gefallen an ihm hat; denn er hat gesagt: Ich bin Gottes Sohn. Desgleichen schmähten ihn auch die Räuber, die mit ihm gekreuzigt waren.

Von der sechsten Stunde an kam eine Finsternis über das ganze Land bis zur neunten Stunde. Und um die neunte Stunde schrie Jesus laut: Eli, Eli, lama asabtani? Das heißt: Mein Gott, mein Gott, warum hast du mich verlassen?

Einige aber, die da standen, als sie das hörten, sprachen sie: Der ruft nach Elia. Und sogleich lief einer von ihnen, nahm einen Schwamm und füllte ihn mit Essig und steckte ihn auf ein Rohr und gab ihm zu trinken. Die andern aber sprachen: Halt, lasst uns sehen, ob Elia komme und ihm helfe! Aber Jesus schrie abermals laut und verschied.

Und siehe, der Vorhang im Tempel zerriss in zwei Stücke von oben an bis unten aus. Und die Erde erbebte, und die Felsen zerrissen, und die Gräber taten sich auf und viele Leiber der entschlafenen Heiligen standen auf und gingen aus den Gräbern nach seiner Auferstehung und kamen in die heilige Stadt und erschienen vielen. Als aber der Hauptmann und die mit ihm Jesus bewachten das Erdbeben sahen und was da geschah, erschraken sie sehr und sprachen: Wahrlich, dieser ist Gottes Sohn gewesen!

HILF DIR SELBST, DANN HILFT DIR GOTT!

Ich beginne von hinten, mit dem nackten Erschrecken – vor einem Erdbeben, das die Erfahrung der Lebenden in eine Offenbarung für alle Toten verwandelt, die für beide Seiten unfassbar ist: »Wahrlich, dieser ist der Sohn Gottes gewesen!«

Erinnern wir uns daran, wie die Geschichte begann, bevor sie, nicht aus göttlicher Schwäche, sondern aus purer menschlicher Not am Kreuz enden musste: an einem Ort namens Golgatha, der uns dazu zwingt, noch einmal in Gänze die Strecke zurückzulegen, die Jesus in seinem eigenen Leben zurückgelegt hat, bevor sie in jenen schmerzhaften schwarzen Karfreitag mündet, den man allzu gern überspringen würde, um im katholischen Ostersonntag zu landen und zu vergessen, was vorher erlitten wurde.

Notgeburt im Stall, Flucht auf einem Esel, die Jugend eines überbegabten Kindes, Ziehsohn eines redlichen Zimmermanns, junger Mann mit Peitsche im Tempel, perfide Versuchungen in teuflischen Wüsten, Forderungen nach Aneignung und eines Beweises von Macht, die der Wanderprediger niemals erfüllen wollte. Sein rührendes Gegenhalten mit schlichten Wundern: Lahme, die gehen, Blinde, die sehen, Wasser zu Wein; der simple Verbleib im heiligen Alltag, rundum ein politisches Ärgernis.

Der Rest ergibt sich von selbst: nach dem Abendmahl der Verrat; im Garten betrunkene schlafende Jünger, der krähende Hahn am offenen Feuer. Danach Festnahme, Folter, der mit Galle vermischte Wein; die Verlosung der Kleider, die blasphemische Tafel »König der Juden«. Und – last but not least – die gekreuzigten Räuber, lauter alte Verwandte.

Doch das Schrecklichste ist mir der Essigschwamm, der mich schon als Kind in der Karfreitagsliturgie mit Abscheu erfüllte, bevor der Erlöser, nur scheinbar getränkt, von Gott verlassen laut aufschrie und angeblich verschied.

Luther in Ehren. Aber »verscheiden« ist nicht das passende Wort für einen Tod, der sich auf der Folter ereignet. Für jene so große wie entsetzliche Verlassenheit, für die es in der Bibel an keiner Stelle ein passendes Wort gibt. Und für den gewaltigen inneren Widerstand, der sich beim Lesen zunehmend Raum schafft, wenn man, nicht anders als die Beistehenden unter dem Kreuz, nach einer Selbsthilfe von unten nach oben verlangt, wie wir sie aus jedem Heldenfilm kennen: »Er steige nun herab vom Kreuz.«

Aber er steigt nicht herab. Er zieht kein Schwert. Keine Performance. Weil er weiß, dass es keinen Heldentod gibt. Es gibt nur einen einzigen, den eigenen Tod; und der Tod ist gesetzt, er wird erlitten, er drückt sich nicht aus: Selbst wenn er sich in Hilferufe und Worte kleidet, ist seine Stimme nicht mehr als der Hinweis darauf, dass wir nicht wissen, welchen Raum wir mit ihm, durch ihn und in ihm betreten.

Was Wunder, dass wir nach irdischen Zeugen rufen, nach brauchbaren Helfern und potentiellen Bestattern; nach Elia zum Beispiel, der die neunte Stunde für uns auf den Punkt bringen könnte. Doch jeder Sterbende, in welcher Stunde auch immer, ist in dieser Stunde allein unterwegs.

Den Karfreitag lesen heißt, Essig trinken – ohne die Hoffnung auf einen Sonntag danach. Doch in genau diesem Moment haut der Text auf die Pauke, jeder Theaterregisseur hätte seine Freude daran: »Und siehe, der Vorhang im Tempel zerriss in zwei Stücke von oben an bis unten aus. Und die Erde erbebte, und die Felsen zerrissen, und die Gräber taten sich auf und viele Leiber der entschlafenen Heiligen standen auf und gingen aus den Gräbern nach seiner Auferstehung und kamen in die heilige Stadt und erschienen vielen.«

Es ist nicht Jesus am Kreuz, sondern der Vorhang, der mich bis heute beschäftigt, weil ich nicht weiß, ob er jemals wirklich (tatsächlich) zerrissen wurde, um uns endlich jene Landschaft zu zeigen, von der am Karfreitag noch keine Rede ist, die sich am Ostersonntag aber womöglich in einem Licht zeigt, von dem wir bis heute nur träumen: Utopie oder Wirklichkeit?

Doch auch der Ostersonntag beginnt mit dem nackten Erschrecken. Denn das leere Grab ist kein geringerer Schock als das grausame Ende am Kreuz, sondern die Potenzierung des Schocks. Die Ostertexte geben Zeugnis davon: »Und sie gingen hinaus und flohen von dem Grab; denn Zittern und Entsetzen hatte sie ergriffen. Und sie sagten niemand etwas; denn sie fürchteten sich.«

Furcht und Furcht haben einander ein Zeichen gegeben: die Furcht vor dem Tod der Furcht vor dem ewigen Leben, das sich bis heute nach jenem Vorhang sehnt, hinter dem es barmherzig verschwinden könnte. Wer stellt sich schon gern eine bebende Erde vor, auf der Felsen zerreißen und Gräber sich auftun und sich die Leiber der Entschlafenen auf den Weg zu uns machen, um womöglich mit ihrem Erlöser in Konkurrenz zu treten?

Nicht nur karfreitags stellt sich die Frage: Apokalypse oder Erlösung? Ich halte an der Erlösung fest, an jenem Sohn eines Gottes, der nicht vom Kreuz herabsteigen muss, um unseren Wunsch mit der Wirklichkeit zur Deckung zu bringen, sondern, nur kurzfristig verlassen von Gott und der Welt, an einem sehr dunklen Freitag unsere Wirklichkeit mit seinem Wunsch zur Deckung gebracht hat.

KARSAMSTAG
HEBRÄER 9,11-12.24

Kerstin Menzel

Christus aber ist gekommen als Hoherpriester der Güter bei Gott durch das größere und vollkommenere Zelt, das nicht mit Händen gemacht ist, das ist: das nicht von dieser Schöpfung ist. Er ist auch nicht durch das Blut von Böcken oder Kälbern, sondern durch sein eigenes Blut ein für alle Mal in das Heiligtum eingegangen und hat eine ewige Erlösung erlangt. [...]

Denn Christus ist nicht eingegangen in das Heiligtum, das mit Händen gemacht und ein Abbild des wahren Heiligtums ist, sondern in den Himmel selbst, um jetzt zu erscheinen vor dem Angesicht Gottes für uns;

ERSEHNTE BEFREIUNG

Am Karsamstag ist Stille. Keine Glocken, kein Gottesdienst, kein Abendmahl, keine Orgel. Altäre noch gewendet und Kreuze verhüllt. Aushalten, was am Karfreitag geschehen ist. Zugehen auf den Ostersonntag, schon wissend, was am dritten Tage geschieht, und doch noch nicht dort.

Ich erinnere mich an intensiv gefeierte Kar- und Ostertage in einer kleinen, alten Dorfkirche an der Elbe mit einem großen romanischen Christus und einem Taufbecken, in dem man die Kinder noch ganz untertauchen konnte. Darin eine Kerze. Mehr Licht war nicht in der Kirche bei unseren Tagzeitengebeten voller Schweigen und mit wenigen Worten. Still gingen wir durch den Tag. Zeit, sich dem Dunklen, der Ohnmacht, dem stummen Schrei der

Gefolterten dieser Welt auszusetzen. Der Grausamkeit, die Menschen fähig sind, einander anzutun. Unter Kreuze zwingen, Dornenkronen aufsetzen, niederschlagen, hinrichten, spotten und ihrer Würde berauben. Der Ohnmacht angesichts dieser Macht der Gewalt. Wie soll es da Befreiung geben?

»Jetzt aber sehen wir noch nicht, dass ihm alles untertan ist.« (2,8 vgl. 10,12f.) Die Frage der Hebräer:innen ist nicht die nach einem gnädigen Gott. Es ist die Frage nach der Hoffnung angesichts der ausbleibenden Vollendung. Es ist die Frage nach Gottes Wirklichkeit und Macht in einer von Schuld geprägten Welt, nach Rettung nicht vor Gottes Zorn, sondern aus der Gottferne der Sünde.

Ich muss bei solchen, die Bilder des kultischen Sühnopfers aufnehmenden Texten immer gegen die Wirkungsgeschichte einer Satisfaktionstheologie anlesen, die einen gerechten, zornigen Gott imaginiert, der Christi Tod und Blut als Genugtuung akzeptiert und uns nun doch endlich gnädig sein kann. Das haben die kleinen Missionsblättchen, die ich in den USA in christlichen Kreisen immer wieder in die Hand gedrückt bekam, mit ihren comicähnlichen Zeichnungen und schlichten Erzählungen in mir verankert. Christi Blut als Genugtuung. Doch das ist nicht das Bild im Brief an die Hebräer:innen. Hier ist Christus selbst der Hohepriester, eins mit Gott (Hebr 1,3, vgl. Weish 7,25f. sowie Hebr 1,8-12), der durch das Vorzelt in das Allerheiligste tritt. Eingesetzt wurde er durch die tiefe Solidarität seines Mitleidens: »Daher musste der Sohn in allem seinen Brüdern gleich werden, auf dass er barmherzig würde und ein treuer Hoherpriester vor Gott, zu sühnen die Sünden des Volkes. Denn da er selber gelitten hat und versucht worden ist, kann er helfen denen, die versucht werden.« (2,17f.)

Christus als Hohepriester in einem »größeren und vollkommeneren Zelt« (9,11). Diese Aussagen sind oft antijüdisch als Entgegensetzung zum Tempelkult gelesen worden. Wahrscheinlicher ist, dass sie das Ende dieses Kults voraussetzen, die Katastrophe der Zerstörung Jerusalems hinter ihnen liegt. Ebenso wie das rabbinische Judentum entwirft der Hebräerbrief angesichts der Tempelruinen eine – innerjüdisch zu verstehende – kreative Neudeutung des theologisch zentralen Versöhnungstopos. Die zentrale priesterliche und königliche Institution des Hohenpriesters, der große Versöhnungstag, das Blut des Opfers werden auf Christus hin interpretiert. Dabei ist auch die priesterliche Versöhnung im Alten Testament keine reine Ersatzleistung, sondern Hingabe, symbolische Übertragung des Lebens der Opfernden und darin Lebensrettung.

In der Verunsicherung der Gegenwart sucht der Sender der Briefes Verlässlichkeit in der Tradition der Schrift und den Grundpfeilern der Tradition und jüdischen Identität. »Ein für allemal« – und damit grundlegend gültig ist nun dieses Opfer Christi und damit unbedingt verlässlich.

Von der Erde wendet der Briefschreiber den Blick in den Himmel. »Im Himmel selbst« und »vor Gottes Angesicht« steht der Hohepriester Christus. In der Bedrängung der Gegenwart ist das himmlische Geschehen der Grund des Vertrauens der Adressat:innen. Den Blick nach oben wenden. Die Vorstellung des himmlischen Tempeldienstes ist auch der Grund unserer Hoffnung auf den anbrechenden Ostermorgen. Die Befreiung ist schon geschehen, auch wenn wir »noch nicht sehen, dass ihm alles untertan ist« (2,8). In dieser Hoffnung lässt sich auf das Kreuz blicken, sich Ohnmacht und Schmerz aussetzen. In der kleinen romanischen Kirche an der Elbe blickt der Gekreuzigte ruhig und aufrecht auf die sich um den Taufstein Versammelnden. In seinem Blick spiegelt sich der Himmel.

OSTERNACHT
JOHANNES 5,19-21

Alexander Deeg

Da antwortete Jesus und sprach zu ihnen: Wahrlich, wahrlich, ich sage euch: Der Sohn kann nichts von sich aus tun, sondern nur, was er den Vater tun sieht; denn was dieser tut, das tut in gleicher Weise auch der Sohn. Denn der Vater hat den Sohn lieb und zeigt ihm alles, was er tut, und wird ihm noch größere Werke zeigen, sodass ihr euch verwundern werdet. Denn wie der Vater die Toten auferweckt und macht sie lebendig, so macht auch der Sohn lebendig, welche er will.

Verstanden habe ich damals eigentlich nichts – oder alles? Es gehört zu den Erfahrungen meiner Kindheit, dass die Osternacht wirkt. Die Schritte durch die dunkle Kirche, übernächtigt, fröstelnd, waren ein Wagnis, das mein Herz höher schlagen ließ. Am Tage war mir der jahrhundertealte Raum der Dorfkirche vertraut. Ich kannte das bauernbarocke Gestühl von vielen Kindergottesdiensten, kannte den Blick von der zweiten Empore, wo meine Oma ganz regelmäßig die Orgel spielte. Aber nun in der Nacht waren Menschen, die schon dasaßen, nicht zu erkennen. Nur manchmal flüsterten sie oder ließen ihre Taschenlampe kurz aufflackern, um sich zu orientieren. Im Schein dieser Lampen wurde Mose sichtbar, wie er die Kanzel stützte, oder der riesige Christophorus an der Wand. Als der Gottesdienst begann, hörte ich Lesungen, Texte vom allerersten Anfang und vom Schilfmeer. Ich sah, wie immer mehr Kerzen den Raum erleuchteten und langsam das vertraute Gebäude zeigten, das in dieser frühen Stunde doch ganz anders schien. Ich hörte vom leeren Grab und dann stimmte der Posaunenchor sehr laut an: »Christ ist erstanden von der Marter alle…« Ich staunte, verstand nichts, und es war wieder einmal Ostern geworden.

»…so dass ihr euch verwundern werdet«, sagt Jesus im Johannesevangelium. Wann, wenn nicht in dieser Nacht wird das spürbar? Die Perikopenordnung hat die drei Verse aus Johannes 5 aus ihrem Kontext gerissen. »Jesus sprach […]«, so beginnt die Perikope. Dass er »antwortete« und »zu ihnen« sprach, wie es in V. 19 eigentlich heißt, ist im Perikopenbuch nicht zu erkennen. Damit steigert sich das »eigentümliche Pathos«, das bereits Rudolf Bultmann in den Worten ab V. 19 erkannte und das durch den Wechsel von der ersten in die dritte Person entsteht, nochmals: »die Worte des Redenden sollen nicht als Worte eines Ich verstanden werden, das wie ein menschliches Individuum redet; der Redende, der als Ich vor den Hörern steht, ist zugleich durch eine unendliche Kluft von ihnen geschieden; sie sehen den, von dem die Rede ist, und sie sehen ihn zugleich nicht.«[1]

Die Predigt könnte es sich zur Aufgabe machen, das Pathos der großen Worte durch einen Blick auf die Erzählung abzumildern, die ihnen vorausgeht. Es ist eine Geschichte, die nicht hoffnungsloser hätte beginnen können. Da ist »ein Mensch, der war seit achtunddreißig Jahren krank« (Joh 5,5). Jesus konfrontiert ihn mit der merkwürdigen Frage: »Willst du gesund werden?« (V. 6) Der Kranke breitet daraufhin seine ganze Hoffnungslosigkeit vor Jesus aus. Es gibt niemanden, der ihm helfen könnte, schnell genug in das Wasser zu steigen, wenn es sich bewegt. Er ist zwar nie weit weg vom Ort der Heilung – und dennoch unendlich weit entfernt. Andere hätten wohl längst aufgegeben; er bleibt da, am Rand des jederzeit möglichen Wunders, in der Nähe des Wassers, das

Heilung bringen kann. Und es geschieht. *Jetzt* spricht Jesus zu ihm, nach all den Jahren. Die Zeit erhält einen Riss durch einen recht banalen Satz: »Steh auf, nimm dein Bett und geh hin!« (Joh 5,8)

Damit hätte es zu Ende sein können. Aber nun wird aus der Heilung Streit. Weil niemand wirklich versteht, was hier geschieht – und manchmal auch eindeutig frohe Botschaften auf den Widerstand derer stoßen, für die es besser immer so weitergeht, wie es ist. Und weil daher auf einmal – das ist beinahe skurril – das Tragen des Bettes am Sabbattag zum eigentlichen Skandal wird – und nicht die Tatsache, dass da einer nach achtunddreißig Jahren wieder laufen kann.

Immer wieder wurde diese Geschichte antijüdisch interpretiert und gegen »die Juden« gewendet, die mit ihrem Pochen auf die Einhaltung des Sabbatgebotes für den alten Weg des »Gesetzes« stünden, wogegen Jesus den neuen Weg des Lebens vor Augen führe. Aber wer mit dem Finger auf »die« Juden zeigt, hat erst recht nichts (und zwar gar nichts!) verstanden. Die jüdischen Menschen, die mit Jesus in ein Streitgespräch eintreten, sind nicht »die Juden« (so sehr Johannes in seiner innerjüdisch-polemischen Konfrontationssituation des späten ersten Jahrhunderts es so schreibt!), und die Pointe der Geschichte ist ganz bestimmt nicht, Argumente gegen die Glaubenspraxis »der« Jüdinnen und Juden zu liefern, sondern *uns*, die Leser:innen durch die Zeiten, mit der auch für uns unglaublichen Botschaft zu konfrontieren: Jesus sagt: »Steh auf!« und durchbricht unsere ach so realistische Hoffnungslosigkeit.

38 Jahre lang am Rand des Wunders – und dann geschieht das Neue. Ein Leben lang in der Überzeugung, dass sich die Welt ja doch nicht ändern wird, dass Dinge sind, wie sie sind, dass die Mächtigen ihre Wege gehen und wir nichts dagegen tun können; dass die Probleme

von Klima bis Krieg viel zu groß sind, als dass unsere kleinen Aktivitäten dagegen ankommen könnten – und dann kommt er und sagt schlicht: »Steh auf, nimm dein Bett...«

In der Osternacht sitzen wir am Rand des Wunders. Und weil der lebt, der damals in Betesda zu dem Kranken sprach, begegnet er jetzt und heute, in dieser Nacht, und »macht lebendig, welche er will« (V. 21). Ostern ist nicht die Verheißung einer irgendwie gearteten Kontinuität des Lebens in postmortaler Existenz, sondern »ist schon jetzt«. Das »ewige Leben« ragt in die Zeit und beginnt dort, wo Jesus das Wort ergreift und aus dem Rand des Wunders ins Zentrum des Lebens führt.

Damals, in meiner Kindheit in Oberfranken, standen wir am Ende des Gottesdienstes draußen auf dem Friedhof, der die Dorfkirche umgab. Ich sehe den Talar des Pfarrers noch im kalten oberfränkischen Wind wehen. Der Posaunenchor spielte. Inmitten der Gräber standen wir, nicht weit vom Grab meines Opas. Wir froren. Aber ich war auf wundersam-unerklärliche Weise gewiss, dass etwas Großes geschehen ist und dieser Friedhof kein Ort des Schreckens ist und ganz bestimmt nicht nur ein Ort des Abschieds.

[1] Rudolf Bultmann, Das Evangelium des Johannes, KEK, Göttingen [15]1957, 185.

TAG DER AUFERSTEHUNG DES HERRN – OSTERSONNTAG
1. SAMUEL 2,1-8a

Martin Hein

Und Hanna betete und sprach:

Mein Herz ist fröhlich in dem HERRN,
    mein Horn ist erhöht in dem HERRN.
Mein Mund hat sich weit aufgetan wider meine Feinde,
    denn ich freue mich deines Heils.
Es ist niemand heilig wie der HERR, außer dir ist keiner,
    und ist kein Fels, wie unser Gott ist.
Lasst euer großes Rühmen und Trotzen,
    freches Reden gehe nicht aus eurem Munde;
denn der HERR ist ein Gott, der es merkt,
    und von ihm werden Taten gewogen.
Der Bogen der Starken ist zerbrochen,
    und die Schwachen sind umgürtet mit Stärke.
Die da satt waren, müssen um Brot dienen,
    und die Hunger litten, hungert nicht mehr.
Die Unfruchtbare hat sieben geboren,
    und die viele Kinder hatte, welkt dahin.
Der HERR tötet und macht lebendig,
    führt ins Totenreich und wieder herauf.
Der HERR macht arm und macht reich;
    er erniedrigt und erhöht.
Er hebt auf den Dürftigen aus dem Staub
    und erhöht den Armen aus der Asche,
dass er ihn setze unter die Fürsten
    und den Thron der Ehre erben lasse.

Ungewohnte Worte zu Ostern! Wer an diesem Sonntagmorgen zum Gottesdienst kommt, erwartet wohl eher eine Predigt, die die Erzählungen von der Auferstehung Jesu Christi auslegt. Doch es erklingt ein Lied aus alter Zeit. Und was für eines! Das Lied der Hanna: das Lied, das vom Leben singt, das Lob des Schöpfers und seiner Macht. Aus vollem Herzen.

Wenn Gott umstürzt, was uns unveränderlich erscheint, gibt es kein Halten mehr. Dann ist der Stein vom Herzen gerollt. Wir sehen das Leben mit neuen Augen.

Immer schon hat es in der Geschichte Gottes mit seinem Volk solche völlig unerwarteten Erfahrungen gegeben: Sarah konnte nach menschlichem Ermessen nicht glauben, dass sich die Verheißung der Nachkommenschaft in ihr erfüllen würde. Doch sie gebar noch im Alter einen Sohn. Da »jubelte« sie – übersetzt die BasisBibel. Israel sah in Ägypten keinerlei Ausweg aus der Sklaverei. Doch auf wunderbare Weise wurde es durch das Schilfmeer in die Freiheit geführt. Da sangen »Mose und die Israeliten«. Und Mirjam und alle Frauen erst recht (Notabene: ebenfalls ein Predigttext für den Ostersonntag – 3. Reihe der Perikopenordnung!).

Hanna hatte sich lange Zeit vergeblich nach einem Kind gesehnt. Endlich schenkt sie einem Sohn das Leben. Da singt sie! Und Maria wird später ebenfalls singen, während sie das Geheimnis ihrer wundersamen Schwangerschaft erlebt.

Aber an Ostern geht es noch um mehr als alles, was bisher war: Es geht ums Ganze! Ostern überschreitet die vereinzelten Glaubenserfahrungen. Es rüttelt an den Grundfesten unserer Welt und unseres Denkens! Dass die Jüngerinnen und Jünger dieses unfassbare Ereignis erwartet hätten, wird man wirklich nicht sagen können. Sie glaubten sich seit Karfreitag völlig am Ende. Die Hoffnung, die sie auf Jesus gesetzt hatten, hatte sich in nichts aufgelöst. Etwas Endgültigeres als den Tod gibt es nicht – davon waren sie überzeugt.

Und dann tritt etwas ein, was alle Deutungsmuster über den Haufen wirft: »Der Herr ist auferstanden.« Das heißt doch: Tot ist nicht tot! Das Sicherste, was uns allen einmal bevorsteht, ist nicht mehr sicher. Und warum? Weil Gott sich als der erweist, der er ist: »Schöpfer des Himmels und der Erde«, und darum nichts seine Macht beschränken kann. »Der Herr führt hinab zu den Toten und wieder herauf«: Hannas elementare Lebenserfahrung ist fortan nicht nur in einem übertragenen Sinn wahr, sondern ganz konkret zu verstehen! Gott führt die Toten aus dem Tod heraus. Um das zu zeigen, erweckt er Jesus zu einem neuen Leben. Und verheißt uns allen, dass der Tod keinen letzten Anspruch auf uns hat. Gott wird auch uns auferwecken: Ostern ist neue Schöpfung!

Unisono oder polyphon: So müssten wir in den Lobgesang der Hanna einstimmen. Denn was für wunderbare Perspektiven tun sich auf, wenn es nicht mehr stimmt, dass der Tod das allerletzte Wort behält! Aber die Zweifel bleiben stark: Ist das wahr? Ist der Herr wirklich auferstanden? Kann uns tatsächlich nichts von Gottes Liebe trennen?

Gegenüber der Realität unserer Welt scheint diese Hoffnung ins Hintertreffen zu geraten. Auch an Ostern herrscht der Tod: immer wieder Kriege, Hunger- und Naturkatastrophen, die abertausende Menschenleben fordern. Schlechte Aussichten für das Osterevangelium von Gottes Macht und Stärke! Ganz abgesehen davon, was uns im eigenen Leben an Trauer, Schmerz oder Zorn über den Tod erfüllt.

Manchmal kommt es mir wie ein Wunder vor, dass trotz alledem die Osterbotschaft verkündigt, gehört und geglaubt wird – bis heute!

Allein auf den Tod zu schauen, ist nicht die einzige Blickrichtung, um mit unserer Welt zurechtzukommen! Hanna hat das erlebt, die Jüngerinnen und Jünger haben es erfahren, und viele Menschen seither. Wer den Blick wendet und nach Gott ausschaut, entdeckt mitten in aller Befangenheit durch den Tod den Aufbruch des Lebens! Es gibt Augenblicke, in denen ich nicht anders kann, als zu sagen: Hier ist Gott gegenwärtig; hier ist er nahe mit seinem Geist, seiner Hilfe, seiner Bewahrung – mit seiner ganzen machtvollen Liebe! Und dann gilt: »Kehr's auch um: Mitten in dem Tode sind wir vom Leben umfangen«! Wie recht Martin Luther hat.

Wir begrenzen uns selbst in der Wahrnehmung unserer Welt, wenn wir die Botschaft von der Auferweckung Jesu Christi ausblenden oder als Widersinn abtun. Wir sind ärmer, weil uns die Fülle der Taten Gottes verschlossen bleibt.

Appelle reichen nicht aus. Und Ostern lässt sich auch nicht in Gestalt eines Beweises vorführen. Ich kann Ostern nicht »machen«. Was also dann? Es geht wohl nur so, gegen alle Voreingenommenheit und gegen alles Kalkül Gott um den Glauben zu bitten, der uns seine Macht mitten in unserer Welt sehen und erleben lässt. Also darum zu bitten, dass er den Unglauben und die Zweifel in Sehnsucht nach ihm wandelt – und sich auch uns als der Lebendige und Lebensschaffende zeigt.

So wird Ostern zum Fest des neuen Lebens. Nichts hält uns mehr gefangen. Da wird gesungen. Und wie! Unbeirrt und fröhlich! So wie Hanna gesungen hat: das Lied, das vom Leben singt, das Lob des Schöpfers und seiner Macht. Aus vollem Herzen.

OSTERMONTAG
1. KORINTHER 15,50-58

Frank Otfried July

Das sage ich aber, liebe Brüder und Schwestern, dass Fleisch und Blut das Reich Gottes nicht ererben können; auch wird das Verwesliche nicht erben die Unverweslichkeit. Siehe, ich sage euch ein Geheimnis: Wir werden nicht alle entschlafen, wir werden aber alle verwandelt werden; und das plötzlich, in einem Augenblick, zur Zeit der letzten Posaune. Denn es wird die Posaune erschallen und die Toten werden auferstehen unverweslich, und wir werden verwandelt werden. Denn dies Verwesliche muss anziehen die Unverweslichkeit, und dies Sterbliche muss anziehen die Unsterblichkeit.

Wenn aber dies Verwesliche anziehen wird die Unverweslichkeit und dies Sterbliche anziehen wird die Unsterblichkeit, dann wird erfüllt werden das Wort, das geschrieben steht (Jes 25,8; Hos 13,14): »Der Tod ist verschlungen in den Sieg. Tod, wo ist dein Sieg? Tod, wo ist dein Stachel?« Der Stachel des Todes aber ist die Sünde, die Kraft aber der Sünde ist das Gesetz. Gott aber sei Dank, der uns den Sieg gibt durch unsern Herrn Jesus Christus!

Darum, meine lieben Brüder und Schwestern, seid fest und unerschütterlich und nehmt immer zu in dem Werk des Herrn, denn ihr wisst, dass eure Arbeit nicht vergeblich ist in dem Herrn.

DER MONTAG DANACH

Die Osternachtfeiern sind vorbei, mit Dunkelheit und Licht, mit Lesung um Lesung, mit Schritt um Schritt in der

Heilsgeschichte, mit Hymnen und Jubel, mit Taufen… ebenso der Ostersonntag.

»Am Montag danach« kommt Paulus als »Auferstehungsintellektueller« zu Wort. In immer neuen Begründungsfiguren und -erzählungen im 15. Kapitel des 1. Korintherbriefes läuft er auf die Mauer des Todes zu und wirft Leitern aus, rammt Haken in die Wand, um im glaubenden Verstehen diese Mauer zu besteigen – vielleicht auch, um darauf zu tanzen, wie am Tag des Mauerfalles am Brandenburger Tor?

Aber ein tanzender Paulus – bei diesem Thema? Das wäre zu viel surreale Projektion.

Diese Mauer ist hoch und für die Menschen unüberwindlich. Auch wenn Bestattungs- und Trauerrituale durch die Jahrtausende und in religiöser Vielgestalt immer wieder einen Blick über die Mauer zu wagen versuchten, Menschen mit ihren Grabbeigaben in das Land jenseits der Mauer auf ihrer Reise wenigstens materiell begleiten wollten.

Die Mauern des Todes stehen in dieser Welt, an ihnen zerschellt alles Leben,

Ob im natürlichen Tod des Hochbetagten, im dramatischen Unfalltod eines jungen Menschen, ob in den Schuttbergen eines schweren Erdbebens (beim Niederschreiben dieser Denkskizze – im Februar 2023 – sehe ich Abend für Abend die steigenden Opferzahlen in der Türkei und in Syrien und blicke in die erloschenen Gesichter der Überlebenden) oder auf dem Schlachtfeld des Krieges.

Die Siegmeldungen des Todes schreien uns in die Ohren, breiten sich in Bildern vor uns aus oder kommen in den täglichen Anzeigen in den Zeitungen fast beiläufig an uns vorbei.

Die Älterwerdenden beginnen die Geburtsdaten der Sterbeanzeigen immer mehr mit den eigenen Daten zu vergleichen.

Manchmal sitzt der Stachel tief, reizt und bringt uns zum Aufstöhnen, wenn Menschen gehen, die uns vertraut waren, Leben und Glück, Erfahrung und Neugierde mit uns geteilt haben.

»Tod, wo ist dein Sieg? Tod, wo ist dein Stachel?«

Man muss schon schlucken, das zu hören und zu vertragen. Ist das nicht das vielzitierte »Pfeifen im Wald«?

Zu viele Siege, scheint es, zu viele Stachel, zu viele Tränen, zu viele Abbrüche, zu viel Unvollendetes.

Tanzt da ein Traumtänzer an dieser Mauer? Warum macht er das, und wie macht er das?

Kein Lied, keine Dichtung, kein Schwärmen...

Argumentative Kärrnerarbeit.

Das macht Paulus. Das ist Paulus.

Kein Schwärmer, kein Träumer, kein Tänzer.

Das machen seines Erachtens zu viele um ihn herum. Das ist ihm zu ungenau, zu ungefähr, zu unverbindlich. Und deshalb verantwortungslos.

Paulus steht in höchster Verantwortung. Er, der von Christus Ergriffene, will die Wahrheit des Evangeliums nicht in einem Geheimnispaket plombieren und damit unzugänglich machen. Genau das Gegenteil: »Ich weihe euch hier wirklich in ein Geheimnis ein.«

Es geht um das Letzte, da kann es nur noch um das offenbare Geheimnis gehen. Da darf nichts mehr verborgen werden.

Der christologische Auferstehungstheologe spricht.

Alles hängt an dem Jesus Christus, der dem schillernden Spiel der Sünde, die sich im Spiegel des Gesetzes betrachten muss – mit Ergebnis: Tod – ein Ende bereitet.

Das verheißene Land jenseits der Todesmauer wird nur Wirklichkeit, weil dieser Christus die Steigeisen in die Todesmauer gerammt hat und sich als Auferstandener auf dieser Mauer, auf dieser Grenzziehung, von anderer Seite gezeigt hat.

Den Evangeliums-Erzählenden sichtbar im Hier und Heute wird es gezeigt, inmitten einer noch erfahrbaren Todeswirklichkeit und zugleich aus dem verheißenen Land der ewigen Wirklichkeit bei Gott.

Der Argumentierer Paulus weiß um die Skeptiker und Verächter, aber auch um andere Vorstellungen um ihn herum.

Er weicht nicht aus und bleibt nicht im Vagen. Ein Transformationsprozess, der Tote und Lebende umfasst, wird eintreten.

Die Einkleidung (Investitur) in die Unvergänglichkeit geschieht.

Ob das allen bewusst ist, die ein Kind ins Taufkleid einkleiden oder sich als Erwachsene taufen lassen, dass hier schon ein Vorschein auf die Einkleidung in die Unvergänglichkeit zu sehen ist?

Bei dieser Sache zu bleiben erscheint alles andere als leicht. Der Tag hat uns im Griff, die Fragen auch, die Todesmauern stehen weiterhin im Leben der Welt und in unserem Leben auch. Die Schutthügel und Schützengräben, die Intensivstationen und Amokläufe.

»Am Morgen danach« träumt uns Paulus nicht hinweg, sondern stellt uns mittenhinein.

Christus ist ein Mauerbezwinger, so Paulus, und führt uns als neu Eingekleidete in eine neue Unvergänglichkeit.

Dies ist der Haken, an dem alles hängt, jetzt und dereinst. Dies weiterzusagen ist der Pulsschlag des Paulus. Auch »am Morgen danach«.

1. SONNTAG NACH OSTERN (QUASIMODOGENITI) JOHANNES 20,19-20(21-23)24-29

Gerlinde Feine

Am Abend aber dieses ersten Tages der Woche, da die Jünger versammelt und die Türen verschlossen waren aus Furcht vor den Juden, kam Jesus und trat mitten unter sie und spricht zu ihnen: Friede sei mit euch! Und als er das gesagt hatte, zeigte er ihnen die Hände und seine Seite. Da wurden die Jünger froh, dass sie den Herrn sahen.

[Da sprach Jesus abermals zu ihnen: Friede sei mit euch! Wie mich der Vater gesandt hat, so sende ich euch. Und als er das gesagt hatte, blies er sie an und spricht zu ihnen: Nehmt hin den Heiligen Geist! Welchen ihr die Sünden erlasst, denen sind sie erlassen; welchen ihr sie behaltet, denen sind sie behalten.]

Thomas aber, einer der Zwölf, der Zwilling genannt wird, war nicht bei ihnen, als Jesus kam. Da sagten die andern Jünger zu ihm: Wir haben den Herrn gesehen. Er aber sprach zu ihnen: Wenn ich nicht in seinen Händen die Nägelmale sehe und lege meinen Finger in die Nägelmale und lege meine Hand in seine Seite, kann ich's nicht glauben.

Und nach acht Tagen waren seine Jünger abermals drinnen, und Thomas war bei ihnen. Kommt Jesus, als die Türen verschlossen waren, und tritt mitten unter sie und spricht: Friede sei mit euch! Danach spricht er zu Thomas: Reiche deinen Finger her und sieh meine Hände, und reiche deine Hand her und lege sie in meine Seite, und sei nicht ungläubig, sondern gläubig! Thomas antwortete und sprach zu ihm: Mein Herr und mein Gott! Spricht Jesus zu ihm: Weil du mich gesehen hast, darum glaubst du? Selig sind, die nicht sehen und doch glauben!

»Pics or it didn't happen!« In den sozialen Netzwerken ist das die Standardantwort, wenn jemand etwas allzu Unwahrscheinliches postet oder eine unglaubliche Sensation ankündigt. »Beweise es, oder ich glaube es nicht!«, übersetzt das Online-Dictionary sinngemäß. Dabei können auch Fotos so bearbeitet werden, dass sie nicht mehr als Beleg taugen. Am besten ist es eben doch, selbst von der Partie gewesen zu sein, um etwas zu glauben und weitererzählen zu können.

Thomas war nicht dabei, als der Auferstandene sich seinen Freundinnen und Freunden zeigte. Begeistert erzählen sie davon. Doch Thomas kann ihre Euphorie nicht teilen. »Beweist es, oder ich glaube es nicht!« Anfassen will er Jesus, die Wunden fühlen, die der Beleg dafür sind, dass da kein großangelegtes Täuschungsmanöver läuft, keine Massenhysterie, keine phantasievoll ausgedachte kollektive Erzählung. Mit seinen Zweifeln steht er stellvertretend für alle, die das nicht glauben können, dass einer von den Toten wiedergekommen ist, auferstanden und lebendig. »Picture or it didn't happen!« – Gebt uns starke Fakten statt schwacher Behauptungen.

Auch wir waren nicht dabei. Auch wir hätten gern überzeugende Beweise, die die Zweifel entkräften könnten. Denn auch wir wollen Zeuginnen und Zeugen der Auferstehung sein, dazugehören zu dieser besonderen Hoffnungsgemeinschaft, uns gegenseitig bestätigen und stärken. Dazu brauchen wir Argumente, die die »Erklärungen« widerlegen können, mit denen Jesu Auferstehung bezweifelt wird. Vor allem aber brauchen wir selbst Gewissheit. Thomas fragt nicht nur für die johanneische Gemeinde, sondern auch für uns nach handfesten Belegen.

Doch als Jesus vor ihm steht, sind sie nicht mehr nötig. Wenn einer durch verschlossene Türen kommt, dann ist sein Körper verwandelt, losgelöst von den Gesetzen der Stofflichkeit. Wie sollte man ihn überhaupt berühren können, auch wenn er es ausdrücklich erlaubt? Erst recht nicht möglich ist es, die eigenen Finger in die transformierte Wunde zu legen, und das ist auch besser so. Denn redensartlich steht »den Finger in die Wunde legen« ja für das bewusste Provozieren von Schmerzen. Die aber hat der Auferstandene ein für alle Mal hinter sich.

Und so legt die Geschichte allenfalls den Finger in die Wunde unserer eigenen Zweifel am Wahrheitsgehalt der biblischen Überlieferung nicht nur von Ostern. Wo die ersten Zeuginnen und Zeugen noch aufgrund ihrer Autorität und ihrer Persönlichkeit überzeugend wirkten, haben wir gelernt zu hinterfragen. Der wissenschaftliche Umgang mit der Bibel ist immer auch von Skepsis begleitet. Stimmt denn das? Lässt sich das belegen?

»Pics or it didn't happen.« Den Finger in die Wunde legen, den Wind am See Genezareth auf der Haut spüren, durch das Haus des Petrus laufen, das Archäologen in Kapernaum entdeckt haben, über den Ölberg wandern und mit eigenen Augen den Stein sehen, den der Herr nicht hatte, um sein Haupt darauf zu betten. Außerbiblische Quellen neben die biblischen Texte legen und vergleichen. Alte Codices studieren und mit modernsten Geräten nachweisen, wo etwas verändert wurde. Und keine Angst davor haben, dass neue Erkenntnisse alte Gewissheiten über Bord werfen – im Gegenteil: Als die amerikanische Exegetin Elizabeth Schrader schlüssige Belege dafür vorlegte, dass im Johannesevangelium an mehreren Stellen der Text verändert und aus Maria Marta wurde, stärkte das die Bedeutung von Maria Magdalena als Auferstehungszeugin: »Maria, der Turm« lautet ihr Ehrenname, weil sie wie ein Leuchtturm und Wegzeichen für den Glauben anderen Orientierung bietet, so wie »Simon, der Fels« durch sein Zeugnis für Jesus der Gemeinde festen Boden unter den Füßen und der Kirche ein starkes Fundament gibt.

Doch Thomas glaubt beiden nicht. Er braucht mehr als nur das Wort der anderen. Er will Jesus sehen und selbst mit ihm reden. Ich kann das gut nachvollziehen. Wie gut, dass der Auferstandene durch verschlossene Türen gehen kann: Wie er damals in das Haus kam, in dem sich diese kleine Gruppe aus Begeisterten und Zweiflern versammelt hatte, bleibt genauso rätselhaft wie die Begegnung mit Saulus auf der Straße nach Damaskus und erst recht wie die Wege, die er sich sucht, um Menschen heute zu erreichen. Dann aber füllt er jeden Raum mit seiner Gegenwart und seiner Wahrheit. Und aus Zweifel wird Verstehen.

»Selig sind, die nicht sehen und doch glauben«, sagt Jesus. Glücklich sind die, die kein Bild brauchen und keinen Beweis, um österlich zu leben und die Auferstehung zu bezeugen. Die, zusammen mit Thomas, den Auferstandenen »Mein Herr und mein Gott« nennen. Auch das ist weniger zu den Jüngerinnen und Jüngern damals gesagt. Es gilt allen, die nicht dabei gewesen sind und deshalb gern einen handfesten Beweis hätten. Doch selbst wenn der eines Tages gefunden würde, wäre er nicht mehr nötig: Denn der Auferstandene geht heute noch durch die Türen, die aus Furcht vor der Welt verschlossen wurden, und redet freundlich zu denen, die ihm begegnen: »Friede sei mit euch!« Habt keine Angst. Lasst den Zweifel hinter euch und sucht nicht nach Beweisen für das, was sich nicht messen und berechnen lässt. Verlasst euch auf mein Wort. Dann werdet ihr leben.

2. SONNTAG NACH OSTERN (MISERIKORDIAS DOMINI)
1. MOSE 16,1-16

Maike Schult

Sarai, Abrams Frau, gebar ihm kein Kind. Sie hatte aber eine ägyptische Magd, die hieß Hagar. Und Sarai sprach zu Abram: Siehe, der HERR hat mich verschlossen, dass ich nicht gebären kann. Geh doch zu meiner Magd, ob ich vielleicht durch sie zu einem Sohn komme. Und Abram gehorchte der Stimme Sarais. Da nahm Sarai, Abrams Frau, ihre ägyptische Magd Hagar und gab sie Abram, ihrem Mann, zur Frau, nachdem Abram zehn Jahre im Lande Kanaan gewohnt hatte.

Und er ging zu Hagar, die ward schwanger. Als sie nun sah, dass sie schwanger war, achtete sie ihre Herrin gering. Da sprach Sarai zu Abram: Das Unrecht, das mir geschieht, komme über dich! Ich habe meine Magd dir in die Arme gegeben; nun sie aber sieht, dass sie schwanger geworden ist, bin ich gering geachtet in ihren Augen. Der HERR sei Richter zwischen mir und dir. Abram aber sprach zu Sarai: Siehe, deine Magd ist unter deiner Gewalt; tu mit ihr, wie dir's gefällt. Da demütigte Sarai sie, sodass sie vor ihr floh.

Aber der Engel des HERRN fand sie bei einer Wasserquelle in der Wüste, nämlich bei der Quelle am Wege nach Schur. Der sprach zu ihr: Hagar, Sarais Magd, wo kommst du her und wo willst du hin? Sie sprach: Ich bin von Sarai, meiner Herrin, geflohen. Und der Engel des HERRN sprach zu ihr: Kehre wieder um zu deiner Herrin und demütige dich unter ihre Hand.

Und der Engel des HERRN sprach zu ihr: Ich will deine Nachkommen so mehren, dass sie der großen Menge wegen nicht gezählt werden können. Weiter sprach der Engel des HERRN zu ihr: Siehe, du bist schwanger geworden und wirst einen Sohn gebären, dessen Namen sollst du Ismael nennen; denn der HERR hat dein Elend erhört. Er wird ein Mann wie ein Wildesel sein; seine Hand wider jedermann und jedermanns Hand wider ihn, und er wird sich all seinen Brüdern vor die Nase setzen.

Und sie nannte den Namen des Herrn, der mit ihr redete: Du bist ein Gott, der mich sieht. Denn sie sprach: Gewiss hab ich hier hinter dem hergesehen, der mich angesehen hat. Darum nannte man den Brunnen: Brunnen des Lebendigen, der mich sieht. Er liegt zwischen Kadesch und Bered.

Und Hagar gebar Abram einen Sohn, und Abram nannte den Sohn, den ihm Hagar gebar, Ismael. Und Abram war sechsundachtzig Jahre alt, als ihm Hagar den Ismael gebar.

Dieses Kind scheint in den Brunnen gefallen noch vor seiner Geburt. Gott hat Abram einen Sohn verheißen. Nachkommen so zahlreich wie die Sterne am Himmel. Doch Sarai, seine Frau, ist unfruchtbar. Ihr Schoß ist verschlossen. Der Nachwuchs bleibt aus. Sarai muss sich etwas einfallen lassen und greift auf ein Mittel zurück, das damals gängige Rechtspraxis war: Ihre Magd soll für sie gebären und das Kind austragen, das sie selbst nicht bekommen kann. Sie bietet ihrem Mann die Magd als Leihmutter an, um stellvertretend für Nachkommen zu sorgen und zugleich ihren eigenen Platz im Gefüge zu behaupten. Denn die Sklavin gehört der Herrin; der Sohn der Sklavin wäre auch ihr Sohn und ihre soziale Stellung durch die Auftragsschwangerschaft gesichert. Doch die Herrin hat ihre Rechnung ohne die Magd gemacht. Als Hagar sieht, dass sie schwanger ist, verändert dies ihren Blick auf die Ordnung, aus der sie kommt. Die fruchtbare Sklavin sieht ihre fruchtlose Herrin abschätzig an. Kinderlosigkeit wird mit Ansehensverlust verbunden. Die eigene Fruchtbarkeit zu einem Mittel, sich selbst zu erhöhen. Sarai bemerkt es und beklagt sich bei ihrem Mann: »Ich habe meine Magd dir in die Arme gegeben; nun sie aber sieht, dass sie schwanger geworden ist, bin ich gering geachtet in ihren Augen.« Zwischen solche Fronten will Abram lieber nicht geraten: »Sieh, deine Magd ist unter deiner Gewalt; tu mit ihr das, was gut ist deinen Augen.« Und so knechtet die Herrin ihre Sklavin mit harter Hand, bis Hagar flieht.

In dieser Geschichte geht es nicht um Kinder. Es geht nicht um die Frage, wie kinderlose Paare im 21. Jahrhundert zu Nachwuchs kommen. Ob sie sich eine Leihmutter kaufen oder einen weniger kommerziellen Weg finden, ein Kind austragen zu lassen, das ihnen nicht von selbst zufällt. Hier geht es um Kinder als Mittel zum Zweck und um strategisches Handeln in vorgegebenen Strukturen. Um Über- und Unterlegenheit, Macht und Ohnmacht, um starke Gefühle und gewaltvolles Handeln, um mit solchen Gefühlen zurechtzukommen. Einen »text of terror« hatte Phyllis Trible die Geschichte darum genannt und sie Mitte der 1980er Jahre für die feministische Bibelinterpretation neu entdeckt, und auch die revidierte Perikopenordnung von 2018 hat ihr einen Platz eingeräumt, wohl weil sie manches aufgreift, was im Gefüge lange unterrepräsentiert war: Texte aus dem Alten Testament, Texte über Frauen, Texte über Gewalt in patriarchalen Strukturen, Texte über Gewalt an Frauen, aber auch über Gewalt durch Frauen. Texte über komplexe destruktive Dynamiken, die schwer aufzulösen sind und die man befreiungstheologisch doch zu verändern und durch politisches Handeln zu überwinden sucht.

Nur: Um welche Freiheit geht es hier? Der Text gibt dafür eine Richtung vor, die zu unseren gegenwärtigen Diskursen wenig passt und die man darum leicht überliest: Als Hagar vor der Gewalt ihrer Herrin in die Wüste flieht, findet sie der Bote Gottes auf ihrem Weg zwischen ihrem

Woher und Wohin an einem Brunnen. Er wendet sich ihr zu und verheißt ihr eine große, wilde, durchsetzungsstarke Nachkommenschaft, aber keine Zukunft an einem herrschaftsfreien Ort. Mehr noch. Er schickt die Geflüchtete zurück in die Strukturen, aus denen sie gekommen ist: »Kehre wieder um zu deiner Herrin und demütige dich unter ihre Hand.« Flüchtlingen die Aufnahme verweigern? Gefolterte zurück ins Elend schicken? Sie auffordern, sich zu beugen und Unterdrückte zu bleiben, noch dazu mit göttlicher Genehmigung? – Wer will solches heute vertreten? Doch Hagar fügt sich nicht nur. Sie fühlt sich sogar gesehen. Nach all den visuellen Verweisen, mit denen der Text die menschlichen Beziehungen markiert, geht es nun um den einen Blick, der lebendig macht. Du bist ein Gott, der mich sieht. Sagt die, die etwas von diesem Gott gesehen hat an einem Ort, wo nichts wächst und nichts fruchtbar ist. Und sie nennt ihm zu Ehren diesen Kraftquell mitten in der Wüste den »Brunnen des Lebendigen, der mich sieht«.

Gottes Gegenwart verändert den Blick, aber nicht das soziale Gefüge. Doch es ändert sich etwas in einem Gefüge, wo sich ein Mensch auf diese Weise gesehen fühlt und auf eine Hoffnung hinleben kann. Die Genesis kennt viele Verheißungen. Die Verheißung von Land und Nachkommen, von Frieden, Befreiung und Gewaltfreiheit, Verheißung von Veränderung. Verheißungen, die wir in Predigten manchmal angestrengt wiederholen und appellativ beschwören, obwohl sie sich doch offenkundig nicht erfüllt haben bis auf den heutigen Tag. Denn trotz aller Zusagen: Hier ist noch immer Jude und Grieche, Sklave und Freier, Mann und Frau. Hier sind noch immer zahllose Opfer wie erloschene Sterne am Firmament. Hier sind noch immer Menschen, die einander Unrecht tun und sich dabei jeweils im Recht glauben. Jeder auf seine Art. Verhältnisse können sich ändern. Aber es wird immer Verhältnisse geben, und solange die Erde steht, wird es nicht nur Saat und Ernte geben, Sommer und Winter, Tag und Nacht, sondern auch Hass und Kränkung, Krieg und Gewalt, Flucht und Vertreibung. Ich stelle mir nicht vor, dass wir das aus der Welt bekommen, wenn wir uns nur genügend anstrengen. Aber ich stelle mir vor, dass es einen Unterschied macht in der Welt, ob wir uns darin von Gott gesehen fühlen und so die Kraft finden, uns diesen Realitäten zu stellen.

3. SONNTAG NACH OSTERN (JUBILATE)
2. KORINTHER 4,14-18

Elisabeth Gräb-Schmidt

...denn wir wissen, dass der, der den Herrn Jesus auferweckt hat, wird uns auch auferwecken mit Jesus und wird uns vor sich stellen samt euch. Denn es geschieht alles um euretwillen, auf dass die Gnade durch viele wachse und so die Danksagung noch reicher werde zur Ehre Gottes.

Darum werden wir nicht müde; sondern wenn auch unser äußerer Mensch verfällt, so wird doch der innere von Tag zu Tag erneuert. Denn unsre Bedrängnis, die zeitlich und leicht ist, schafft eine ewige und über alle Maßen gewichtige Herrlichkeit, uns, die wir nicht sehen auf das Sichtbare, sondern auf das Unsichtbare. Denn was sichtbar ist, das ist zeitlich; was aber unsichtbar ist, das ist ewig.

Wir können, dürfen und sollen lobsingen und danken. Nach Paulus ist das die Konsequenz der Auferstehung, die wir am 3. Sonntag nach Ostern noch einmal in Freude und Dank bejubeln dürfen. Ja, es ist sogar der Dank als solcher, um dessentwillen hier die Auferstehung, unsere Auferstehung, ins Spiel gebracht wird. In diesem Geist des Dankens und Lobens ist uns Ewigkeit verheißen. Dieser Geist ist das unsichtbare Fluidum, das unser Leben in den Raum der Ewigkeit versetzt, indem er unser Inneres, den inneren Menschen, wachsen lässt.

Mit dem inneren Menschen ist nicht unsere subjektive Innerlichkeit gemeint, sondern der durch den Geist bestimmte Mensch. Der innere Mensch ist der Mensch, der durch den Geist ins rechte Selbstverhältnis kommt. Der Geist ist in gewisser Weise das unsichtbare Subjekt der extern initiierten Selbstbestimmung des inneren Menschen. Er erneuert uns von Tag zu Tag, weil wir durch ihn im Werden sind, so dass der alte Mensch abstirbt, nicht aber der neue, der durch die externe Bestimmung des Geistes Teil der unsichtbaren Ewigkeit ist. In diesem Licht der Ewigkeit ist nach Paulus alle Bedrängnis leicht.

Aber ist das nicht ein billiges Vertrösten aufs Jenseits, unsere Bedrängnis als zeitlich und daher leicht zu sehen? Gilt das auch für die Menschen in den Krisengebieten dieser Erde, gilt es auch für die jungen Soldaten, die jetzt in der Ukraine und in Russland an die Front müssen, gilt es für die Hungernden in Äthiopien und an vielen anderen Orten? Ist ihre Bedrängnis leicht? Loben und Danken in solcher Bedrängnis, das sage mal einer den jungen Soldaten an der Front, den Familien und Kindern in den zerbombten Städten, in Kiew und Mariupol, in Butscha und Saporischschja. In ihren Tagen und Nächten in den Kellern sollen sie danken und loben? Zynisch klingt das vor allem, wenn das Zeitliche dem Ewigen gegenüber marginalisiert wird. Und wird nicht alles in allem diese zynische Skepsis noch verstärkt durch den Hinweis auf das Unsichtbare, dem die Ewigkeit angehört?

Was aber ist sichtbar, und was ist unsichtbar? In der Tat gehört vieles, was uns wert erscheint, eigentlich zu diesem Unsichtbaren, ja es ist selbst unsichtbar: Vertrauen, Liebe, Wahrheit und Hoffnung. Sie sind nur über Zeichen andeutungsweise vermittelbar. Vertrauen können wir nicht sehen, wir können nur hoffen, dass wir es erfahren, dass wir darauf bauen können im Miteinander. Eine Schülerin hofft, dass die Lehrerin erkennt, dass sie bestimmte Gaben hat. Oder eine Lehrerin, sie glaubt daran, dass sie in jedem Schüler neue Fähigkeiten, neue Interessen wecken kann, die bisher verborgen waren. Oder eine Mutter: Trotz vieler Gefahren, die das Leben bereithält, vertraut sie darauf, dass die Kinder den richtigen

Weg geführt werden. Dieses Unsichtbare, es ist nicht existent, aber es durchströmt uns im Geist.

Der Geist ist das unsichtbare Band, das unser Leben in seine Hoffnung führt, im Vertrauen darauf, dass nicht das Böse, sondern das Gute siegt. Der Geist ist die unsichtbare Wirklichkeit des inneren Menschen, die wahre Wirklichkeit, an der wir durch die Auferstehungshoffnung teilhaben. In der Anerkennung der Gabe des Geistes manifestiert sich unser Glaube. Glaube ist insofern kein Wissen, wir können ihn nicht erzwingen. Glaube ist eben genau die Anerkennung unseres Bestimmtseins als Geist. Solcher Glaube im Geist ist Vertrauen. Das unterscheidet den Glaubenden vom bornierten Spießbürger, aber auch vom verzweifelten Schöngeist oder Intellektuellen. Der Geist eröffnet Horizonte, durchbricht unsere begrenzte, bornierte Weltsicht, die sich als realistisch ausgibt, immer nur mit dem Schlimmsten rechnet, so dass Furcht sich breitmacht und wir nach Sicherheit rufen. Glaube überwindet solche weltliche Angst durch Hoffnung und Vertrauen im Geist.

Der Geist ist Hoffnungsstifter, er lässt uns loben und danken. Aber diese Begegnung mit dem Geist kann auch schmerzhaft sein. Denn sie bedeutet auch: Wir können uns nicht durch uns selbst bestimmen. In ungeschützter Klarheit zeigt uns diese Begegnung mit dem Geist, wir haben unser Leben nicht in der Hand. Wir sollen unser Leben führen, aber wir können unser Leben nicht absichern. Es gibt keine Sicherheiten. Solche Sicherheiten sind falsch. Nicht die Sorge um unser Leben steht dann im Vordergrund. Nicht unsere Mühen und Arbeit. Sie sind nicht das, was bleibt. Unsere Mühen und Plagen werden tatsächlich weggewischt wie Spuren im Sand.

Sich von der unsichtbaren Kraft des Geistes leiten zu lassen bedeutet daher die Einwilligung in unser Wesen, das wir immer schon sind, das wir aber oft so nicht sein wollen. Wir wollen andere sein, wir blicken neidisch auf andere, die klüger, schöner, erfolgreicher sind als wir – so meinen wir. Aber dieser Neid führt uns von uns weg, von unserer eigentlichen Bestimmung. Er lässt uns böse werden bis hin zum Brudermord, wie uns die Geschichte von Kain und Abel zeigt. Nicht umsonst gilt der Neid als Sünde, als Todsünde. Er markiert die Sünde als narzisstische Kränkung. Man könnte geradezu sagen: Der Glaube erkennt im Grunde die allererste narzisstische Kränkung lange vor den drei bekannten Kränkungen der Menschheit durch Kopernikus, Darwin und Freud. Der Glaube macht Ernst mit der grundlegenden narzisstischen Kränkung, dass wir Menschen und nicht Gott sind. Solche Enttäuschungen gehören zum Glauben. Es braucht solche Enttäuschung für das Neuwerden von Herz, Sinn und Verstand. Mit solchen Enttäuschungen macht uns der Geist zuallererst lebendig, *spiritus vivificans*. Er macht ernst mit der Enttäuschung, kein anderer sein zu sollen, sondern wir selbst.

4. SONNTAG NACH OSTERN (KANTATE)
OFFENBARUNG 15,2-4

Stefan Seidel

Und ich sah, wie sich ein gläsernes Meer mit Feuer vermengte, und die den Sieg behalten hatten über das Tier und sein Bild und über die Zahl seines Namens, die standen an dem gläsernen Meer und hatten Gottes Harfen und sangen das Lied des Mose, des Knechtes Gottes, und das Lied des Lammes: Groß und wunderbar sind deine Werke, Herr, allmächtiger Gott! Gerecht und wahrhaftig sind deine Wege, du König der Völker. Wer sollte dich, Herr, nicht fürchten und deinen Namen nicht preisen? Denn du allein bist heilig! Ja, alle Völker werden kommen und anbeten vor dir, denn deine Urteile sind offenbar geworden.

Dieses apokalyptische Szenario des endzeitlichen Sieges der Leidenden und Gerechten brandet wie ein fernes Rätselbild in unsere so vom diesseitigen Blick dominierte Gegenwart. Welche Scheu gibt es doch, allzu vollmundig vom Jenseits zu künden, also von jenem Bereich, der uns so radikal entzogen ist und für dessen Beschreibung alle hiesigen Kategorien versagen. Es gilt als unredlich und unmöglich, Aussagen über jene »Anderswelt« (Christian Lehnert) zu machen, die allerdings von den Christen früherer Zeiten selbstverständlich erhofft, erwartet, erbetet worden ist.

Das Ungeheuerliche dieses Textes ist die radikale Transzendierung des Todes. Der Tod wird »durchschaut«, transparent gemacht für seine jenseitige Dimension, »offenbar« gemacht als Durchgang, als Passage hinein in die geheilte, ewige Welt Gottes – den neuen Himmel und die neue Erde, in der der Tod nicht mehr sein wird, noch Leid noch Geschrei noch Schmerz (Offenbarung 21). Der Sieg Gottes wird vorwegnehmend gefeiert als Sieg über die großen Widersacher in dieser Welt (»das Tier«), über all das himmelschreiende Furchtbare dieses Lebens, über all das Leid in der Bedrängnis zum Tode. Der Verlust dieses Lebens wird dabei hineingestellt in größere Zusammenhänge.

Wie ist eine Annäherung an eine derartig »vormoderne« Weltsicht möglich? Zu Recht erhebt sich innerer Widerstand und Empörung, wenn beispielsweise muslimische ›Märtyrer‹ heute vollmundig verkünden: »Wir fürchten den Tod nicht« und wenn sie von dem durch das ›Martyrium‹ herbeigeführten Übergang ins Paradies sprechen. Diese Art des gewissen Sprechens über das ewige Gottesreich – als wäre es Gegenstand verfügbaren Wissens – erscheint unredlich. Es müsste auf einer anderen Ebene, in einer anderen Art über die letzten Dinge gesprochen werden. Denn es ist so, wie es Paulus einmal beschrieb: »Wir sehen jetzt durch einen Spiegel ein dunkles Bild; dann aber von Angesicht zu Angesicht…« (1. Korinther 13). Und doch würde das Christentum seinen Glutkern aufgeben, wenn es die Eschatologie verabschiedete; wenn es das Jenseits in den »Giftschrank« verbannte und sich nur noch für das Diesseits zuständig erklärte. Es müsste wieder ein Tasten nach echter Transzendenz anheben, ein Tanz mit der Transzendenz, um dem Grundgehalt des Christlichen und den biblischen Überlieferungen gerecht zu werden. Doch wie?

Vielleicht über den Weg persönlicher Erfahrung und des Mitteilens dieser Erfahrungen in Kunst, Literatur, Zeugnis. Welche »Lieder der Überwindung« werden heute gesungen? Wie kommt das rätselhafte, dunkle Bild des Jenseitigen in der Tiefe des »diesseitigen Spiegels« (Paulus) in den Blick, in das Herz und führt in das unbedingte

Vertrauen der ersten Christen, die sich als Gerettete verstanden, als aus dem Machtbereich des Todes in den des Lebens Gekommene?

Ein solches Zeugnis geht mir seit einigen Jahren nicht mehr aus dem Sinn. Es ist das Büchlein einer jungen Frau namens Petra Kuntner, die im Alter von 12 Jahren schwer an Krebs erkrankt und kurz nach ihrem 16. Geburtstag verstirbt.[1] Darin beschreibt sie ihren Weg des Ringens mit der Krankheit, mit dem Annehmen des Leidens und mit dem Versuch des Zusammenbringens von Gott und tödlicher Krankheit. Es ist ein Hineinwachsen in die Tiefe der Gotteswirklichkeit, ein Betrachten des Lebens aus der Perspektive der Ewigkeit, ein Sich-Überlassen dem Gott, ein Kreuzweg des Überwindens von Angst und Verlorenheit. Am Krankenbett danach gefragt, ob sie schon immer so gläubig gewesen sei, antwortete sie: »Nein, das nicht; vor allem durch die Krankheit geht es in die Tiefe, weil man dann etwas loslässt, und man braucht dann etwas Festes, woran man sich klammern kann; und dieses Feste kann man auf dieser Welt nicht finden, da muss man weiter greifen, weiter ausgreifen [...] Und wenn ich z. B. heute in der Nacht sterben sollte, so wäre ich recht zuversichtlich. Im Lichte der Ewigkeit sieht dies alles recht positiv und wertvoll aus!« Und an anderer Stelle sagte sie: »Nein, nein! Vor dem Tod habe ich keine Angst! Schöner kann es nicht werden als durch den Tod.« Es scheint, als sei Petra Kuntner nach und nach in eine tiefe Annahme ihres Schicksals und eine noch tiefere Übereignung an Christus hineingewachsen, in der sie sich als »erlöst«, als »Bürgerin des Himmels« (Philipper 3) begriff. Kurz vor ihrem Tod las sie noch beim Gottesdienst in der Klinikkapelle den Bibelabschnitt des Sonntags vor. Er stammte aus Offenbarung 7: »Ich, Johannes, sah eine große Schar aus allen Nationen und Stämmen, Völkern und Sprachen, die niemand zählen konnte. Sie standen in weißen Gewändern vor dem Thron und vor dem Lamm und trugen Palmzweige in ihren Händen. Da sprach einer der Ältesten zu mir: Das sind jene, die aus der großen Drangsal kommen; sie haben ihre Kleider gewaschen und im Blut des Lammes weiß gemacht. [...] Sie werden nicht mehr hungern und nicht mehr dürsten; und keine Sonnenhitze noch irgendeine Glut wird auf ihnen lasten. Denn das Lamm in der Mitte vor dem Thron wird sie weiden und zu den Quellwassern des Lebens führen, und Gott wird jede Träne aus ihren Augen wischen.« Ihr eigenes »Überwinder-Lied« hat Petra Kuntner kurz vor ihrem Tod so formuliert: »Seid nicht traurig! Wenn ich zu Gott heimgehe, dann bin ich Euch näher denn je. [...] Ich lege meine Schmerzen, meine Gebete, mein Ringen in Gottes Hand und spüre: Der ganze Himmel freut sich mit mir!«

[1] Alfred Frenes, Spuren eines jungen Lebens: Petra Kuntner. Athesiadruck, Bozen 1987.

5. SONNTAG NACH OSTERN (ROGATE)
2. MOSE 32,7-14

Friedrich Kramer

Der HERR sprach aber zu Mose: Geh, steig hinab; denn dein Volk, das du aus Ägyptenland geführt hast, hat schändlich gehandelt. Sie sind schnell von dem Wege gewichen, den ich ihnen geboten habe. Sie haben sich ein gegossenes Kalb gemacht und haben's angebetet und ihm geopfert und gesagt: Dies sind deine Götter, Israel, die dich aus Ägyptenland geführt haben. Und der HERR sprach zu Mose: Ich habe dies Volk gesehen. Und siehe, es ist ein halsstarriges Volk. Und nun lass mich, dass mein Zorn über sie entbrenne und sie verzehre; dafür will ich dich zum großen Volk machen.

Mose wollte den HERRN, seinen Gott, besänftigen und sprach: Ach, HERR, warum will dein Zorn entbrennen über dein Volk, das du mit großer Kraft und starker Hand aus Ägyptenland geführt hast? Warum sollen die Ägypter sagen: Er hat sie zu ihrem Unglück herausgeführt, dass er sie umbrächte im Gebirge und vertilgte sie von dem Erdboden? Kehre dich ab von deinem glühenden Zorn und lass dich des Unheils gereuen, das du über dein Volk bringen willst. Gedenke an deine Knechte Abraham, Isaak und Israel, denen du bei dir selbst geschworen und verheißen hast: Ich will eure Nachkommen mehren wie die Sterne am Himmel, und dies ganze Land, das ich verheißen habe, will ich euren Nachkommen geben, und sie sollen es besitzen für ewig. Da gereute den HERRN das Unheil, das er seinem Volk angedroht hatte.

Die Versuchungen in der Wüste und das Bilderverbot

Die Geschichte vom goldenen Kalb rahmt das Mose-Gebet dramatisch und voller verstörender Details. Eine blutige Lerngeschichte zum Bilderverbot und selbst so bildstark, dass die Szene vom Tanz um das goldene Kalb zu unserem kollektiven Gedächtnis gehört.

Der Priester Aaron versagt und macht das Kalb. Sehnsucht, Dankbarkeit und langes Warten führen das Volk in der Wüste in Versuchung. Endlich ein Bild von den Göttern, die so gnädig aus Ägypten gerettet haben. Aber genau dadurch sind sie wieder in Ägypten: viele Götter mit Tiersymbolen – Katze, Falke, Ibis, Widder und Hund. Da macht das Kalb schon etwas her. Sie wollten keinen anderen Göttern dienen und tun es durch das Bild doch.

Mose kommt zurück, zerschlägt zornig die beiden Tafeln und ruft die Leviten, die 3000 Israeliten willkürlich erschlagen. Mose zerstört das Kalb und gibt es dem Volk im Wasser zu trinken. Er geht wieder auf den Berg und bittet Gott um Vergebung für ihre Sünde. Gott behält sich vor, die Sünde später heimzusuchen. Die Drohung zieht weiter mit, denn das Bilderverbot spricht vom eifernden Gott, der die Missetat der Väter bis ins dritte und vierte Glied heimsucht.

Zwei weitere Versuchungen leuchten im Mose-Gebet auf. Gott steht in seinem Liebeszorn in der Versuchung, das Volk vollständig zu vernichten, doch Mose hält ihn davon ab. Und Mose wird in die Versuchung gestellt, das verlockende Angebot Gottes anzunehmen, dieses halsstarrige Volk, das immer gegen ihn aufbegehrt, endlich loszuwerden und selbst ein neues Volk zu werden. Mose als der neue Urvater. Doch Mose liebt sein Volk und widersteht. Und darum ist er im Judentum der größte Prophet, weil er nicht nur die Gebote gebracht hat, sondern auch für das Volk einsteht, ja es rettet.

Viele Fragen tun sich auf zu dieser blutigen Geschichte und dem zornigen und eifernden Gott. Hineinschneiden mit dem Schwert, mitten in das Volk, wie beim Beschneiden eines Baumes. Gewalt so normal und brutal. Gewalt macht nicht klüger, sondern ängstlicher – Angst vor dem zornigen Gott, vor dem zornigen Moses, vor den Leviten mit ihren Schwertern? Soll hier Angst gemacht werden? Schwarze Pädagogik pur? Oder zeigt sich hier nicht der eifernde Gott, der um der Liebe willen eifert und durch Mose genau auf diese Liebe zu seinem Volk ansprechbar ist. Es gilt zwischen dem heiligen Zorn um der Gerechtigkeit und Liebe willen und dem egozentrischen Zorn, der uns in unseren Tagen so viel begegnet, zu unterscheiden.

Trotz Bildersturm und sola scriptura übernimmt Martin Luther die katholische Zusammenfassung des ersten Gebotes einschließlich des Bilderverbotes, so dass das Bilderverbot in den knappen Sätzen des Katechismus nicht mehr auftaucht und das zehnte Gebot geteilt wird. Ist das Bilderverbot also im ersten Gebot mit enthalten?

Das erste mitten im zweiten Gebot
oder die rettende Fürbitte

Mitten hinein in die Dramatik des Goldenen Kalbes gibt es einen Szenenwechsel hin zu Mose und Gott. Gebet als Begegnung mit Gott wird hier zum rettenden Gespräch. Mose ist schon lange vom Volk entfernt auf dem Berg Sinai im Gespräch mit Gott über die Gebote. Gerade hatten sie sich noch detailreich über die Ausstattung der Stiftshütte unterhalten und zum Schluss über den Sabbat, und dann gab es die zwei Tafeln mit den Geboten, von Gott selbst geschrieben. Alles sah so gut aus. Doch dann eröffnet Gott seinem Knecht Mose, was gerade geschieht mit dem Goldenen Kalb. Sie hatten Gottes zehn Gebote gehört und bevor sie sie nun schriftlich bekommen, haben sie sie schon gebrochen. Gott ist zornig und will vernichten.

Aber Mose bringt drei Argumente und einen Fürbittschrei, und Gott lenkt ein. Zuerst die Erinnerung an die schon getane Rettungstat, die ja auch Kraft und eine starke Hand gebraucht hat. Dann das Argument des Spottes der Gegner und wie die sich freuen werden, wenn das Volk vernichtet wird. Und dann kommt die flehende Bitte: »Kehre dich ab von deinem glühenden Zorn und lass dich des Unheils gereuen, dass du über dein Volk bringen willst.« Drittens erinnert Mose Gott an seine Verheißungen von Nachkommen und Land, die er den Erzvätern gegeben hat. Mose argumentiert geschickt und nimmt Gott bei seinem eigenen Wort. Ja, er spielt auf das erste Gebot an und die damit gegebene Beziehung zwischen Gott, dem großen »Ich bin«, der im Gebot dem Volk zusagt: »Ich bin dein Gott.« In den Geboten steht dem großen »Ich« immer das »Du« des Volkes gegenüber. Daran erinnert Mose Gott und fleht, dass er von seinem Liebeszorn ablässt. So kann er Gott zur Reue und Umkehr bewegen. Der Liebeseifer bleibt, aber Gott ist als das Du im Gebet ansprechbar.

Der Wochenspruch für den Sonntag Rogate aus Psalm 66,20 könnte am Ende stehen: »Gelobt sei Gott, der mein Gebet nicht verwirft, noch seine Güte von mir wendet.« Genau das wird beschrieben. Es stand auf Messers Schneide, ob Gott das halsstarrige Volk vernichtet und mit Mose allein neu anfängt oder ob er auf die Fürbitte hört. Gott lässt sich umstimmen durch das Gebet. Mose hat mit seinem Gebet nicht nur sein Volk, sondern auch die Heilsgeschichte bis zu uns hin gerettet.

Betet! Betet! Ohne Unterlass, denn das Gebet der Gerechten kann alles retten und heilen.

CHRISTI HIMMELFAHRT
APOSTELGESCHICHTE 1,3-11

Kristian Fechtner

Ihnen zeigte er sich nach seinem Leiden durch viele Beweise als der Lebendige und ließ sich sehen unter ihnen vierzig Tage lang und redete mit ihnen vom Reich Gottes.

Und als er mit ihnen beim Mahl war, befahl er ihnen, Jerusalem nicht zu verlassen, sondern zu warten auf die Verheißung des Vaters, die ihr – so sprach er – von mir gehört habt; denn Johannes hat mit Wasser getauft, ihr aber sollt mit dem Heiligen Geist getauft werden nicht lange nach diesen Tagen.

Die nun zusammengekommen waren, fragten ihn und sprachen: Herr, wirst du in dieser Zeit wieder aufrichten das Reich für Israel? Er sprach aber zu ihnen: Es gebührt euch nicht, Zeit oder Stunde zu wissen, die der Vater in seiner Macht bestimmt hat; aber ihr werdet die Kraft des Heiligen Geistes empfangen, der auf euch kommen wird, und werdet meine Zeugen sein in Jerusalem und in ganz Judäa und Samarien und bis an das Ende der Erde.

Und als er das gesagt hatte, wurde er vor ihren Augen emporgehoben, und eine Wolke nahm ihn auf, weg vor ihren Augen. Und als sie ihm nachsahen, wie er gen Himmel fuhr, siehe, da standen bei ihnen zwei Männer in weißen Gewändern. Die sagten: Ihr Männer von Galiläa, was steht ihr da und seht gen Himmel? Dieser Jesus, der von euch weg gen Himmel aufgenommen wurde, wird so wiederkommen, wie ihr ihn habt gen Himmel fahren sehen.

Auftakt: Ein Abgang

Fort ist er, entschwunden in den Wolken. Jesus ist nicht mehr zu sehen. Der Bericht zu Beginn der Apostelgeschichte hat einen (über)langen Anlauf, bis er zu der Szene gelangt, die uns als Himmelfahrt Jesu überliefert ist. (V. 9) So fange ich hinten an: Der bislang im Mittelpunkt stand, ist nicht mehr da. Für diejenigen, die zurückbleiben, ist es ein Abschied. Abschiede sind häufig schmerzhaft. Und so mutmaße ich unwillkürlich: Sie fühlen sich alleingelassen, sind traurig, hilflos. Aber davon ist hier nicht die Rede. Tatsächlich können Abschiede auch mit anderen Empfindungen einhergehen; man lässt etwas hinter sich. Ich stelle mir probeweise vor: Womöglich sind die Gefährtinnen und Gefährten auch erleichtert. Fühlen sich geradezu befreit. So nehme ich als Leitfrage mit: Kann und darf ich die Erzählung von der Himmelfahrt auch als eine glückliche Szene lesen?

Himmelfahrt: Erwachsen werden

Gemeinhin werden die Gefährten Jesu als dessen »Jünger« bezeichnet, Gefährtinnen mittlerweile auch als »Jüngerinnen«. Sprachlich substantiviert der durch die alten Bibelübersetzungen geprägte Ausdruck die Steigerungsform von »jung«, er ist aber keine Altersangabe. Manch ein Jünger und manche Jüngerin mögen durchaus schon älter sein. Markiert wird vielmehr ein ungleiches Beziehungsverhältnis. Schülerinnen stehen der Lehrerin gegenüber, »Jünger« ihrem »Meister«. Und dieser dominiert, solange er zugegen ist, die Szenerie und die Erzählungen der Evangelien. Es geht um das, was Jesus sagt, tut, unterweist, erklärt, erleidet und verheißt. Es geht um das, was er kann und bewirkt, wofür er steht. Er ist Dreh- und Angelpunkt der Geschichte, noch nach seinem Tod ist er mitten unter ihnen als der »Lebendige« (V. 3). Und die anderen, die Jüngerinnen und Jünger, sind in seiner Gegenwart weniger lebendig? Sind Anhänger womöglich nur Anhängsel? Jedenfalls sind sie nicht selbständig. Bis zur Erzählung von der Himmelfahrt Jesu, in welcher der Meister entschwindet, Platz macht und Raum gibt. So dass sie nun ohne ihn in eigener Verantwortung weitergehen. So gesehen erzählt Himmelfahrt die Geschichte einer »Entbindung«: Jüngerinnen und Jünger werden entbunden aus dem unmittelbaren Wirkungskreis des Meisters, sie werden abgenabelt von der direkten Bindung an ihn. Fortan werden sie selbst agieren, einander trösten und miteinander feiern. Die Welt mitgestalten und die Kirche organisieren. Auf sich achten und ihr Leben leben. Kurzum: Als Christinnen und Christen erwachsen werden.

Als Fest ist Christi Himmelfahrt heute kulturell durch andere Aktivitäten – man denke an den sogenannten Vatertag – überformt und kirchlich weithin verblasst. Mancherorts hat es sich eingebürgert, am Himmelfahrtstag Konfirmation zu feiern. Dies hat zumeist pragmatische Gründe; freier Tag und vorgezogenes Wochenende. Die Lesart des biblischen Berichts als Erzählung vom Erwachsenwerden korrespondiert jedoch auch inhaltlich mit der Konfirmation als einer »zweiten Entbindung« und als Mündigkeitsritus des selbstverantworteten Glaubens.

Hinterlassenschaft: Die Kraft des Geistes

Aus den Augen, aus dem Sinn? Heißt selbständig zu sein im Glauben und eigenverantwortlich im Leben, nun ganz auf sich selbst verwiesen zu sein? Es ist ja nicht einfach vorbei, was hinter sich gelassen wird. Es wirkt nach, was gewesen ist und was man erfahren hat: der Trost und der Mut göttlicher Nähe, die Seligpreisungen und das »Fürchte dich nicht«, heilsame Begegnungen und Worte. Die Praxis Jesu, die erinnert und weitererzählt wird. In ihrem Gepäck haben die selbständig gewordenen Christinnen und Christen eine Hinterlassenschaft: die »Kraft« (*dynamis*) des Heiligen Geistes (V. 8). Es ist nicht eine Idee, die bleibt, sondern die Zurückbleibenden werden ausgestattet mit einer Energie, die sie ins Leben gehen und weitergehen lässt. Eine Kraft, die – so ist es versprochen – spürbar wird und sich einstellt, wenn es einer persönlich zu viel wird oder es einen verzagt werden lässt, weil die Welt so ist, wie sie ist. Die Himmelfahrtsgeschichte ist nicht rückwärtsgewandt; sie stellt gerade nicht die regressive Frage: Was würde Jesus dazu sagen? Sie führt die Jüngerinnen und Jünger nicht zurück zum entschwundenen Meister. Sie ist vielmehr vorwärtsgerichtet: Es ist fortan die Geistkraft, die immer wieder Glaubens- und Lebenssinn neu hervorbringt.

Schlussakkord: Wendung nach vorne
Was als Himmelfahrt berichtet wird, ist keine leichte Übung. Dies hängt nicht nur mit dem mythologischen Bild zusammen, das hier in Szene gesetzt wird. Es zeigt sich auch in der Erzählung selbst. Als Jesus in der Wolke nicht mehr zu sehen ist, da schauen ihm die Gefährtinnen und Gefährten – so heißt es – hinterher, sie starren in den Himmel. (V. 10) Der Blick himmelwärts ist uns von alten Andachtsbildern geläufig, fromm emporgerichtete Augen. Dies allerdings scheint hier nicht die richtige Reaktion zu sein. »Was steht ihr da und seht gen Himmel?« (V. 11) Da ist gar nichts mehr zu sehen. Als Christinnen und Christen folgen wir dem Entschwundenen nicht in den Himmel nach oben nach. Der Blick wird vielmehr nach vorne gewendet, gleichsam horizontal. Denn der mündig gewordene Glaube eröffnet einen neuen Horizont auf Zukunft hin. Dort erst, im Neuen und heute noch gar nicht Erkennbarem, wird Gott sichtbar Gestalt gewinnen (V. 11). Die Wendung des Blickes von oben nach vorne ist der visuelle Dreh der Himmelfahrtserzählung. Durch diesen ist sie das, was sie für den christlichen Glauben sein könnte: ein *Antiregressivum.*

6. SONNTAG NACH OSTERN (EXAUDI) JOHANNES 16,5-15

Kristin Jahn

Jetzt aber gehe ich hin zu dem, der mich gesandt hat; und niemand von euch fragt mich: Wo gehst du hin? Doch weil ich dies zu euch geredet habe, ist euer Herz voll Trauer. Aber ich sage euch die Wahrheit: Es ist gut für euch, dass ich weggehe. Denn wenn ich nicht weggehe, kommt der Tröster nicht zu euch. Wenn ich aber gehe, werde ich ihn zu euch senden. Und wenn er kommt, wird er der Welt die Augen auftun über die Sünde und über die Gerechtigkeit und über das Gericht; über die Sünde: dass sie nicht an mich glauben; über die Gerechtigkeit: dass ich zum Vater gehe und ihr mich hinfort nicht seht; über das Gericht: dass der Fürst dieser Welt gerichtet ist.

Ich habe euch noch viel zu sagen; aber ihr könnt es jetzt nicht ertragen. Wenn aber jener kommt, der Geist der Wahrheit, wird er euch in aller Wahrheit leiten. Denn er wird nicht aus sich selber reden; sondern was er hören wird, das wird er reden, und was zukünftig ist, wird er euch verkündigen. Er wird mich verherrlichen; denn von dem Meinen wird er's nehmen und euch verkündigen. Alles, was der Vater hat, das ist mein. Darum habe ich gesagt: Er nimmt es von dem Meinen und wird es euch verkündigen.

WIE GUT, DASS DU GEGANGEN BIST!

Warum bist Du nicht einfach geblieben? Jesus, mein Gott, das hab ich mich gefragt. Alles hätte so leicht sein können! Wir hätten weiter durch das Land streifen können, Galiläa und hinauf zur heiligen Stadt. Wir hätten weiter all die Wunder wirken können mit Dir an unserer Seite. Die Wunden heilen, die Lücken ausbessern. Wir hätten Dir einfach weiter dabei zusehen können, wie Du Tote lebendig machst. Das Unerwartete, das Wunder wirkst. Aber Du bist einfach abgehauen, hast Dich einfach aus dem Staub gemacht. Wobei das mit dem Staub so nicht stimmt. Du bist nicht einfach gegangen, Du hast Dich nicht weggeschlichen wie ein Dieb in der Nacht. Du hast es uns vorher gesagt. Achtung, ich bin dann bald weg, hast Du gesagt. Achtung, ihr werdet bald ohne mich sein. Ohne mich auf der Welt, aber nicht ohne Trost. Der Geist der Wahrheit wird unter euch sein. Damals hab ich gedacht, was soll das jetzt bitte schön sein!? *Let it be.* Dann geh halt, aber wozu dieses Gerede vom Geist. Was soll das bitte schön für ein Trost sein, dass Du weggehst, hm? Ich habe dich nicht verstanden, damals. Ich war so voller Wut. Was für ein Geist soll das denn sein!? Wenn Du müde bist, Jesus, dann geh halt, aber erzähl mir nicht noch solche Geschichten, hab ich damals gedacht. Als wäre der Geist ein Ersatz für Dich, für das ganze Wunder mit Dir.

Und dann, dann kam alles genau so, wie Du gesagt hast. Du bist zum Leben durch den Tod hindurchgegangen, und wir fühlten uns hier allein. Doch dann kam der Geist zu uns. Er rüttelte uns auf. Er weckte uns tief in der der Nacht. Er ließ uns mit den Lügen nicht schlafen. Er hob uns wieder auf, als wir am Boden waren. Er tröstete uns so, wie eine Mutter ihr Kind tröstet in der Nacht und ihm die bösen Träume von der Stirn wegstreicht. Keine Furcht, ich bin da, alles gut. Ja, solche Sätze sagt er.

Der Geist kam zu uns und hat uns gepackt. Und er hat uns zupacken lassen, immer wieder. Bis heute, und das schon fast seit 2000 Jahren. Wir sind unterwegs mit ihm zu Dir, auf dass wir Menschen bleiben und werden. Wir bessern die Lücken aus, wir gehen hin und verbinden fremde Wunden. Wir besuchen einander zum Trost. Wir helfen den Kranken auf. Wir versuchen das alles, mit unserer Kraft, oft unerkannt, in Deinem Namen. Wir tun das, so gut wir es können. Wir denken an Dich. Ich weiß, Du bist nicht mehr da. Du bist auf dieser Erde leibhaftig einfach nicht mehr da. Aber der Geist, von dem Du sprachst, besucht uns jeden Tag. Er sagt, es werde, auch jetzt, an diesem Tag, allem, was ist, zum Trotz.

Heute denke ich oft, ein Glück, dass Du gegangen bist, auch wenn ich es nicht verstanden habe. Ein Glück, dass Du weggegangen bist, ins Leben durch den Tod. Wärest Du nicht gegangen, wir würden heute noch alle in den Katakomben sitzen und rufen: Ach, komm, Herr Jesus. Wir würden dasitzen und warten, dass es einer für uns wieder macht: die Wunden heilt, die Gemeinschaft formt. Wir würden dasitzen und hätten keinen Geist für das Unfassbare, das uns alle vereint, und für das Wunder des Lebens neben uns.

Und weißt Du was? Dass Du gegangen bist, das macht Dich groß. Du hast Abschied nehmen können, und das macht Dich göttlich und groß. Die Welt ist ja voll von Leuten, die am Sessel ihrer Macht kleben bis ganz zum Schluss. Nur wenige haben die Größe zu sagen: Ihr Lieben, für mich ist jetzt Schluss, macht ihr weiter, und ich vertraue darauf, dass alles, was uns wichtig war, jetzt auch ohne mich wird. Nur wenige können so leben. Der Alltag sieht ja oft anders aus, man hält fest an der Macht bis zum Schluss. Aber Du hast es in unsere Hände gelegt, die Liebe zum Leben in der Welt. Du hast uns das alles anvertraut und gesagt: Ich vertraue darauf, dass der Geist euch packt und das Wunder geschieht und ihr das Leben so gut wie möglich bewahrt. Ja, Du hast uns vertraut. Der Geist der Wahrheit leitet uns. Er erinnert uns täglich daran – an Dein Leben und an Deine Tat. Er verherrlicht Dich, er richtet uns auf, er lässt uns hoffen und träumen von Gott, von all dem, der uns zusammendenken und zusammenlieben kann, allem, was ist, zum Trotz, und in diesem Geist brechen wir auf mit unsrer Kraft und wagen das Wunder Tag für Tag.

Natürlich war es schöner mit Dir, natürlich war es schöner, als Du noch unter uns warst, aber so – so geht es eben auch, und es ist so, als würde man erwachsen sein und werden. Alles, was zählt, ist noch da, nur steht jetzt jeder und jede von uns selber auf und steht auch für alles ein. »Es ist gut für euch, dass ich weggehe«, hast Du mal gesagt. Ja, denke ich, das war wirklich gut, wir wären sonst niemals erwacht, wir hätten nie einen Blick für das Notwendige bekommen, für das, wo es unser Aufstehen braucht. Gerechtigkeit unter uns fehlt. Dieser Geist tröstet uns Tag und Nacht. Er rüttelt und schüttelt uns wach. Er treibt uns hinein in Deinen großen Tag, und das nun schon seit fast 2000 Jahren. Danke, dass Du gegangen bist, jetzt gehen wir als Schwestern und Brüder deiner Tat.

TAG DER AUSGIESSUNG DES HEILIGEN GEISTES – PFINGSTSONNTAG HESEKIEL 37,1-14

Wolfgang Huber

Des HERRN Hand kam über mich, und er führte mich hinaus im Geist des HERRN und stellte mich mitten auf ein weites Feld; das lag voller Totengebeine. Und er führte mich überall hindurch. Und siehe, es lagen sehr viele Gebeine über das Feld hin, und siehe, sie waren ganz verdorrt.

Und er sprach zu mir: Du Menschenkind, meinst du wohl, dass diese Gebeine wieder lebendig werden? Und ich sprach: HERR, mein Gott, du weißt es. Und er sprach zu mir: Weissage über diese Gebeine und sprich zu ihnen: Ihr verdorrten Gebeine, höret des HERRN Wort! So spricht Gott der HERR zu diesen Gebeinen: Siehe, ich will Odem in euch bringen, dass ihr wieder lebendig werdet. Ich will euch Sehnen geben und lasse Fleisch über euch wachsen und überziehe euch mit Haut und will euch Odem geben, dass ihr wieder lebendig werdet; und ihr sollt erfahren, dass ich der HERR bin.

Und ich weissagte, wie mir befohlen war. Und siehe, da rauschte es, als ich weissagte, und siehe, es regte sich und die Gebeine rückten zusammen, Gebein zu Gebein. Und ich sah, und siehe, es wuchsen Sehnen und Fleisch darauf und sie wurden mit Haut überzogen; es war aber noch kein Odem in ihnen. Und er sprach zu mir: Weissage zum Odem; weissage, du Menschenkind, und sprich zum Odem: So spricht Gott der HERR: Odem, komm herzu von den vier Winden und blase diese Getöteten an, dass sie wieder lebendig werden! Und ich weissagte, wie er mir befohlen hatte. Da kam der Odem in sie, und sie wurden wieder lebendig und stellten sich auf ihre Füße, ein überaus großes Heer.

Und er sprach zu mir: Du Menschenkind, diese Gebeine sind das ganze Haus Israel. Siehe, jetzt sprechen sie: Unsere Gebeine sind verdorrt, und unsere Hoffnung ist verloren, und es ist aus mit uns. Darum weissage und sprich zu ihnen: So spricht Gott der HERR: Siehe, ich will eure Gräber auftun und hole euch, mein Volk, aus euren Gräbern herauf und bringe euch ins Land Israels. Und ihr sollt erfahren, dass ich der HERR bin, wenn ich eure Gräber öffne und euch, mein Volk, aus euren Gräbern heraufhole. Und ich will meinen Odem in euch geben, dass ihr wieder leben sollt, und will euch in euer Land setzen, und ihr sollt erfahren, dass ich der HERR bin. Ich rede es und tue es auch, spricht der HERR.

Erfahrungen mit Ezechiel

Als ich am 30. April 1994 in das Bischofsamt der Evangelischen Kirche Berlin-Brandenburg eingeführt wurde, konnte, ja musste ich mir zuvor einen Predigttext aussuchen. Ich fand ihn in der Prophetie des Ezechiel im 36. Kapitel. Dort wird die Erneuerung menschlichen Lebens im Bild eines Herzwechsels dargestellt. Das steinerne Herz wird durch ein fleischernes ersetzt. Von einem neuen Geist ist die Rede, der die Menschen dazu befähigt, in Gottes Geboten zu wandeln und nach ihnen zu leben. Angesichts von ängstlichem Kleinmut, der mir an diesem Tag selbst unter die Haut ging, hielt ich einen solchen Herzwechsel für durchaus angebracht.

In der neuen Perikopenordnung ist die Zahl der Predigttexte aus der Hebräischen Bibel deutlich vermehrt worden. In den sechs Predigtreihen finden sich sechs Texte aus dem Buch des Propheten Ezechiel. Das Bild vom Herzwechsel ist nicht darunter; stattdessen tritt ein anderes Bild für die erhoffte Zukunft des Volks Israel in den Vordergrund, das sich nicht im 36., sondern im 37.

Kapitel findet: Tote Gebeine werden wieder zum Leben erweckt.

Herzwechsel oder Wiederbelebung toter Gebeine: Das eine wie das andere Bild richtet sich an die Judäer, mit denen der Prophet den Weg ins Exil nach Babylon gegangen ist. Verzagtheit war die Antwort auf die objektiv desaströse Lage. Das Staatswesen von Juda und Jerusalem ist zerbrochen, die Oberschicht nach Babylon deportiert. Verwüstet ist das Land; in die Stadt Jerusalem, die ihrer Mauern beraubt ist, dringen Kriminalität und Vandalismus ein. Im Vergleich mit den Zurückgebliebenen ist der verschleppten Oberschicht noch das ungleich bessere Geschick zugefallen. Gerade deshalb stürzt der Gedanke an die Heimat die Exulanten in Trauer: »An den Wassern Babylons saßen wir und weinten, wenn wir an Zion dachten. Unsere Harfen hängten wir an die Weiden dort im Lande.« (Psalm 137,1f.)

Pfingstlicher Geist

Der Prophet Ezechiel schildert die Lage der Exulanten mit einer solchen Intensität, dass man den Text sogar für den Karsamstag als geeignet ansieht. Auch für diesen Tag wird er als Predigttext vorgeschlagen. Wolf Krötke legte ihn deshalb in den Denkskizzen zur vierten Perikopenreihe aus. Der Akzent liegt auf dem erschreckenden Bild der toten, vertrockneten Gebeine. Zwar werden diese auf wundersame Weise wieder zum Leben erweckt, aber es handelt sich nicht um ein ewiges Leben. Die Israeliten werden aus der Todesstrafe herausgeholt, damit sie in ihr Land zurückkehren und in ihm leben können. Doch die Endlichkeit ihres Lebens wird dabei nicht in Frage gestellt.

Dass die Hoffnung verdorrt und ringsum nur noch tote, vertrocknete Gebeine zu sehen sind, bleibt nicht das letzte Bild des Gottesvolks. In zwei Schritten führt die prophetische Verheißung darüber hinaus, wie Michael Welker in seiner Theologie des Heiligen Geistes gezeigt hat. Der erste Schritt ist die Wiederherstellung eines äußeren Scheins von Leben. Die verdorrten Knochenhaufen verwandeln sich wieder in menschliche Gestalten. Erst danach wird der Prophet aufgefordert, sich unmittelbar an den Geist zu wenden. Die Verheißung des Geistes führt über die bloße Lebendigkeit hinaus. Sie erschöpft sich nicht in dem Vertrauen auf die eigene körperliche Kraft. Sie zeigt sich in den verdorrten Gebeinen nur deshalb, weil der Geist sie zu neuem Leben erweckt. Gottes Odem, der Lebensatem seines Geistes eröffnet den Weg zu diesem neuen Leben.

Pfingstliches Leben ist neu, aber nicht ewig. Es ist ein Leben, das unter den Bedingungen unserer irdischen Existenz an Gottes Geist – dem Geist liebender Hoffnung – Anteil hat. Diese Existenz vertraut auf den Lebensatem des göttlichen Geistes unter den Bedingungen unserer vorläufigen, endlichen Existenz. In einer Welt voller Krieg und der Nötigung zu Waffenlieferungen brauchen wir nichts derart dringlich wie diesen pfingstlichen Geist.

PFINGSTMONTAG
EPHESER 4,(1-6)11-15(16)

Hans-Joachim Simm

[So ermahne ich euch nun, ich, der Gefangene in dem Herrn, dass ihr der Berufung würdig lebt, mit der ihr berufen seid, in aller Demut und Sanftmut, in Geduld. Ertragt einer den andern in Liebe und seid darauf bedacht, zu wahren die Einigkeit im Geist durch das Band des Friedens: ein Leib und ein Geist, wie ihr auch berufen seid zu einer Hoffnung eurer Berufung; ein Herr, ein Glaube, eine Taufe; ein Gott und Vater aller, der da ist über allen und durch alle und in allen.]

Und er selbst gab den Heiligen die einen als Apostel, andere als Propheten, andere als Evangelisten, andere als Hirten und Lehrer, damit die Heiligen zugerüstet werden zum Werk des Dienstes. Dadurch soll der Leib Christi erbaut werden, bis wir alle hingelangen zur Einheit des Glaubens und der Erkenntnis des Sohnes Gottes, zum vollendeten Menschen, zum vollen Maß der Fülle Christi, damit wir nicht mehr unmündig seien und uns von jedem Wind einer Lehre bewegen und umhertreiben lassen durch das trügerische Würfeln der Menschen, mit dem sie uns arglistig verführen.

Lasst uns aber wahrhaftig sein in der Liebe und wachsen in allen Stücken zu dem hin, der das Haupt ist, Christus. [Von ihm aus wird der ganze Leib zusammengefügt und zusammengehalten durch jede Verbindung, die den Leib nährt mit der Kraft, die einem jeden Teil zugemessen ist. So wächst der Leib und erbaut sich selbst in der Liebe.]

Mit zweihunderttausend Einwohnern war das kleinasiatische Ephesus eine Metropole des römischen Reichs, ein Schmelztiegel der Kulturen des Orients und des Okzidents.

Menschen unterschiedlicher ethnischer und religiöser Zugehörigkeit lebten in der Stadt, die ebenso – wie die meisten Großstädte – von der Kluft zwischen Arm und Reich, zwischen den Erfolgreichen und denen am Rande der Gesellschaft geprägt war. Unter den prächtigen öffentlichen Bauten übte der Tempel der Artemis, eines der sieben antiken Weltwunder, eine besondere Anziehungskraft aus. Der berühmte Dialog des Christen Justinus mit dem Juden Tryphon ist möglicherweise in der Stadt geführt worden. Paulus verbrachte in Ephesus mehrere Jahre und schrieb dort einige seiner Briefe. Im Epheserbrief, vermutlich verfasst von einem Paulus-Schüler, wurden zentrale Lehrsätze sowie ethische Unterweisungen seines Lehrers vermittelt.

Die Textpassage, um die es hier geht, beginnt irritierend: Sie spricht ganz allgemein und wie selbstverständlich von »Heiligen«. Die Bezeichnung wird nicht definiert. So stellt sich die Frage, wer damit gemeint sein könnte. Die Märtyrer aus der Frühzeit des Christentums? Der Bezug zu Pfingsten könnte eine Antwort geben: Pfingsten als Ereignis, durch das Gott sich den Menschen offenbart, durch eine geistliche Tat, die, wenn man so will, die Menschen »heiligt«; Pfingsten als Zeichen der Gnade, der Barmherzigkeit und Versöhnung, der Völkerverständigung, der Einheit in der Verschiedenheit. Im Pfingstwunder soll Fremdes vertraut, sollen fremde Sprachen verstanden werden, sollen diejenigen geeint und »geheiligt« werden, die sich Gott anvertrauen. Aber gewiss nicht nur sie, sondern auch jene, die sich schwertun mit dem Glauben. Desgleichen sind inbegriffen alle, die mühselig und beladen sind, die Verfolgten und die Vertriebenen, die Verzweifelten und die Gepeinigten. Auch sie sind – so überraschend das nicht nur für die Zeitgenossen des Paulus gewesen sein dürfte – »Heilige«.

Um sie zu stärken und auf den als richtig angenommenen Weg zu führen, bedarf es der tätigen Unterstützung, der Helfer. Von ihnen, die Christus, »er selbst«, gab, werden zunächst die Apostel genannt, die das Wort Gottes verkündigen in theologischen Interpretationen sowie für die rechte Feier der Sakramente und des Gottesdienstes sorgen. Die Propheten, die die Zeichen der Zeit erkennen, sind nicht immer bequem und stehen oft quer zu eingefahrenen Vorstellungen, wenn sie den Blick in die Zukunft lenken, auf das, was geschehen kann, und wenn sie warnen vor dem, was nicht geschehen sollte. Die Evangelisten wollen die Menschen für den Glauben begeistern. Die Hirten, die Pastoren, die Mitarbeiterinnen und Mitarbeiter in Seelsorge und Diakonie sind schließlich jene, die alltäglich Sorge tragen für die ihnen Anvertrauten. Entschieden aber gehört Bildung zum Glauben dazu, für die es Lehrer braucht – heute mehr denn je.

Der Text benennt keine Ehrentitel, sondern Funktionen, Aufgaben im Miteinander, damit alle im Glauben wachsen und reifen können und der Bau der Gemeinde errichtet werden kann, der Kirche als Symbol für den Leib Christi, das Schlüsselelement der Paulinischen Theologie. An anderer Stelle heißt es im Epheserbrief: »So seid ihr nun nicht mehr Gäste und Fremdlinge, sondern Mitbürger der Heiligen und Gottes Hausgenossen, erbaut auf den Grund der Apostel und Propheten, da Jesus Christus der Eckstein ist, auf welchem der ganze Bau ineinandergefügt wächst zu einem heiligen Tempel in dem Herrn. Durch ihn werdet auch ihr mit erbaut zu einer Wohnung Gottes im Geist.« Die Apostel und Propheten, die Evangelisten, die Hirten und Lehrer sollen die Glaubenden »zurüsten«, sie befähigen und würdig machen zur Mitwirkung. Jeder hat seinen Platz, und jeder hilft dem anderen, nach seinen Fähigkeiten, mit Empathie, ohne Geringschätzung oder gar Ausbeutung, gleichberechtigt und verantwortungsvoll. Nur in solcher Kooperation kann ein festes Glaubensgebäude entstehen, dessen Mitglieder mündig und selbständig sind, selbstbewusst ohne Selbstüberschätzung und gegen Täuschung, Arglist oder Verführung gefeit, in der Abwehr von Irrlehren und für die Verwirklichung humanistischer Ideale im »vollendeten Menschen«. »Lasst euch nicht durch mancherlei und fremde Lehren umtreiben, denn es ist ein köstlich Ding, dass das Herz fest werde, welches geschieht durch Gnade«, verlangt der Hebräerbrief und richtet sich gegen die Manipulation durch Ersatzreligionen und Ideologien falscher Propheten. Tatsachenleugner, die zu Hass und Hetze aufrufen, extremistische Nationalisten und Rassisten waren und sind immer unterwegs, um Anhänger zu werben mit falschen Versprechen. Dem muss entschieden entgegengetreten werden; gegen erkanntes Unrecht muss Widerstand geleistet werden, mit Solidarität, Gemeinsinn, Anerkennung und Achtsamkeit in einem rationalen Diskurs, in dem der Einzelne zu sich selbst steht und gleichermaßen den anderen sowie die für alle geltenden Werte und Normen respektiert. Im Bewusstsein für den Zusammenhang alles Lebendigen wird jedoch auch Offenheit gegenüber dem Wandel möglich, die Einsicht, dass Veränderung jederzeit machbar, dass nichts ein für alle Mal fixiert, dass aber auch nichts beliebig ist. So können neue Erfahrungen bereichern. Diese Wahrheit ist von Anfang an da, sie zu erkennen und »wahrhaftig« zu verwirklichen bedarf es der Vernunft und der Liebe. »Gott hat uns nicht gegeben den Geist der Furcht, sondern der Kraft und der Liebe und der Besonnenheit«, so steht es im zweiten Timotheusbrief. Liebe und Besonnenheit schließen Zweifel nicht aus. Sie mit anderen, auch streitend, zu durchdenken und zu erörtern, die Meinung anderer anzuhören, miteinander Entscheidungen zu treffen und umzusetzen kann über das religiöse Gemeinwesen hinaus zu einer friedlichen Zivilgesellschaft beitragen.

TAG DER HEILIGEN DREIFALTIGKEIT – TRINITATIS
EPHESER 1,3-14

Christoph Levin

Gelobt sei Gott, der Vater unseres Herrn Jesus Christus, der uns gesegnet hat mit allem geistlichen Segen im Himmel durch Christus.

Denn in ihm hat er uns erwählt, ehe der Welt Grund gelegt war, dass wir heilig und untadelig vor ihm sein sollten in der Liebe; er hat uns dazu vorherbestimmt, seine Kinder zu sein durch Jesus Christus nach dem Wohlgefallen seines Willens, zum Lob seiner herrlichen Gnade, mit der er uns begnadet hat in dem Geliebten.

In ihm haben wir die Erlösung durch sein Blut, die Vergebung der Sünden, nach dem Reichtum seiner Gnade, die er uns reichlich hat widerfahren lassen in aller Weisheit und Klugheit.

Gott hat uns wissen lassen das Geheimnis seines Willens nach seinem Ratschluss, den er zuvor in Christus gefasst hatte, um die Fülle der Zeiten heraufzuführen, auf dass alles zusammengefasst würde in Christus, was im Himmel und auf Erden ist, durch ihn.

In ihm sind wir auch zu Erben eingesetzt worden, die wir dazu vorherbestimmt sind nach dem Vorsatz dessen, der alles wirkt, nach dem Ratschluss seines Willens, damit wir zum Lob seiner Herrlichkeit leben, die wir zuvor auf Christus gehofft haben.

In ihm seid auch ihr, die ihr das Wort der Wahrheit gehört habt, nämlich das Evangelium von eurer Rettung – in ihm seid auch ihr, als ihr gläubig wurdet, versiegelt worden mit dem Heiligen Geist, der verheißen ist, welcher ist das Unterpfand unsres Erbes, zu unsrer Erlösung, dass wir sein Eigentum würden zum Lob seiner Herrlichkeit.

Die Lehre von der Dreifaltigkeit gehört zu den ausgeklügelten Systemen der christlichen Theologie. Ihre Varianten und Verästelungen nachzuvollziehen verlangt allerhand Gehirnakrobatik. Sie ist aber kein beliebiges Gedankenspiel. Der christliche Glaube braucht diese intellektuelle Bemühung, wenn er kein widersprüchlicher Unsinn sein will. So viel sollte sich verstehen lassen: Wenn wir glauben, dass Gott Liebe ist, lässt sich Gott nur in Beziehung zu einem anderen als er selbst denken. Denn Liebe ruht nicht in sich selbst. Sie ist die Beziehung, die einen anderen bedingungslos bejaht. Das bedeutet, dass Gott nur in der Beziehung zu einem anderen zu sich selbst kommt – eine Bedingung übrigens, die genauso für uns Menschen gilt.

Liebe lebt, wenn sie aus sich herausgeht. Die schlechthinnige Liebe, als die wir Gott verstehen, entäußert sich sogar restlos. Sie will nichts anderes als den anderen. Deshalb kommt Gott zu seinem Wesen, wenn er Mensch wird (zweite Person der Trinität), und findet gerade so zu sich selbst (erste Person der Trinität). Weil das für Gott als den Grund alles Seins wesenhaft ist, erschöpft sich seine Liebe nicht in der Zweisamkeit. Sie schließt zusammen mit seinem Sohn alle Menschen ein. Sie ereignet sich, wenn die Liebe Menschen ergreift und sie sich gegenseitig als die Geliebten Gottes erkennen. Diese Erfahrung nennen wir den »Heiligen Geist« (dritte Person der Trinität).

Religiöses Denken und Empfinden kann sich Gott ohne weiteres in mehreren Gestalten vorstellen, ohne damit dessen Einheit aufzugeben. Das ist nicht absurd. Es gilt nämlich auch für uns selbst. Wir erfahren uns unterschiedlich, je nachdem, zu wem wir in Beziehung stehen, ohne dass wir deswegen an unserer Identität irre werden. Mein Ich sind viele und ist doch mein Ich. Wenn Christen sich »im Namen des Vaters, des Sohnes und des Heiligen Geistes« versammeln, machen sie sich bewusst, dass Gott nicht ein Prinzip ist oder eine Idee, sondern eine Person mit ihrer Vielschichtigkeit, mit der umzugehen nicht immer leicht ist und die man nie restlos verstehen kann, auf die man sich aber trotzdem verlässt. So werden auch wir Menschen uns untereinander nie restlos verstehen, obwohl wir aufeinander angewiesen sind. Liebe bedeutet sogar, dass man auf das eindringende Verstehen des anderen verzichtet und ihn sein lässt, wie er ist. Am wenigsten versteht man ohnehin sich selbst.

Das Neue Testament spiegelt den Sachverhalt, den ich zu beschreiben versucht habe. Es kennt aber noch keine Trinitätslehre. Am Sonntag Trinitatis geschieht es deshalb wie oft: Nicht der Text ist vorgegeben, sondern der Anlass, für den ein Text gefunden werden muss. Der Eingang des Epheserbriefs eignet sich dafür, weil hier Gott, Christus und der Geist lebhaft im Spiel sind.

Am Beginn steht ein formelhaftes Gotteslob, das sich auch sonst findet: »Gelobt sei Gott, der Vater unseres Herrn Jesus Christus, der uns gesegnet hat mit allem geistlichen Segen im Himmel durch Christus.« Daran schließt sich an »ein wahres Ungetüm von Satz, das im Neuen Testament und darüber hinaus in der gesamten griechischen Literatur nicht seinesgleichen hat« (Hans Conzelmann). In der Übersetzung hat man es untergliedert. In Wahrheit aber ist alles aus einem Stück. Im Überschwang kreisen die Gedanken und wiederholen sich die Wendungen. Das Ergebnis ist ein Bekenntnis, das eher als Lobpreis in den Gottesdienst gehört als in einen Brief. Erst fast am Ende wechselt der Duktus in die Anrede der Adressaten: »In ihm seid auch ihr, die ihr das Evangelium von eurer Rettung gehört habt, versiegelt worden mit dem Heiligen Geist.« Dann fällt die Rede sogleich zurück in das »wir«.

In diesem Lobpreis ist Gott verstanden als »der Vater unseres Herrn Jesus Christus«. Alles, was über ihn gesagt wird, geht aus der Rolle hervor, die er für seinen Sohn Jesus Christus einnimmt. Allein aus diesem Verhältnis versteht sich, wer oder was Gott ist. Darüber hinausgehende Definitionen erübrigen sich. Weil Gott aber Gott ist, erschöpft sich seine Vaterrolle nicht in der Beziehung zu seinem Sohn. Sie bezieht uns ein. »In ihm hat er uns erwählt.« »Er hat uns vorherbestimmt, seine Kinder zu sein durch Jesus Christus.« Wir sind sogar erbberechtigt. »In ihm sind wir auch zu Erben eingesetzt worden.« Dabei ist die Gotteskindschaft nichts, was zu unserem Dasein hinzukäme. Unser ganzes Sein hat in ihr seinen Grund. Dieser Grund bezieht auch unsere Welt von ihrem Ursprung her ein: »Er hat uns erwählt, ehe der Welt Grund gelegt war.« Die Fragen *Warum bin ich?* und *Warum ist überhaupt Seiendes und nicht vielmehr nichts?* finden in der Vaterliebe Gottes die Antwort.

Eine Bedingung dieses Daseinsgrundes ist der Reichtum der Gnade, »mit der er uns begnadet hat in dem Geliebten«. Das meint die Vergebung der Sünden. Auch sie ist vorherbestimmt wie der Grund unseres Seins. Weniger formelhaft gesagt: Die Liebe Gottes, die uns widerfährt, nimmt uns zu Kindern an trotz allem, was in unseren Augen dagegenspricht. Kinder Gottes müssen sich für ihr Dasein nicht rechtfertigen, sondern dürfen sein, ohne dafür etwas tun zu müssen oder auch nur zu können.

Angesichts der Not und der Schuld, in der wir tatsächlich leben, hat diese Kindschaft einen Preis: »die Erlösung durch sein Blut«. Hier stoßen wir auf das, was die Trinitätslehre zu verstehen sucht: dass der ewige Gott, die Quelle des Lebens, in der eigenen Person den Tod erfährt, und zwar nicht den milden Alterstod, sondern die grausame Hinrichtung eines Unschuldigen. Er teilt das Schicksal des Menschen dort, wo es am schlimmsten wird und wo keiner dem Verderben in den Arm fällt. Die Gotteskindschaft Jesu bedeutet die unlösliche Schicksalsgemeinschaft Gottes mit dem leidenden Menschen, und durch ihn nicht nur mit dem einen, sondern mit allen. Die Kindschaft gründet in dem Leiden Gottes.

Liebe ist Bindung in Freiheit. Deshalb ist die uns geschenkte Gotteskindschaft nicht sich selbst genug. Sie hat das Ziel, »dass wir heilig und untadelig sein sollten in der Liebe«. Wir sollen selber zu Trägern der Liebe Gottes werden und damit realisieren, worauf unser Dasein und das Dasein aller Menschen beruht. Christen sind dazu erwählt, dass sie das verstehen. Dieses Verstehen spielt sich nicht nur im Bewusstsein ab. Es will getan sein.

Es ist ein Verstehen, das mit vielen bitteren Erfahrungen im Wettstreit steht. Es nimmt eine Wirklichkeit vorweg, die »im Himmel« gilt. Auf der Erde erfordert es »Weisheit und Klugheit«, die in der Lage ist, hinter dem, was offensichtlich ist, das »Geheimnis des Willens Gottes« zu erkennen und danach zu handeln. Wir sollen kontrafaktisch Fakten schaffen, die auf die kommende Versöhnung verweisen und sie in den gegebenen Grenzen hier und jetzt vorwegnehmen. Die »Fülle der Zeiten«, in der alles versöhnt sein wird, »was im Himmel und auf Erden ist«, ist vorerst nur zu ahnen. Erben haben das Besitzrecht, aber noch nicht den Besitz. Solange der Vater lebt, bleiben sie Kinder. Doch es gibt eine Anzahlung, ein »Unterpfand«. Das ist die Gabe des Heiligen Geistes, der uns untereinander verbindet.

1. SONNTAG NACH TRINITATIS
JEREMIA 23,16-29

Ruth Conrad

So spricht der HERR Zebaoth: Hört nicht auf die Worte der Propheten, die euch weissagen! Sie betrügen euch, sie verkünden euch Gesichte aus ihrem Herzen und nicht aus dem Mund des HERRN. Sie sagen denen, die des HERRN Wort verachten: Es wird euch wohlgehen –, und allen, die im Starrsinn ihres Herzens wandeln, sagen sie: Es wird kein Unheil über euch kommen. Aber wer hat im Rat des HERRN gestanden, dass er sein Wort gesehen und gehört hätte? Wer hat sein Wort vernommen und gehört? Siehe, es wird ein Wetter des HERRN kommen voll Grimm und ein schreckliches Ungewitter auf den Kopf der Gottlosen niedergehen. Und des HERRN Zorn wird nicht ablassen, bis er tue und ausrichte, was er im Sinn hat; zur letzten Zeit werdet ihr es klar erkennen. Ich sandte die Propheten nicht, und doch laufen sie; ich redete nicht zu ihnen, und doch weissagen sie. Denn wenn sie in meinem Rat gestanden hätten, so hätten sie meine Worte meinem Volk gepredigt, um es von seinem bösen Wandel und von seinem bösen Tun zu bekehren.

Bin ich nur ein Gott, der nahe ist, spricht der HERR, und nicht auch ein Gott, der ferne ist? Meinst du, dass sich jemand so heimlich verbergen könne, dass ich ihn nicht sehe?, spricht der HERR. Bin ich es nicht, der Himmel und Erde erfüllt?, spricht der HERR.

Ich höre es wohl, was die Propheten reden, die Lüge weissagen in meinem Namen und sprechen: Mir hat geträumt, mir hat geträumt. Wann wollen doch die Propheten aufhören, die Lüge weissagen und ihres Herzens Trug weissagen und wollen, dass mein Volk meinen Namen vergesse über ihren Träumen, die einer dem andern erzählt, so wie ihre Väter meinen Namen vergaßen über dem Baal? Ein Prophet, der Träume hat, der erzähle Träume; wer aber mein Wort hat, der predige mein Wort recht. Wie reimen sich Stroh und Weizen zusammen?, spricht der HERR. Ist mein Wort nicht wie ein Feuer, spricht der HERR, und wie ein Hammer, der Felsen zerschmeißt?

Wem glauben wir? Wessen Worten schenken wir Vertrauen und warum? Welche Reden überzeugen uns und mit welchen Gründen?

Ist es der Inhalt, der unseren Verstand und unser Herz gewinnt? Weil das Anliegen so klar, so eindeutig, so nachvollziehbar ist? Und weil es sich mit unserer Meinung und unserem Lebensgefühl deckt?

Oder sind es die Rhetorik und Performanz, die uns überzeugen? Weil die Rede smart, gefällig, leichtfüßig daherkommt? Oder gerade das Gegenteil: Weil die Rednerin so laut und angriffslustig ist und ihre Abwertungen uns aus dem Herzen sprechen?

Oder ist es die redende Person, die uns in ihren Bann zieht? Weil sie unseren Idealen von einem gelungenen Leben entspricht und wir sie insgeheim bewundern? Weil sie uns sympathisch ist? Weil wir ihren Auftritt und ihre Rede als »authentisch« erleben (was auch immer das heißen mag)?

Wem glauben wir? Wessen Worten schenken wir Vertrauen und warum? Welche Reden überzeugen uns und mit welchen Gründen?

Diese Fragen sind alles andere als trivial – und zwar für beide Seiten: für die, die reden, und für die, die zuhören. Wer redet und etwas erreichen will, muss wissen, was er will und wie er sein Anliegen rhetorisch so gestaltet, dass die Hörenden ihm glauben und seine Worte vertrauenswürdig finden. Wer mit seiner Rede auf die öffentliche Meinung Einfluss nehmen will, muss auf diese Fragen eine Antwort haben.

Aber auch die Hörenden müssen wissen, wem sie glauben wollen und können – und warum. Sie benötigen ein Sensorium für wahre Worte und glaubwürdige Rede. Sie suchen (hoffentlich!) Kriterien, wo und wann Propaganda, Geschwätzigkeit, Eitelkeitsrhetorik drohen und Distanz geboten ist. Denn groß ist die Gefahr, manipuliert zu werden.

Es sind große und sensible Fragen, mit denen uns Jeremia konfrontiert. Denn hier geht es um Macht und um Einfluss, um Deutungshoheit und darum, wer den öffentlichen Diskurs wie und warum und in welche Richtung beeinflusst. Hier geht es um das soziale Klima angesichts der großen und wichtigen Fragen des Lebens und des Zusammenlebens. Hier geht es darum, dass und wie Redner und Hörende sich selbst prüfen und sich wechselseitig prüfen. Um Prüfung nämlich geht es, nicht um Klarstellung, um Kriterien, nicht um Lösungen, um Fragen, nicht um Antworten. Denn das ist das Paradox bei Jeremia – er reagiert auf Fragen mit Fragen.

Wem glauben wir? Wessen Worten schenken wir Vertrauen und warum? Welche Reden überzeugen uns und mit welchen Gründen?

Auf diese Fragen gibt es keine Antworten, sondern wir müssen sie immer wieder neu mit Gegenfragen, mit Prüffragen dem Nachdenken unterziehen. Jeremia empfiehlt uns drei Fragen zur Prüfung.

Die erste betrifft den Inhalt. Jeremias Botschaft ist über weite Strecke eine düstere Botschaft. Für die große gesellschaftliche Katastrophe Israels – die Zerstörung Jerusalems, die Deportation der Bewohner, für den katastrophalen und vernichtenden Krieg, für all das findet er nur zurückhaltend Worte des Trostes. Das unterscheidet ihn von Jesaja. Unglaubwürdige, falsche Rede – das ist für Jeremia zuallererst beschwichtigende Rede nach dem Motto: »Es wird euch wohlgehen.« »Es wird kein Unheil über euch kommen.« (23,17). Beschwichtigende Rede ruft »›Friede! Friede!‹, und ist doch nicht Friede« (8,11). Jeremia aber beschwichtigt nicht. Denn Trost ersetzt nicht die Konfrontation mit der eigenen Verantwortung und der eigenen Schuld. Die gesellschaftliche Katastrophe ist eben Folge des eigenen Tuns. Das Volk samt seinen Regierungen haben sich selbst zum Maßstab der Dinge gemacht, haben die Frage verdrängt, ob die Welt noch ein Ort ist, an dem Gott das Sagen hat, haben sich mit Surrogaten zufriedengegeben, anstatt die Hoffnung zu pflegen, dass die Welt ein freundlicher Ort unter den barmherzigen Augen Gottes ist (9,23). »Mein Volk tut eine zwiefache Sünde: Mich, die lebendige Quelle, verlassen sie und machen sich Zisternen, die doch rissig sind und kein Wasser geben.« (2,13)

Das also scheint eine erste Frage zu sein, die Jeremia uns zur Prüfung aufgibt: Was wollt ihr eigentlich hören? Immer nur das Gute, das Bequeme? Immer nur die Fehler der anderen, um die Empörung zu pflegen, die im Sessel sitzen kann? Wollt ihr wahlweise Beschwichtigung oder Alarmismus, oder könnt ihr den Blick auf eure eigenen Fehler, eure eigenen Ambivalenzen ertragen und dann einmal etwas ändern?

Das Zweite betrifft die Performanz und die Rhetorik. In wessen Namen redet der, der da redet? Ermächtigt sich die Person selbst? »Mir hat geträumt, mir hat geträumt.« (23,25) Oder beruft sie sich auf Gott? Jeremia sieht sich von Gott beauftragt. Ja, der Gedanke wird hier noch weitergetrieben: Der Prophet ist gar der Mund Gottes (15,19). Ein einigermaßen ambivalenter Gedanke. Denn wie wollen wir Selbstermächtigung und Ermächtigung durch Gott unterscheiden? Woran erkennen wir, »wer im Rat des Herrn gestanden [hat], dass er sein Wort gesehen und gehört hätte?« (23,18). Vielleicht nur daran, welchen Einsatz ein Redner zu bringen bereit ist.

Und damit sind wir beim Dritten. Das betrifft die Person und scheint mir gegenwärtig besonders aktuell. Unheilsbotschaften, düstere Warnungen, Schuldzuweisungen gibt es zuhauf. Wem aber nehmen wir sie ab? Von wem lassen wir sie uns gesagt sein und nehmen sie ernst? Viele berufen sich auf Gott und machen zwischen sich und der Allmacht keinen erkennbaren Unterschied. Man ist so überzeugt von der eigenen Weltsicht, dass andere Ansichten keinen Raum haben. Die anderen sollen leiden, nicht man selbst. Jeremia hat aber unter sich und seiner Rede gelitten. Seine Botschaft hat ihn zum Außenseiter gemacht. »Einsam, gebeugt« (15,17) verbringt er seine Tage, wird gefoltert, gefangen genommen, deportiert. Das Unglück, vor dem er gewarnt hat, muss er am eigenen Leib erdulden. Trotzdem verkneift er sich jede Schadenfreude, blickt vielmehr voller Trauer auf den Niedergang und die Zerstörung, beweint und beklagt das Schicksal seines Volkes – voller Schmerz, zutiefst erschüttert.

Das also scheint die dritte Prüffrage zu sein, die Jeremia uns vorlegt: Welchen Preis zahlt der Redner eigentlich für seine Rede oder wäre er bereit zu zahlen? Welchen Einsatz bringt er? Ist er oder sie in der Lage, den alarmistischen Tonfall herabzudrehen, wenn der eigene Einsatz der angesagten Katastrophe und den Appellen nicht entspricht? »Kirchliche Propheten mit Tarifvertrag« (Michael Roth) haben hier zuweilen schlechte Karten.

Und zum guten Ende steht dann aber auch die Frage im Raum: Redet der Redner nur von Unheil und Gericht? Pflegt er nur die Geste Empörung und der Kritik? Oder ist er ein Freund des Lebens, der aus Trauer über die Zerstörung und die Geringschätzung des Lebendigen das

Wort ergreift und der sich deshalb nicht der Hoffnung und der stillen Zuversicht verweigert und für diese um Worte ringt? Das jedenfalls gilt für Jeremia. Er lässt ausrichten: »Ich weiß wohl, was ich für Gedanken über euch habe, spricht der HERR: Gedanken des Friedens und nicht des Leides, dass ich euch gebe das Ende, des ihr wartet.« (1,11)

Wem glauben wir? Wessen Worten schenken wir Vertrauen und warum? Welche Reden überzeugen uns und mit welchen Gründen? Jeremia stellt uns Fragen zu diesen Fragen und macht uns dringend nötige Gesprächs- und Denkangebote. Nicht mehr, aber eben auch nicht weniger.

2. SONNTAG NACH TRINITATIS
EPHESER 2,(11-16)17-22

Stephan Schaede

[Darum denkt daran, dass ihr, die ihr einst nach dem Fleisch Heiden wart und »Unbeschnittenheit« genannt wurdet von denen, die genannt sind »Beschneidung«, die am Fleisch mit der Hand geschieht, dass ihr zu jener Zeit ohne Christus wart, ausgeschlossen vom Bürgerrecht Israels und den Bundesschlüssen der Verheißung fremd; daher hattet ihr keine Hoffnung und wart ohne Gott in der Welt. Jetzt aber in Christus Jesus seid ihr, die ihr einst fern wart, nahe geworden durch das Blut Christi.

Denn er ist unser Friede, der aus beiden eins gemacht hat und hat den Zaun abgebrochen, der dazwischen war, indem er durch sein Fleisch die Feindschaft wegnahm. Er hat das Gesetz, das in Gebote gefasst war, abgetan, damit er in sich selber aus den zweien einen neuen Menschen schaffe und Frieden mache und die beiden versöhne mit Gott in einem Leib durch das Kreuz, indem er die Feindschaft tötete durch sich selbst.] Und er ist gekommen und hat im Evangelium Frieden verkündigt euch, die ihr fern wart, und Frieden denen, die nahe waren. Denn durch ihn haben wir alle beide in einem Geist den Zugang zum Vater.

So seid ihr nun nicht mehr Gäste und Fremdlinge, sondern Mitbürger der Heiligen und Gottes Hausgenossen, erbaut auf den Grund der Apostel und Propheten, da Jesus Christus der Eckstein ist, auf welchem der ganze Bau ineinandergefügt wächst zu einem heiligen Tempel in dem Herrn. Durch ihn werdet auch ihr mit erbaut zu einer Wohnung Gottes im Geist.

Jenga heißt das Spiel. Der Name kommt aus dem Swahili. Der Ausdruck »Jenga« ist zugleich Wortstamm und Imperativ, bedeutet »bauen« und »Bau doch!«. Jenga, ein Spiel also für Menschen, die Baufieber mögen. Allein, der Name täuscht. Dieses Spiel irritiert Aufbauphantasien. Denn ein vollständig aufgebauter Turm, erbaut aus 60 Steinen in Quaderform, markiert den Beginn des Spiels. Eigentlich müsste das Spiel auf den Namen »Bau ab!« oder »Bau um!« hören. Denn Aufgabe ist, aus den unteren Ebenen des Turms dem Gebäude einen Baustein klug zu entziehen, um ihn dann auf die Turmspitze zu platzieren. Das Spiel prägt also Abbau an der stabilen Basis und Aufbau ganz oben an der Spitze. Das soll und muss mit der Zeit in die Instabilität und den Verfall führen. Denn die Basis wird immer löchriger und fragiler, was der eigentlich stabilen Spitze nichts nützt. Das Spiel ist zu Ende, wenn der Turm zusammenkracht. Sieger:in ist die Person, die als letzte einen Stein ab- und umgebaut hat, ohne den Turm zum Zusammenbrechen zu bringen.

Im Predigttext ist viel vom Bauen die Rede. Die Gemeinde in Ephesus sei erbaut, heißt es da. Von den Aposteln wird behauptet, sie bildeten gemeinsam mit den Propheten einen stabilen Baugrund. Jesus Christus wiederum sei der das gesamte Bauwerk zusammenhaltende Eckstein. Auf ihm wachse der ganze Bau. Metaphern sind Glücksache. Die Baumetaphern purzeln im Predigttext durcheinander. Das Fundament sind die Propheten und Apostel. Jesus Christus sei *dessen* Eckstein. Das kann schwerlich meinen, dass er den Eckstein eines Fundamentes bildet, wenngleich am Schluss ja auf das Fundament, auf dem die angesprochenen Epheser:innen gegründet seien, eindeutig angespielt wird. Diesem Steinmetapherchaos versuchen die Exeget:innen vom Verb »zusammenfügen« her, das sonst nur noch in Eph 4,16 vorkommt, einen Sinn abzugewinnen. In Eph 4,16 sei Christus das Haupt, von dem aus der Körper der Kirche zusammengefügt und zusammengehalten werde. Gemeint sei also, dass Christus als Schlussstein für die Stabilität des Gebäudes Sorge trage. Das Zusammenfügen erfolge »von oben her«. Vorstellen will ich mir das lieber nicht. Das Gebäude soll zudem auch weiter wachsen zu einem »heiligen Tempel bei Gott«, ist also nach oben ausbaufähig. Ein abschließender Schlussstein kommt da schlecht. Die neuere Kirchentheorie redet ja gern von Agilität und Volatilität. Muss an einen agilen volatilen Jesusschlussstein gedacht werden? Hoffentlich fällt er den Landeskirchen nicht auf ihren kirchenleitenden Kopf. Wie auch immer. Das geistliche Gefühl der Stabilität soll vermittelt werden. Und über alle Zweifel erhaben ist, dass der Bau wächst. Ein lebendiger Tempel ragt immer höher auf. Denn die Mitglieder der angesprochenen Gemeinde werden miterbaut zu einer Wohnung. In ihr wohnt Gott. Irritationsfreier christlicher Bauboom damals, visionär und verlässlich. »Baut doch! – Stein auf Stein, und seid nicht bange.« Der Tempel der christlichen Gemeinde wird fortwährend wachsen. Wie war das noch gleich mit dem Turmbau zu Babel?

Ja, was ist 2000 Jahre später aus den geistlichen Aufbauplänen des Epheserbriefes geworden? Noch im vorigen Jahrhundert titelte in Berufung auf Epheser 2 reichlich betulich ein Bischofsbericht »Die Kirche, ein Haus aus lebendigen Steinen«. So redete Anfang der 90er Jahre ein frommer Landesbischof in Württemberg, der hoch hinaus wollte mit seiner Kirche. Nun hat das weltweite Krisenbündel den Kirchen hierzulande eine heftige Baukrise beschert. Und die Frage ist: Spielt der Heilige Geist mit uns Kirchenjenga? Wenn nicht er, so ziehen penetrante Kräfte der Kirche die Steine raus. Ist es die Kraft der Säkularisation? Ist es die Energie der Singularitäten? Sind es die Kirchensteuern in sozial angespannter Zeit? Ist es eine monomane Selbstbestimmung, gepaart mit einem tüchtigen religiösen Desinteresse, die von allem frei für sich selbst sein will? Die konfessionsgebundene Frömmigkeit bröckelt. Getaufte lassen sich nicht mehr konfirmieren. Zu Beginn der Berufstätigkeit treten sie aus. Sollte die Kirche irgendetwas mit der Wohnung zu tun haben, die der Epheserbrief vor Augen hat, dann zieht es gewaltig durch zunehmend löchrige Wände. Die Perforationsgeschwindigkeit ist schwer kalkulierbar, weil die lebendigen Steine der Kirche in Scharen davonlaufen. Das lässt mich zweifeln: Sind die Getauften wirklich so solide ineinandergefügt, wie es der Epheserbrief glauben macht? Sind sie als fest verankerte Mitbürger:innen und Hausgenoss:innen der Kirche Jesu Christi richtig beschrieben? Ich schlage vor, dem Epheserbrief ins apostolische Angesicht zu widersprechen. Schluss mit der kirchlich sonor tönenden Rede, die dem religiösen Gaststatus Adieu sagt und von Mitbürger:innen und Hausgenoss:innen spricht. Ich folge lieber der biblischen Weisheit, die, statt mit festen Tempeln, mit Herbergen auf Zeit, die mit Zelten rechnet. Das führt hinein in die biblische Ursprungsgeschichte der Gastfreundlichkeit. Erzählt wird in Gen 18 eine feinsinnige Geschichte zwischen Gott und Gästen. Abraham und Sara sind im Zelt unterwegs. Drei Fremde kommen zu Besuch und werden in überwältigender Gastfreundschaft aufgenommen. Erst mit der Zeit erweisen sich diese Gäste als Gott. Und die Gabe der Gäste, die Abraham und Sara als Gottesgabe wahrnehmen, wird zur Gabe des Lebens. Ihnen wird die Geburt eines lange erhofften Kindes angekündigt. Unvoreingenommene uneingeschränkte Gastlichkeit wird mit Lebensgaben erwidert. Das kann einer Kirche, die nicht festgemauert in der Erden steht, zu denken geben; bewege dich von einer schulterklopfenden Hausgenossenschaft hin zur Einsicht: Alle Menschen sind vor Gott und bei Gott im Gaststatus, bleiben Gäste, weil Gott genau das selbst immer schon war und bleibt. Ein vorbehaltlos gastfreundlicher Gast.

3. SONNTAG NACH TRINITATIS
LUKAS 15,1-3.11b-32

Sven Petry

Es nahten sich ihm aber alle Zöllner und Sünder, um ihn zu hören. Und die Pharisäer und die Schriftgelehrten murrten und sprachen: Dieser nimmt die Sünder an und isst mit ihnen.

Er sagte aber zu ihnen dies Gleichnis und sprach: [...] Ein Mensch hatte zwei Söhne. Und der jüngere von ihnen sprach zu dem Vater: Gib mir, Vater, das Erbteil, das mir zusteht. Und er teilte Hab und Gut unter sie.

Und nicht lange danach sammelte der jüngere Sohn alles zusammen und zog in ein fernes Land; und dort brachte er sein Erbteil durch mit Prassen. Als er aber alles verbraucht hatte, kam eine große Hungersnot über jenes Land und er fing an zu darben und ging hin und hängte sich an einen Bürger jenes Landes; der schickte ihn auf seinen Acker, die Säue zu hüten. Und er begehrte, seinen Bauch zu füllen mit den Schoten, die die Säue fraßen; und niemand gab sie ihm. Da ging er in sich und sprach: Wie viele Tagelöhner hat mein Vater, die Brot in Fülle haben, und ich verderbe hier im Hunger! Ich will mich aufmachen und zu meinem Vater gehen und zu ihm sagen: Vater, ich habe gesündigt gegen den Himmel und vor dir. Ich bin hinfort nicht mehr wert, dass ich dein Sohn heiße; mache mich einem deiner Tagelöhner gleich! Und er machte sich auf und kam zu seinem Vater.

Als er aber noch weit entfernt war, sah ihn sein Vater und es jammerte ihn, und er lief und fiel ihm um den Hals und küsste ihn. Der Sohn aber sprach zu ihm: Vater, ich habe gesündigt gegen den Himmel und vor dir; ich bin hinfort nicht mehr wert, dass ich dein Sohn heiße. Aber der Vater sprach zu seinen Knechten: Bringt schnell das beste Gewand her und zieht es ihm an und gebt ihm einen Ring an seine Hand und Schuhe an seine Füße und bringt das gemästete Kalb und schlachtet's; lasst uns essen und fröhlich sein! Denn dieser mein Sohn war tot und ist wieder lebendig geworden; er war verloren und ist gefunden worden. Und sie fingen an, fröhlich zu sein.

Aber der ältere Sohn war auf dem Feld. Und als er nahe zum Hause kam, hörte er Singen und Tanzen und rief zu sich einen der Knechte und fragte, was das wäre. Der aber sagte ihm: Dein Bruder ist gekommen, und dein Vater hat das gemästete Kalb geschlachtet, weil er ihn gesund wiederhat. Da wurde er zornig und wollte nicht hineingehen. Da ging sein Vater heraus und bat ihn. Er antwortete aber und sprach zu seinem Vater: Siehe, so viele Jahre diene ich dir und habe dein Gebot nie übertreten, und du hast mir nie einen Bock gegeben, dass ich mit meinen Freunden fröhlich wäre. Nun aber, da dieser dein Sohn gekommen ist, der dein Hab und Gut mit Huren verprasst hat, hast du ihm das gemästete Kalb geschlachtet. Er aber sprach zu ihm: Mein Sohn, du bist allezeit bei mir und alles, was mein ist, das ist dein. Du solltest aber fröhlich und guten Mutes sein; denn dieser dein Bruder war tot und ist wieder lebendig geworden, er war verloren und ist wiedergefunden.

»Das ist doch nicht gerecht!« – So habe ich es in vielen Gesprächen über das Gleichnis vom verlorenen Sohn gehört. Von Konfirmandinnen und Senioren, im schulischen Religionsunterricht oder im Gemeindebibelkreis. Viel Verständnis für den älteren Sohn, der doch immer getan hat, was von ihm erwartet wurde, während der jüngere Bruder seine missliche Lage selbst verschuldet hat. Fast jede(r) kennt jemanden, der etwas bekommen hat, ohne es verdient zu haben. Kaum jemand, der sagen könnte, er habe noch niemals das Gefühl gehabt, zu kurz zu kommen. Streitereien unter Geschwistern werden von diesem Gefühl befeuert, und die Initiatoren von Neiddebatten in Politik und Gesellschaft können es bedienen und auf die ihm unterliegende Angst zählen.

Auf den ersten Blick scheinen die Schubladen also klar verteilt zu sein. Niemand möchte sich mit dem verlorenen Sohn identifizieren, dem Habenichts kraft eigener Unvernunft. Dem älteren Bruder fliegen die Sympathien zu, dem jüngeren begegnet Ablehnung, der Vater erntet Unverständnis. Der Kontext weitet die Perspektive. Die das Evangelium für den 3. Sonntag nach Trinitatis einleitenden drei Verse gehen der Erzählung vom verlorenen Sohn im Bibeltext nicht unmittelbar voran. Auf »Er sagte aber zu ihnen dies Gleichnis und sprach…« (V. 3) folgen zunächst die eher allgemein gehaltenen Gleichnisse vom verlorenen Schaf und vom verlorenen Groschen (»Welcher Mensch…«/»Welche Frau…«) bevor es ab V. 11 konkret wird: Ein Mensch, zwei Söhne. Durch den Kontext kommen aber auch noch Zöllner und Sünder sowie Pharisäer und Schriftgelehrte ins Bild. Das bringt die Schubladenordnung durcheinander. Ein murrender Pharisäer möchten nämlich auch nur die wenigsten sein.

Der jüngere Sohn tut zunächst nichts, was Unrecht oder verwerflich wäre. Warum er seine Ansprüche geltend macht, warum er sein Erbteil fordert, wird weder hinterfragt noch kommentiert, auch nicht vom Vater, der ihn auszahlt. Der jüngere Sohn bekommt, was ihm zusteht. Mit dem (vorzeitig ausbezahlten, gleichwohl geerbten, nicht verdienten) Vermögen vermag er nicht hauszuhalten. Er stärkt nicht die Binnenkonjunktur, sondern zieht in die Fremde und gibt dort das Geld mit vollen Händen aus. Die Hungersnot wäre gar nicht nötig gewesen, um ihn in eine verzweifelte Lage zu bringen. Als die Krise kommt, ist das Vermögen längst verbraucht. So gilt, was noch in den meisten Krisen der Geschichte galt und auch im 21. Jahrhundert bislang bestätigt wird: Die Krise trifft die am härtesten, die (warum auch immer) schon arm in sie hineingehen.

So sehr die Erzählung über die Motive des jüngeren Sohnes, sich sein Erbteil auszahlen zu lassen und in die Fremde zu ziehen, schweigt, so viel berichtet sie über seine Gedanken im Zusammenhang mit seinem Entschluss zur Umkehr. Deutlich wird, dass Umkehr ein aktives Tun ist: »Ich will mich aufmachen…« (V. 18). Umkehr geht mit dem schonungslosen Blick auf die eigene Situation einher. Umkehr flüchtet sich nicht in Ausreden (»Es wäre ja gut gegangen, aber die äußeren Umstände…«). Umkehr übernimmt Verantwortung für Fehler. Keine Ansprüche mehr, nur noch Hoffnung. Hoffnung auf das Leben, denn es geht um Leben und Tod, um die Umkehr vom Tod zum Leben.

Der Vater enttäuscht die Hoffnung des jüngeren Sohnes nicht. Er macht den Umkehrer nicht zum Knecht, sondern stattet ihn wieder mit den Attributen eines Sohnes aus. Der Umkehrer wird zum Heimkehrer, die Liebe des Vaters durchbricht dabei menschliche Maßstäbe von Verdienst und Gerechtigkeit. Und alle sollen an seiner Freude teilhaben. Doch ausgerechnet der ältere Bruder kann sich nicht freuen. Er bleibt zornig vor der Tür. Der Vater macht sich auf den Weg, kommt heraus, ihm entgegen – wie er auch dem jüngeren Sohn entgegengekommen war. Das zumindest haben die Brüder gemeinsam. Aber der Ältere, der Folgsame, der Ehrliche fühlt sich als der Dumme. Für ihn wurde noch nie ein Fest ausgerichtet! Ob er je danach gefragt hat? Er hat alles, sein Bruder hat nichts. Zu Recht! Er hat doch alles durchgebracht. So nagt das Gefühl, dass da einer umsonst bekommt, wofür ein anderer fleißig arbeitet.

Aber eigentlich sind es nicht Kleider, Ring und Schuhe, deretwegen der ältere Sohn sich zurückgesetzt fühlt.

So viel Aufmerksamkeit, wie dem Heimkehrer jetzt zuteilwird, hat er nie bekommen! Ob ihm die ständige Anwesenheit des Vaters (»Du bist allezeit bei mir«) so normal geworden ist, dass ihm seine Aufmerksamkeit nicht mehr auffällt? »Du solltest aber fröhlich und guten Mutes sein.« Der Vater sucht beim älteren Sohn Verständnis. Ich verteile nichts von dem, was dir gehören wird, ja längst gehört. Was ich mit vollen Händen austeilen will, ist meine Freude. Geteilte Freude wird nicht weniger, sondern mehr. Ob er es versteht, der ältere Sohn? Am Ende der Erzählung bleibt das offen.

Ein Gleichnis von Gott und jenen, die allezeit seine Gebote halten, sowie jenen, die erst zu ihm umkehren. Vollständig wird das Bild erst mit denen, die dabeistehen. Mit Zöllnern und Sündern, die kommen, um zu hören, und vielleicht, weil sie hoffen, dass Jesus sie annimmt und an seinen Tisch einlädt. Mit Pharisäern und Schriftgelehrten, denen die Nähe zu Gott und die Einhaltung seiner Gebote nicht abgesprochen wird, die aber murrend danebenstehen, weil die Gemeinschaft mit Zöllnern und Sündern nicht zu ihrem Welt- und Gottesbild passt. Den Text lesend und hörend komme ich selbst ins Bild. Wo bleibe ich stehen?

4. SONNTAG NACH TRINITATIS
1. SAMUEL 24,1-20

Christian Nottmeier

Und David zog von dort hinauf und blieb in den Bergfesten bei En-Gedi. Als nun Saul zurückkam von der Verfolgung der Philister, wurde ihm gesagt: Siehe, David ist in der Wüste En-Gedi. Und Saul nahm dreitausend auserlesene Männer aus ganz Israel und zog hin, David samt seinen Männern zu suchen bei den Steinbockfelsen. Und als er kam zu den Schafhürden am Wege, war dort eine Höhle, und Saul ging hinein, um seine Füße zu decken. David aber und seine Männer saßen hinten in der Höhle.

Da sprachen die Männer Davids zu ihm: Siehe, das ist der Tag, von dem der Herr zu dir gesagt hat: Siehe, ich will deinen Feind in deine Hand geben, dass du mit ihm tust, was dir gefällt. Und David stand auf und schnitt leise einen Zipfel vom Rock Sauls. Aber danach schlug ihm sein Herz, dass er den Zipfel vom Rock Sauls abgeschnitten hatte, und er sprach zu seinen Männern: Das lasse der Herr ferne von mir sein, dass ich das tun sollte und meine Hand legen an meinen Herrn, den Gesalbten des Herrn; denn er ist der Gesalbte des Herrn. Und David wies seine Männer mit diesen Worten von sich und ließ sie sich nicht an Saul vergreifen.

Als aber Saul sich aufmachte aus der Höhle und seines Weges ging, machte sich danach auch David auf und ging aus der Höhle und rief Saul nach und sprach: Mein Herr und König! Saul sah sich um. Und David neigte sein Antlitz zur Erde und fiel nieder. Und David sprach zu Saul: Warum hörst du auf das Reden der Menschen, die da sagen: David sucht dein Unglück? Siehe, heute haben deine Augen gesehen, dass dich der Herr heute in meine Hand gegeben hat in der Höhle, und man hat mir gesagt, dass ich dich töten sollte. Aber ich habe dich verschont; denn ich dachte: Ich will meine Hand nicht an meinen Herrn legen; denn er ist der Gesalbte des Herrn. Mein Vater, sieh doch hier den Zipfel deines Rocks in meiner Hand! Dass ich den Zipfel von deinem Rock schnitt und dich nicht tötete, daran erkenne und sieh, dass nichts Böses in meiner Hand ist und kein Vergehen. Ich habe mich nicht an dir versündigt; aber du jagst mir nach, um mir das Leben zu nehmen. Der Herr wird Richter sein zwischen mir und dir und mich an dir rächen, aber meine Hand soll nicht gegen dich sein; wie man sagt nach dem alten Sprichwort: Von Frevlern kommt Frevel; aber meine Hand soll nicht gegen dich sein. Wem zieht der König von Israel nach? Wem jagst du nach? Einem toten Hund, einem einzelnen Floh! Der Herr sei Richter und richte zwischen mir und dir und sehe darein und führe meine Sache, dass er mir Recht schaffe und mich rette aus deiner Hand!

Als nun David diese Worte zu Saul geredet hatte, sprach Saul: Ist das nicht deine Stimme, mein Sohn David? Und Saul erhob seine Stimme und weinte und sprach zu David: Du bist gerechter als ich, du hast mir Gutes erwiesen; ich aber habe dir Böses erwiesen. Und du hast mir heute gezeigt, wie du Gutes an mir getan hast, als mich der Herr in deine Hand gegeben hatte und du mich doch nicht getötet hast. Wo ist jemand, der seinen Feind findet und lässt ihn im Guten seinen Weg gehen? Der Herr vergelte dir Gutes für das, was du heute an mir getan hast!

Helmut Kohl sprach 1989/90 im Zuge der deutschen Einheit gerne vom Mantel der Geschichte, der durch Deutschland und Europa wehe und den es zu ergreifen gelte. Das macht wohl den bedeutenden Politiker bzw. die bedeutende Politikerin aus: im rechten Augenblick die günstige Gelegenheit zu nutzen, um ein politisches Ziel zu erreichen. Kohl jedenfalls spürte den »Rockzipfel der Geschichte«. Kohl zitierte damit einen anderen großen Kanzler, nämlich Otto von Bismarck. In der ihm eigenen Mischung aus Genialität und Skrupellosigkeit hatte dieser im Zusammenhang mit der deutschen Einheit von 1871 gesagt: »Man kann nicht selber etwas schaffen; man kann nur abwarten, bis man den Schritt Gottes durch die Ereignisse hallen hört; dann vorspringen und den Zipfel seines Mantels fassen – das ist alles.«

Der Zipfel eines Rockes, eine günstige Gelegenheit und vielleicht sogar Gottes Schritt in den Ereignissen – darum geht es auch in diesem besonderen Predigttext. Was Netflix oder ein anderer der großen Streamingdienste in einer gut ausgestatteten Serie wohl daraus machen würde? Immerhin geht es mit David um einen der ganz Großen der Geschichte Israels, vom Hirtenjungen gleichsam zum König eines Großreichs und Erbauer des Tempels – so stellt es die biblische Überlieferung jedenfalls dar, und auch die eher königskritischen deuteronomistischen Bearbeitungen kommen an dieser Größe Davids nicht vorbei. Auch wenn wir heute wissen, dass das historisch alles viel kleinteiliger und bescheidener war.

Aus einer langen Kette von Not und Gefahr, viel Auf und Ab besteigt David schließlich den Thron. Dass Gottes Segen auf ihm liegt, zeigt sich daran, dass er zahllosen Gefahren trotzt. Aber es offenbart sich auch an seinem besonders edlen Verhalten, trotz mancher Fehltritte. Tragische Züge fehlen dabei nicht, insbesondere die Liebe des alten Königs Saul zu David, die bald in Hass und Verfolgungswahn umschlägt. Und das alles mitten im Krieg der Israeliten gegen die Philister, die von den Küsten her die Existenz des Volkes bedrohen. Nach vielen zunächst geheimen und dann offenen Anschlägen auf Davids Leben scheint Saul es endlich geschafft zu haben. Sein Geheimdienst meldet ihm den Ort, wo David vermutet wird.

Doch dann kommt die Sache mit dem Rockzipfel. Die passt gar nicht zu einem großen König wie Saul. Nur ganz schnell will er in einer Höhle seine Notdurft verrichten – nichts anderes ist mit dem »Füße bedecken« bei Luther und allen anderen Übersetzungen gemeint. Da strauchelt er in ebenjener Höhle fast mit David zusammen, der gerade hier mit seinen Männern Zuflucht gesucht hatte. Was für ein Ende wäre das für Saul gewesen: erschlagen, während er ein höchst menschliches Geschäft erledigt.

Davids Männer wittern zu Recht eine Chance, eine günstige Gelegenheit. Das Risiko ist gleich null, Saul wäre tot und damit der Bruderkrieg am Ende. Das wäre für alle das Beste. Warum nicht zuschlagen?

Auch David scheint das zunächst zu denken. Doch dann zögert er, führt nicht den tödlichen Schlag, sondern begnügt sich mit dem Rockzipfel. Vernünftig ist das nicht, und die notwendige Skrupellosigkeit scheint David auch zu fehlen. Stattdessen Respekt, ja Ehrfurcht dafür, dass dieser Saul, was immer er getan haben mag, ein Gesalbter, ein Auserwählter Gottes ist. Der verdient solch einen Tod nicht. David erspart seinem König das schmähliche Ende.

Saul, der sich eben noch am Ziel seiner Jagd sah, ist in diesem Augenblick der Besiegte. Statt David zu fangen und zu töten, hätte ihn fast dieses Schicksal ereilt, wenn da nicht die Großmut seines Gegners wäre. Es ist diese Gelegenheit, die David nutzt, indem er Saul mit der Härte der Situation konfrontiert: »Nichts Böses ist in meiner Hand, aber du jagst mir nach und trachtest mir nach dem Leben.« Der Zipfel des Rockes wird zum Zeichen von Davids Triumph, aber auch seiner Gottesfurcht und seiner Barmherzigkeit. David hat Gutes an Saul getan, als er ihn in der Hand hatte. Saul muss es erkennen, ja sogar bekennen, dass David das Zeug zum König hat – und Urbild eines Königtums ist, das sich auf Dauer vielleicht nicht halten, aber doch ins Gedächtnis der Menschen einbrennen wird.

Der Zipfel eines Rocks, eine günstige Gelegenheit und Gottes Schritt in der Geschichte – alles ist da, aber anders als zunächst erwartet: Keine Rache, sondern wirkliche Milde, kein blutiger Triumph, sondern ein Sieg – für diesen Tag jedenfalls –, der durch Großherzigkeit, Barmherzigkeit und gerade nicht durch die gewaltsame Tat errungen wird. Man kann auch Gottes Schritt in der Geschichte darin sehen, weil sich zeigt, dass Gott hier offensichtlich Sinn für Humor und für das Unerwartete hat. Größer jedenfalls könnten Anspruch und Wirklichkeit bei Saul nicht auseinanderliegen.

Gottes Schritt in der Geschichte? Vielleicht liegt er hier nicht in den großen Machttaten, in denen Gott sich zeigt, sondern in der Freiheit, die bei David sichtbar wird und die ihm eine innere Freiheit gibt, die nicht jede Gelegenheit bis aufs Letzte machtbewusst und skrupellos nutzt. Da kommt der Respekt vor dem gesalbten König ins Spiel. Man muss das nicht autoritär-monarchisch deuten, sondern die Zusage im Blick haben, die David selbst seit seiner Salbung durch Samuel begleitet: Du bist wertvoll, von Gott angenommen und erwählt. Anders als bei dem gesalbten Saul führt diese Zusage bei David nicht zu Hochmut und Glauben an die eigene Unfehlbarkeit. Sie gibt ihm vielmehr eine innere Freiheit und eine Art von Demut, in der er sein eigenes Freiheitsbewusstsein und seinen eigenen Drang nach bedingungsloser Selbstbehauptung zurücknehmen kann. Saul ist auch ein Gesalbter, aber gerade das Fehlen dieser mentalen und emotionalen Selbstrücknahme führt bei ihm zum Missbrauch der von Gott geschenkten Freiheit. David, in diesem Moment in der Höhle, handelt aus einer Freiheit, die aus Gott kommt, und so, vielleicht auch nur für diesen einen Augenblick, nicht auf die Macht der Gewalt, sondern auf das werbende, menschenfreundliche Wort setzt. *Sine vi, sed verbo* eben. Warum nicht am 4. Sonntag nach Trinitatis sich davon ein Stück abschneiden?

5. SONNTAG NACH TRINITATIS
2. KORINTHER (11,18.23b-30); 12,1-10

Christina-Maria Bammel

[Da viele sich rühmen nach dem Fleisch, will ich mich auch rühmen. ...

Ich rede wider alle Vernunft: Ich bin's weit mehr! Ich habe mehr gearbeitet, ich bin öfter gefangen gewesen, ich habe mehr Schläge erlitten, ich bin oft in Todesnöten gewesen. Von Juden habe ich fünfmal erhalten vierzig Geißelhiebe weniger einen; ich bin dreimal mit Stöcken geschlagen, einmal gesteinigt worden; dreimal habe ich Schiffbruch erlitten, einen Tag und eine Nacht trieb ich auf dem tiefen Meer. Ich bin oft gereist, ich bin in Gefahr gewesen durch Flüsse, in Gefahr unter Räubern, in Gefahr von meinem Volk, in Gefahr von Heiden, in Gefahr in Städten, in Gefahr in Wüsten, in Gefahr auf dem Meer, in Gefahr unter falschen Brüdern; in Mühe und Arbeit, in viel Wachen, in Hunger und Durst, in viel Fasten, in Frost und Blöße; und außer all dem noch das, was täglich auf mich einstürmt, die Sorge für alle Gemeinden. Wer ist schwach, und ich werde nicht schwach? Wer wird zu Fall gebracht, und ich brenne nicht?

Wenn ich mich denn rühmen soll, will ich mich meiner Schwachheit rühmen.]

Gerühmt muss werden; wenn es auch nichts nützt, so will ich doch kommen auf die Erscheinungen und Offenbarungen des Herrn. Ich kenne einen Menschen in Christus; vor vierzehn Jahren – ist er im Leib gewesen? Ich weiß es nicht; oder ist er außer dem Leib gewesen? Ich weiß es nicht; Gott weiß es –, da wurde derselbe entrückt bis in den dritten Himmel. Und ich kenne denselben Menschen – ob er im Leib oder außer dem Leib gewesen ist, weiß ich nicht; Gott weiß es –, der wurde entrückt in das Paradies und hörte unaussprechliche Worte, die kein Mensch sagen kann. Für denselben will ich mich rühmen; für mich selbst aber will ich mich nicht rühmen, außer meiner Schwachheit. Denn wenn ich mich rühmen wollte, wäre ich kein Narr; denn ich würde die Wahrheit sagen. Ich enthalte mich aber dessen, damit nicht jemand mich höher achte, als er an mir sieht oder von mir hört.

Und damit ich mich wegen der hohen Offenbarungen nicht überhebe, ist mir gegeben ein Pfahl ins Fleisch, nämlich des Satans Engel, der mich mit Fäusten schlagen soll, damit ich mich nicht überhebe. Seinetwegen habe ich dreimal zum Herrn gefleht, dass er von mir weiche. Und er hat zu mir gesagt: Lass dir an meiner Gnade genügen; denn meine Kraft vollendet sich in der Schwachheit. Darum will ich mich am allerliebsten rühmen meiner Schwachheit, auf dass die Kraft Christi bei mir wohne. Darum bin ich guten Mutes in Schwachheit, in Misshandlungen, in Nöten, in Verfolgungen und Ängsten um Christi willen; denn wenn ich schwach bin, so bin ich stark.

»Jetzt übertreibt er aber…«
– ist ein erster Impuls bei der Lektüre zweier Teile der sogenannten paulinischen Narrenrede, die als solche einmalig in den Schriften des Paulus ist. In beiden Abschnitten. Gegen die anscheinend maßlos auftrumpfende Selbstbeleuchtung der Superapostel setzt Paulus mit einer Liste von Erlittenem ein anderes Maß, geht auf entlarvende Weise ins Vergleichen, wo jeder gute Stil ein Vergleichen verbieten würde. Gegen die Triumphkraft der Eindringlinge in der Gemeinde setzt Paulus dann das eigentlich sinnlose Herausstellen eigener Glaubenserfahrungsgipfel: Ihr wollt einschlägige Erfahrungen zwischen Himmel und Erde? Ich weiß davon. Paradiesisch! Klingt nach Bewusstseinserweiterung, wodurch auch immer aus-

gelöst. Klingt wie Gefühlsverstärkung und Einssein mit dem Universum. Klingt nach Momenten der Selbstabgabe jenseits von Verstand und Vernunft. Das aber macht ihn nicht zum Apostel. Ihm geht es um Haltung, das innere Wie seines Dienstes: Dienst an der Gemeinde, an der Vorbereitung und Begleitung derer, die sich auf ein Leben mit Jesus Christus einlassen. Darum verlässt Paulus den Blick auf diese Gipfelerfahrungen, um auf das Lob der vermutlich chronisch krankheitsbedingten Schwachheit zu sprechen zu kommen – also stolz darauf, alles in allem eine schlechte Performance zu geben. Paulus wird da schwertscharf im Argument und übertreibt in allem. Befördert solche Schärfe Einsicht? Lässt es gut wieder in Verbindung mit den Korinthern kommen, zu sagen: Überzeugend bin ich, gerade weil ich eine schlechte Figur mache? Es ist mein Markenzeichen. Ich kann sagen, ich bin die größte Lachnummer überhaupt. Auf meine Kosten wird gehöhnt! Wenn ihr mich schon für einen Schwächling haltet, dann aber richtig! So die verzweifelte Gegenwehr des Apostels in Richtung Korinth. Im Grunde seines tief berührten und angesichts der Zustände unglücklichen Herzens ist es leeres Gerede und eigentlich nur zum Weglaufen, wenn sich die Gemeinde von den Überaposteln einwickeln ließe. Wie dumm kann man sein, und wie leicht ist es doch, solche neue Autoritäten auch noch gutzuheißen, die Leidens- und Leistungsspielchen spielen! Die Absicht des Paulus geht aber noch anderswohin: sich nämlich immer tiefer mit der Gnade Christi zu verbinden, dabei die Korinther in die Kraft seiner Argumentation zu holen, eine Verbindung also zu stärken, stärker als alles, was die Korinther mit den Konkurrenten verbindet: eine Bindung an den, der schonungs- und gnadenlos mit sich selbst in das Vergehen und Verlieren der Welt hineingegangen ist. Dessen »Erfolg« ist nicht von dieser Welt, aber kommt dieser Welt zugute, dieser Gemeinde, diesem einzelnen, auf seine Weise einzigartigen Menschen. Der »Erfolg« Jesu Christi trägt die Spuren des peinlichen Misserfolges. Der »Erfolg« des Gekreuzigten und Auferstandenen ist, worin Paulus sich gehalten sieht und erfährt – in Gnade. Die kann Paulus nicht herstellen. Nichts kann er. Alles, was ihm möglich ist, ist das Annehmen. Das wird platziert an einem Sonntag, der erzählt, wie wir uns von Gott in Jesus Christus in Einsatz nehmen lassen. In welcher Weise wir also dafür brauchbar und vorbereitet sind.

Die Wiederherstellung unserer selbst

Aber was heißt schon: vorbereitet? »Du brauchst nicht mehr als meine Gnade«, hat der Apostel im Gebet erfahren. So ähnlich schreibt ein anderer Brief in literarischer Absicht. Darin resümiert ein älter gewordener Prediger: »Ich stelle mir göttliche Gnade immer als Wiederherstellung unserer selbst vor, die uns erlaubt, über das, was aus uns geworden ist, zu lachen, über die grotesken Verkleidungen, in die wir schlüpfen, die Buckel und Triefaugen und Hinkefüße und Leichenbittermienen. Ich hege die Hoffnung, dass ich dir bei aller Wunderlichkeit, die mir das Leben eingeschrieben hat, nicht fremd geworden sein werde, wenn wir uns wiedersehen.« So lässt es Marilynne Robinson Pastor Ames an seinen siebenjährigen Sohn schreiben. Ein Lebensvermächtnis unter dem Titel *Gilead* (S. Fischer Verlag, Frankfurt a. M. 2016). Krach und Krieg, Verlust und Stille, Neugewinn derer, von denen wir uns lieben lassen können, das bekommt in John Ames' Gedanken Raum. Er lebt in Gilead. Der Name erinnert an das fruchtbare biblische Land, den dort wachsenden Balsam, ein Heilmittel: Ort des Lebens und der Heilung, Rückzugsort. So ist Gilead. So schaut eben dort der späte Vater zurück – und so ist seine Vorstellung von der Gnade wie die heilsame Wiederherstellung unserer selbst, wenn auch nicht nach den Maßstäben dieser Welt. Paulus könnte sich mit seinen Gnadengedanken darauf einlassen.

Streit in und unter uns

Zurück nach Korinth: Was geht uns ein Gemeindekrach von damals an? Kennt man: das Gerangel um Einfluss, Ringen ums Rechthaben, um Orientierung, die sich durchsetzt. Was noch? Den aufgebrachten Leistungs- und Leidensstolz gibt es auch in evangelischen Gemeinden. Da macht die eine Generation der nächsten ein schlechtes Gewissen, wie viel Zeit und Kraft in den eigenen geleisteten Errungenschaften steckt. Da machen sich die Kolleginnen untereinander aufmerksam, um wie viel härter doch das eigene Arbeiten – nur mal so im Vergleich – ist. So kann Konkurrenz gehen. Da fallen schon mal die Worte von Verzicht, Selbstausbeutung und Zumutung und das fatalistische Fazit: Kein Wunder, dass wir den Nachwuchs mit der Lupe suchen, wenn es hier so hart für uns hergeht im »Dienst der Kirche«. Nur, wer will mit dem eigenen Elend, wenn es schon so elend ist, auch noch protzen?

Ein Apostel kennt Schmerz – und Gnade

Paulus arbeitet mit seinem Schmerz. Er kennt ihn gut. Aber nicht der allein hat ihn einfühlsamer gemacht, mit dem Weh der Menschen umzugehen. Es ist zwar auch persönlicher Schmerz, der uns empfindsamer, durchlässiger werden lassen kann für die Schmerzen anderer, der uns stark genug machen kann, mit anderen und für andere Menschen in die Knie zu gehen. Noch mehr ist es die unendliche Durchlässigkeit und Empfindsamkeit dessen, der mit mir in die Knie geht, weil er in allem Ungenügenden das »Genug« für mich sieht und findet, weil er sorgt über Tod und Leben und so sorgt für das »Genug«. Hierauf Ja zu sagen ist nicht selbstverständlich, kann in Zeiten abhandenkommen und – sich doch erbitten lassen.

6. SONNTAG NACH TRINITATIS
APOSTELGESCHICHTE 8,26-39

Katja Lembke

Aber der Engel des Herrn redete zu Philippus und sprach: Steh auf und geh nach Süden auf die Straße, die von Jerusalem nach Gaza hinabführt und öde ist. Und er stand auf und ging hin. Und siehe, ein Mann aus Äthiopien, ein Kämmerer und Mächtiger am Hof der Kandake, der Königin von Äthiopien, ihr Schatzmeister, war nach Jerusalem gekommen, um anzubeten. Nun zog er wieder heim und saß auf seinem Wagen und las den Propheten Jesaja.

Der Geist aber sprach zu Philippus: Geh hin und halte dich zu diesem Wagen! Da lief Philippus hin und hörte, dass er den Propheten Jesaja las, und fragte: Verstehst du auch, was du liest? Er aber sprach: Wie kann ich, wenn mich nicht jemand anleitet? Und er bat Philippus, aufzusteigen und sich zu ihm zu setzen. Die Stelle aber der Schrift, die er las, war diese (Jes 53,7-8): »Wie ein Schaf, das zur Schlachtung geführt wird, und wie ein Lamm, das vor seinem Scherer verstummt, so tut er seinen Mund nicht auf. In seiner Erniedrigung wurde sein Urteil aufgehoben. Wer kann seine Nachkommen aufzählen? Denn sein Leben wird von der Erde weggenommen.« Da antwortete der Kämmerer dem Philippus und sprach: Ich bitte dich, von wem redet der Prophet das, von sich selber oder von jemand anderem? Philippus aber tat seinen Mund auf und fing mit diesem Schriftwort an und predigte ihm das Evangelium von Jesus.

Und als sie auf der Straße dahinfuhren, kamen sie an ein Wasser. Da sprach der Kämmerer: Siehe, da ist Wasser; was hindert's, dass ich mich taufen lasse? Und er ließ den Wagen halten und beide stiegen in das Wasser hinab, Philippus und der Kämmerer, und er taufte ihn. Als sie aber aus dem Wasser heraufstiegen, entrückte der Geist des Herrn den Philippus und der Kämmerer sah ihn nicht mehr; er zog aber seine Straße fröhlich.

Dieser Text ist ein Rätsel. Er erzählt von der Christianisierung Äthiopiens, dem damaligen Reich von Aksum und ersten christlichen schwarzafrikanischen Staat. Neben dem Bibeltext berichtet eine weitere Quelle von den Ursprüngen der christlichen Religion im östlichen Afrika. Der Mönch Rufinus von Aquileia erzählt um 400 n. Chr. von zwei christlichen Jungen namens Frumentius und Aedesius, deren Schiff auf dem Roten Meer überfallen wurde. Die Besatzung wurde getötet und die Kinder als Sklaven an den König von Aksum verkauft. An dessen Hof gelang es beiden, das Vertrauen des Herrscherpaares zu gewinnen, Frumentius wurde sogar Hauslehrer des Thronfolgers. 343 weihte ihn der Patriarch von Alexandria zum Bischof von Aksum. In dieser Rolle verbreitete Frumentius das Christentum in Äthiopien und baute zahlreiche Kirchen.

Also eine historische Quelle, die die Apostelgeschichte bestätigt? Leider nein, denn das Geschehen, von dem Rufinus berichtete, fand mehr als 250 Jahre nach der Abfassung des Bibeltextes statt. Und es war nicht irgendwer, der bereits im 1. Jahrhundert zum Christentum bekehrt und getauft worden sein soll. Es war ein namentlich nicht genannter Schatzmeister der Königin, also einer der führenden Staatsmänner Äthiopiens, der »nach Jerusalem gekommen [war], um anzubeten«. Demnach war er Jude, obgleich in Aksum in dieser Zeit noch der pagane Polytheismus vorherrschte. Als er dem Christen Philippus begegnete, las er in der Hebräischen Bibel im Buch Jesaja, in dem es heißt: »Ich bot meinen Rücken den Schlagenden und meine Wangen den Raufenden, mein Angesicht verbarg ich nicht vor Schmähungen und Speichel« (Jes 50,6). Ganz ähnliche Wendungen werden für das Leiden Jesu in den Evangelien des Matthäus (Mt 26,63) und des Johannes (Joh 1,29) sowie im ersten Brief des Petrus (1 Petr 2,23) verwendet. Indem Philippus aufzeigen konnte, dass die Hebräische Bibel bereits das Verhalten Jesu beschrieben hatte und er daher der Messias sein müsse, gelang es ihm, den Juden zum Christentum zu bekehren.

Juden in Äthiopien kurz nach Christi Geburt – eine Erfindung der Bibel? Wohl kaum, denn bereits im 5. Jahrhundert v. Chr. sind sie in Oberägypten belegt, ja auf der Nilinsel Elephantine hat es damals sogar einen Tempel gegeben. In der Hebräischen Bibel berichten Jesaja, Jeremia und Hesekiel darüber. Als um 400 v. Chr. die Spannungen zwischen Juden und Ägyptern zunahmen und das Heiligtum zerstört wurde, verließen die Juden das Land, einige von ihnen zogen offenbar auch nach Süden.

Ein in Äthiopien zu Macht und Ansehen gelangter Jude reist also im 1. Jahrhundert nach Jerusalem. Geht man von der Mehrheitsmeinung aus, entstand die Apostelgeschichte in den 80er Jahren. Damals war der Tempel schon zerstört. Im Jahr 70 beendeten die Römer unter dem Thronfolger Titus auf diese Weise einen Aufstand in Judäa. In der Folge verboten sie den Juden sogar per Gesetz, sich Jerusalem zu nähern, Wallfahrten waren nicht mehr erlaubt. Also muss der Text doch früher entstanden sein, denn der Würdenträger aus Äthiopien hätte sich kaum ins Unrecht gesetzt und sein Pilgerziel wäre auch nicht mehr vorhanden gewesen.

Das wirklich Revolutionäre an dieser Bibelstelle ist aber die Tatsache, dass hier bereits um die Mitte des 1. Jahrhunderts ein Äthiopier zum Christentum bekehrt wurde. Es wird in dieser Zeit ein Einzelfall gewesen sein, denn erst im 4. Jahrhundert erreichte der Siegeszug des

Christentums den schwarzafrikanischen Raum. Aber angesichts der Situation, dass in Äthiopien noch heute fast die Hälfte der Bevölkerung Christen sind und dort weiterhin rund 800 Klöster existieren, ist die Apostelgeschichte geradezu prophetisch.

Kurz vor der Taufe des Kämmerers kam es zu einem Wortwechsel mit großer Nachhaltigkeit. Während der Kämmerer angesichts des Wassers noch zögerte, antwortete Philippus in einigen Handschriften: »Wenn du von ganzem Herzen glaubst, so kann es geschehen. Er aber antwortete und sprach: Ich glaube, dass Jesus Christus Gottes Sohn ist.« Amen.

7. SONNTAG NACH TRINITATIS
2. MOSE 16,2-3.11-18

Annette Bassler

Und es murrte die ganze Gemeinde der Israeliten wider Mose und Aaron in der Wüste. Und die Israeliten sprachen: Wollte Gott, wir wären in Ägypten gestorben durch des HERRN Hand, als wir bei den Fleischtöpfen saßen und hatten Brot die Fülle zu essen. Denn ihr habt uns dazu herausgeführt in diese Wüste, dass ihr diese ganze Gemeinde an Hunger sterben lasst.

[...] Und der HERR sprach zu Mose: Ich habe das Murren der Israeliten gehört. Sage ihnen: Gegen Abend sollt ihr Fleisch zu essen haben und am Morgen von Brot satt werden und sollt innewerden, dass ich, der HERR, euer Gott bin.

Und am Abend kamen Wachteln herauf und bedeckten das Lager. Und am Morgen lag Tau rings um das Lager. Und als der Tau weg war, siehe, da lag's in der Wüste rund und klein wie Reif auf der Erde. Und als es die Israeliten sahen, sprachen sie untereinander: Man hu? Denn sie wussten nicht, was es war. Mose aber sprach zu ihnen: Es ist das Brot, das euch der HERR zu essen gegeben hat. Das ist's aber, was der HERR geboten hat: Ein jeder sammle, so viel er zum Essen braucht, einen Krug voll für jeden nach der Zahl der Leute in seinem Zelte.

Und die Israeliten taten's und sammelten, einer viel, der andere wenig. Aber als man's nachmaß, hatte der nicht darüber, der viel gesammelt hatte, und der nicht darunter, der wenig gesammelt hatte. Jeder hatte gesammelt, so viel er zum Essen brauchte.

Die Geschichte wäre eine Verfilmung wert. Ich würde mit der Szene beginnen, in der sich alles entscheidet. In der Wüste treffen Mose und Aron auf ein wütendes Volk Israel. Das Geschrei und der Aufruhr enden abrupt, als eine Stimme ertönt. »Ich höre und ich sehe euch.« Das ist die Wende und das Wunder. Damals wie heute.

Rückblende: Die Geschichte spielt in der Wüste Sin. Irgendwo zwischen der Flucht aus Ägypten und dem Einzug ins gelobte Land. Das Volk lagert und es sitzt fest. Verzweiflung und Hunger breiten sich aus. Aber die Wüste ist nicht nur ein lebensfeindlicher Ort, sie ist auch eine von Gottes Lieblingslocations für Wunder. (Elia wird dort von einem Engel vor dem Tod gerettet, Jesus kann dem Teufel widerstehen.) Und es ist kein Zufall, dass die Worte »Midbar« (Wüste) und »Dabar« (Wort Gottes) so ähnlich klingen.

Denn die Wüste verlockt Menschen dazu, sich der eigenen Endlichkeit bewusst zu werden. Als verletzliche Geschöpfe sind sie existentiell angewiesen auf Wasser und Nahrung. Sind angewiesen auf helfende Worte, die sie sich selber nicht sagen können. Bleibt aus, was sie zum Über-Leben brauchen, dann meldet sich die Angst. Und hat man der Angst nichts entgegenzusetzen, dann übernimmt sie das Regiment im Fühlen, Denken und Handeln.

Als das Volk Israel »murrt«, sich also bei Mose beschwert, erfahren wir nicht nur etwas von der Angst der Menschen vor dem Hungertod, wir erfahren auch, was die Angst ihnen geraten, was sie aus ihnen gemacht hat. Zwei Dinge fallen mir auf:

Die Israeliten wollen nichts mehr wissen von Freiheit und Selbstbestimmung unter Gottes Führung. Sie verleugnen sich selbst, sie verleugnen Gottes voraufgegangene Rettung, und sie verklären ihre Vergangenheit. Sie träumen von »Fleischtöpfen Ägyptens«, die es gewiss nicht gegeben hat für sie als Sklaven. Das Bedürfnis nach Sicherheit, Ordnung und Überleben ist stärker als das nach Selbstbestimmung, dem Vertrauen in Gott und einer ungewissen Zukunft. Dieses Bedürfnis nach Sicherheit, Ordnung und einem Auskommen nutzen bis heute Diktatoren, um für Unterwerfung und Verzicht auf Freiheit zu werben. Sie machen die Leute glauben, dass »Mehr-Demokratie-wagen« nur zu Werteverfall und Chaos führt. Typisch erscheint mir zum anderen auch, dass das Volk auf der Suche nach einem Sündenbock ist. Denn Freiheit setzt Selbstverantwortung voraus. Und diese scheint unerträglich. So erklärt es Mose zum Schuldigen und sich zum verführten Opfer.

Vergangenheit verklären und Sündenböcke finden – das Schema ist uralt. Wie viele nutzlose Konflikte und Debatten könnten wir uns sparen, würden wir uns nicht von diesem Schema verführen und provozieren lassen. Was sagen wir denen, die lieber kreuzunglücklich in ihrer Ehe verharren, um irgendwie »versorgt« zu sein? Wie gehen wir um mit denen, die ihre erdrückende Heimat, ihren verhassten Job nie verlassen, aus Angst, verloren zu gehen oder zu versagen? Die also lieber in ihrer Angst zugrunde gehen (wollen), als aus dem Sklavenhaus ihrer Angst auszubrechen und Freiheit und Zukunft zu riskieren?

Sehr besonders finde ich, wie Gott damit umgeht, was er dem »murrenden Volk« zu sagen hat. Gott tadelt ihr Murren nicht, Gott geht nicht ein auf ihre Sehnsucht nach den Fleischtöpfen Ägyptens und auch nicht auf ihren Sündenbockvorwurf an Mose. Gott lässt sich weder kränken noch provozieren, sondern kommt gleich zur Sache. Gott redet mit ihnen so, wie man mit Menschen redet, die in großer Angst sind. »Ich habe gehört, was ihr gesagt habt. Ich habe gesehen, wie es euch geht. Ich nehme eure Angst wahr.« Dieses Tat-Wort Gottes wendet alles. Das ist das Wunder. Das Wunder passiert, weil Gott und Volk einander wahrhaftig begegnen. Weil das Volk ein Du hat, in dem die Klage und die Angst angekommen sind.

Der Rest ist einfach. Denn jetzt regiert nicht mehr die Angst, sondern das Vertrauen. Deshalb denken und sehen die Menschen anders. Und sie sehen, was nottut und Not wendet. Was die ganze Zeit schon da war – sie haben es nur nicht gesehen. Das Wunderbare an diesem Wunder ist: Gott zaubert nicht und setzt keine Naturgesetze außer Kraft. Gott verändert Menschen, so dass sie wieder Lust haben auf Zukunft. Deshalb finden sie die Lösung. Fleisch und Brot? Genau! Wachteln, die sich am Abend ermüdet in der Wüste niederlassen und so leichte Beute sind. Zuckerperlen von Tamarisken, die man am Morgen nur einsammeln muss. »Man-hu?«, fragen die Israeliten. »Manna!«, sagt Mose. Kohlehydrate am Morgen, Proteine am Abend, perfekter Ernährungsplan.

Alles klar? Nein, ein entscheidendes Element fehlt noch fürs Wunder. Es ist die Antwort auf die Frage: Was soll uns dieses Ereignis bedeuten? Wenn wir ein Bild von dieser Geschichte machen und es in einen Rahmen setzen, welchen Rahmen soll es bekommen? An was soll uns diese wunderbare Rettung erinnern?

An einen glücklichen Zufall? An sowas wie »Schwein gehabt«? An kosmische Mächte? Oder an den Gott, der die Welt erschaffen hat, der das Leben will und dem wir uns in unseren Ängsten anvertrauen können? Keine der Antworten lässt sich beweisen. Der Glaube an einen Zufall ist nicht aufgeklärter als der an Gott. Beweisen lässt sich nichts. Aber Erfahrungen damit machen, das kann man.

Das Volk Israel hat es getan und diese Rettungsgeschichte als Ausweis der Autorität und Macht Gottes verstanden und seine Lebensordnung danach ausgerichtet. So beginnen die Zehn Gebote mit einem Bekenntnis zu dem Gott, »der dich aus Ägypten herausgeführt hat, du sollst…«

Du sollst teilen, was du hast, damit alle satt werden. Und du sollst den Feiertag heiligen, den Sabbath. Er erinnert daran, dass nach allem Kämpfen und Durchstehen von Angst Gott dir Ruhe schenkt. Nicht immer, aber immer wieder.

8. SONNTAG NACH TRINITATIS
EPHESER 5,8b-14

Jochen Arnold

Wandelt als Kinder des Lichts; die Frucht des Lichts ist lauter Güte und Gerechtigkeit und Wahrheit. Prüft, was dem Herrn wohlgefällig ist, und habt nicht Gemeinschaft mit den unfruchtbaren Werken der Finsternis; deckt sie vielmehr auf. Denn was von ihnen heimlich getan wird, davon auch nur zu reden ist schändlich. Das alles aber wird offenbar, wenn's vom Licht aufgedeckt wird; denn alles, was offenbar wird, das ist Licht. Darum heißt es: Wach auf, der du schläfst, und steh auf von den Toten, so wird dich Christus erleuchten.

Schon seit ich denken kann, beschäftigt mich die Frage: Was ist das Besondere am Christsein? Was unterscheidet uns Christenmenschen eigentlich von anderen Leuten? Sind wir besser (oder wenigstens besser dran)? Gibt es Qualitäten, die in besonderer Weise mit der christlichen Existenz verbunden sind? Darauf lassen sich gewiss schnelle und eindeutige Antworten geben: Wir glauben an Gott. Oder mehr noch: Der Glaube an Gott als den Vater Jesu Christi gibt uns Halt. Oder: Unser Leben ist bestimmt von Liebe: der Liebe Gottes zu uns und unserer Liebe zu Gott und den Menschen. Oder: Wir haben eine Hoffnung, die über dieses Leben hinausreicht... Ja, gewiss. Das ist alles richtig und wichtig und schön. Und doch frage ich mich immer wieder: Worin besteht der Unterschied, wenn ich auf eine christliche Existenz schaue im Gegensatz zu einem Leben, das sich anders versteht? (Warum lohnt sich der Weg mit Christus?)

Was soll dieses Schwarz-Weiß-Denken, werden jetzt einige fragen. Das passt doch gar nicht in unsere Zeit. Wir sind Weltbürger:innen und Christenmenschen zugleich. Wir stecken in vielfältigen persönlichen, beruflichen und gesellschaftlichen Verpflichtungen und Loyalitäten. Ja, und Gott sind wir auch noch irgendwie Rechenschaft schuldig. Aber das Leben ist viel zu komplex. Bitte vergiss alles, was auf eine Entweder-oder-Definition zielt.

Der Schüler des Paulus, der an die Gemeinde in Ephesus in der heutigen Türkei schreibt, scheint auf den ersten Blick genau diese Alternative zu bedienen: »Wandelt als Kinder des Lichts [...] und habt nicht Gemeinschaft mit den unfruchtbaren Werken der Finsternis«, tönt es kraftvoll zu uns herüber. (Wer zu den Guten gehört, verhalte sich entsprechend!)

Warum muss man mir das eigentlich sagen? Wenn ich ein Licht-Kind bin, dann ist doch alles klar. Dann bin ich erleuchtet, stehe im Licht Gottes und strahle das auch aus. Und alles ist gut... Aber genau darin scheint das Problem zu liegen. Obwohl ich im Licht stehe, gibt es noch viel Dunkelheit in dieser Welt, die sich auch in meinem Leben bemerkbar macht. Wie ein grauer Schleier... Es wäre töricht, dies zu verschweigen, zu ignorieren oder auch zu banalisieren. Demnach wäre Christsein lichtvolle Existenz, Erleuchtung vom Licht der Welt, das Christus heißt. Aber eben nur (noch) ein bisschen spürbar. Passend zur Götterdämmerung allenthalben.

Vertrauen wir uns einen Moment ganz dem Text an: Der Indikativ geht voraus: Ihr seid Licht. Also lebt auch so. Ihr seid und ihr sollt. Genau in dieser Reihenfolge. Nicht anders herum. Das Faszinierende christlicher Existenz bestünde dann demnach genau darin, dass wir das, was wir schon sind, nur noch ergreifen müssen. Nicht irgendwann, sondern schon jetzt. Klingt schon ganz gut...

Aber haben wir es denn hier nicht wieder einmal mit einer der zahlreichen Variationen des »Carpe diem« alter und neuer Glücksphilosophien zu tun? Ist es also wieder einmal an mir, die für eine Lichtexistenz nötigen Vorkehrungen zu treffen oder die richtigen Maßnahmen zu ergreifen? Etwa so: Wenn ich morgens im Dunkel laufen gehe, muss ich eine helle Jacke anziehen und eine Stirnlampe umschnallen. Dann leuchte ich für mich selbst und bin auch noch für andere sichtbar. (Alles ist da, mach was draus.)

Nein, damit würde uns selbst wieder die Hauptlast der Verantwortung zuteil… Schauen wir also nochmals hin.

Beim genauen Hinsehen entdecke ich, dass am Ende unseres Abschnitts offenbar die Pointe kommt. »Wach auf, der du schläfst, und steh auf von den Toten, so wird dich Christus erleuchten!« Ein eigenartiger Satz. Ziemlich sicher handelt es sich dabei um ein Zitat aus einer uralten Taufliturgie. Hey, Toter, komm ans Licht! Menschen, die gerade in der Taufe untergetaucht worden sind, werden (von anderen schon Getauften!?) »angefeuert«, wieder aus dem Wasser aufzutauchen. Es gilt, die Sphäre möglichen Todes zu verlassen und das Licht des Lebens (neu) zu sehen. Alle ermutigenden oder ermahnenden Imperative des Texts sind also eine Art »Wachet auf, ruft uns die Stimme…« Applaudierend, begeistert rufen uns da welche zu: Du bist jetzt ein Licht-Kind, du gehörst zu Christus. Er hat das mit dem Tod schon hinter sich. Diese Energie ist jetzt auch deine Energie.

Damit ist das Alleinstellungsmerkmal des Christseins aus einem Urereignis heraus beschrieben, das Dunkel und Licht, Tod und Leben in einer ständigen Dynamik sieht. Auferstehung durch die Taufe ist nicht ein für allemal erledigt, sondern passiert als Christus-Akt täglich neu mit mir. Ich lasse mich hineinziehen in eine andere Wirklichkeit, in eine neue Macht, die Leben schafft. Und das kann ich wahrlich nicht selbst leisten.

Was können wir also tun, um das zu erfahren? Für mich sind Poesie und Musik der Ort, in dem solche »Verwandlungen« stattfinden. Ja, mehr noch. In manchen Liedern kann ich beim Singen körperlich und geistig/geistlich genau das erleben. Paul Gerhardt dichtete, genial vertont von J. G. Ebeling, ein wunderbares Morgenlied, das mit dem Wechsel von Nacht und Tag, Tod und Leben spielt (ziemlich sicher während Paul Gerhardts Frau im Sterben lag…). »Die güldne Sonne« (EG 449) heißt es. Zum Beispiel in Strophe 4 passiert das.

Wenn wir uns legen, so ist er zugegen. Die Melodie fällt sinnenfällig vom hohen C in einer Tonleiter bis runter zum tiefen C, will sagen: ins Dunkel. Musikalisch ist es Nacht. Der Schlaf als kleiner Bruder des Todes. Und der Dichter sagt: Gott ist trotzdem da. (Unbedingt!) Doch dann passiert es. *Wenn wir aufstehen, so lässt er aufgehen über uns seiner Barmherzigkeit Schein.* Wir werden förmlich »hinaufgezogen«, mit großem Schwung geht die Melodie wieder in die Höhe, da, wo ganz am Anfang in Strophe 1 die Sonne herkommt.

(Die letzte Strophe sagt es nochmals grundsätzlicher, endgültiger, wenn man so will, theo-logischer: *Sein Heil und Gnaden, die nehmen nicht Schaden* [ganz unten], *heilen im Herzen die tödlichen Schmerzen, halten uns zeitlich und ewig gesund.*)

Jetzt bin ich erfrischt und wach. Also: »Wach auf, der [und die] du schläfst.« Und vertraue dich der verwandelnden Lichtkraft Gottes an. Dann strahlt es in dir und aus dir hinaus. Dann wird es offenbar, aufgedeckt, hell. Du bist Licht.

9. SONNTAG NACH TRINITATIS
MATTHÄUS 13,44-46

Nikolaus Schneider

Das Himmelreich gleicht einem Schatz, verborgen im Acker, den ein Mensch fand und verbarg; und in seiner Freude geht er hin und verkauft alles, was er hat, und kauft den Acker.

Wiederum gleicht das Himmelreich einem Kaufmann, der gute Perlen suchte, und da er eine kostbare Perle fand, ging er hin und verkaufte alles, was er hatte, und kaufte sie.

»Das Himmelreich ist nahe herbeigekommen«

– so lautet Jesu Predigtauftrag an seine Jünger (Mt 10,7). Jesus will Menschen für das Himmelreich gewinnen, das mit ihm verbunden schon auf der Erde erfahrbar ist. In Gleichnissen offenbart Jesus den Menschen die »Geheimnisse des Himmelreichs«. Das 13. Kapitel des Matthäus-Evangeliums nimmt dabei eine wichtige Stellung ein: Sechs Gleichnisse beginnt Jesus hier mit den Worten »Das Himmelreich gleicht einem…«. Jesu Gleichnisse gelten zum einen »dem Volk«, das von ihm gehört hat, das mehr von ihm hören will, das sich zu ihm hingezogen fühlt, aber auch (noch) Vorbehalte hat oder ihn am Ende ablehnt. Zum anderen gelten sie seinen Nachfolgerinnen und Nachfolgern zu Jesu Lebzeiten, in den Urgemeinden und auch heute. Historisch gesehen spiegelt das Matthäus-Evangelium eine Zeit wider, in der sich das Verhältnis der jüdischen Gemeinde zur »Jesusbewegung« zu klären beginnt – bis hin zur schmerzhaften Trennung. Die Himmelreich-Gleichnisse sollen Menschen bestärken, ihren Christusglauben nicht aufzugeben – trotz offener

Fragen, immer neuer Anfechtungen oder massiver Anfeindungen. Denn auch wenn das Himmelreich sich allen menschlichen Festschreibungen und jeder menschlichen Machbarkeit entzieht, ist doch gewiss: In Christus ist das Himmelreich für uns Menschen nahe herbeigekommen!

Das Himmelreich gleicht einem Schatz im Acker
und einem Kaufmann, der eine kostbare Perle findet

Mit diesen beiden Himmelreich-Gleichnissen gibt Jesus unterschiedlich akzentuierte Antwortimpulse auf das Fragen: *Wo* ist das Himmelreich zu finden? Und *wie* gewinnen Menschen schon in ihrem irdischen Leben Anteil am Himmelreich?

Das erste Gleichnis beschreibt das *zufällige Finden* eines Menschen. Dabei ist nicht ausgeführt, ob es zum Finden während des berufsmäßigen Beackerns des Feldes kommt oder bei einem zufälligen Gang über das Feld. Im zweiten Gleichnis geht das Finden auf ein *gezieltes Suchen* des Kaufmanns zurück.

Mit den Bildworten »Schatz im Acker« und »kostbare Perle« wird in beiden Gleichnissen der einzigartige Wert des Himmelreiches für das irdische Leben herausgestrichen. Der »Mensch« und der »Kaufmann« erkennen diesen Wert und setzen alles daran, um es zu erlangen. Beide Gleichnisse wählen dafür eine Formulierung, die bis auf ihr Tempus gleich ist: »Er...verkauft(e) alles, was er hat(te)...«.

Alles einsetzen, ohne Sicherheiten zu behalten, ohne Reserve für den Notfall. Wenn es um das Himmelreich geht, dann ist Radikalität gefordert. Um Anteil am Himmelreich zu gewinnen, braucht es ein die ganze Person und das ganze Leben erfassendes Handeln.

Das Himmelreich auf (oder wie im Gleichnis »in«) der Erde finden, den Wert des Himmelreiches für unser irdisches Leben erkennen und dann ohne »Wenn und Aber« das Streben nach dem Himmelreich zur bestimmenden

Ausrichtung unseres Lebens machen – dieser Zusammenhang ist für die beiden Gleichnisse entscheidend. Ihre Betonung der dynamischen Konsequenzen aus dem Finden und Erkennen des Himmelreiches machen deutlich: Ein Leben in der Nachfolge Christi ist weniger ein statisches *Sein* als vielmehr ein aktives *Handeln*. Vielleicht lässt sich sogar zuspitzen: Christ-Sein besteht im Christ-Werden!

Das Himmelreich zerfällt,
wenn es als individueller Besitz gehortet wird!

Mir ist im Blick auf das Himmelreich über die Botschaft der beiden Gleichnisse hinaus ein weiterer Antwortimpuls unverzichtbar: Christ-Sein als ein Christ-Werden ist ohne eine »Gemeinschaft von Menschen, die nach dem Himmelreich streben« oder, wie es im apostolischen Glaubensbekenntnis heißt, ohne »Gemeinschaft der Heiligen« nicht lebbar. Es kann also keinen nachhaltigen Anteil am Himmelreich für Menschen geben, die allein und ausschließlich ihre individuelle Seligkeit suchen und pflegen.

Kurt Marti hat das so verdichtet:

»Gott: nicht irgendwo.
Nicht irgend anderswo.
Kein Etwas.
Nicht besitzbar.
Unter uns.

Sagt der Galiläer.«[1]

Konkret gefragt

Vom Himmelreich auf Erden und in unserem Leben ist – leider Gottes – oft nur wenig zu sehen, zu hören, zu spüren, zu erfahren oder zu schmecken. Wie der theologische Poet vom Niederrhein, Hanns Dieter Hüsch, so müssen auch wir uns konkret fragen:

> »Tja, wie steht's denn im Himmel? Der Himmel in uns, ich meine den Ort, wo in uns Leib und Seele und Glauben sitzen. Ist da was oder ist da nichts?, möchte ich heute mal konkret fragen. … Wie steht es um uns, das heißt, wie steht es dann auch um den Himmel? … Ist der Himmel noch zu retten, oder sind wir noch zu retten? Oder retten wir uns gegenseitig? Die Welt ist unbarmherzig, ungläubig und unverschämt. Da muss man ein dickes Fell haben und nicht nur so vor sich hin glauben.«[2]

Das mit Jesus Christus verbundene Himmelreich auf Erden ist ein Leben mit »dickem Fell« *in Gemeinschaft* mit Christenmenschen. Diese Gemeinschaft ist nach Frage 55 des Heidelberger Katechismus so qualifiziert:

> »Was verstehst du unter der ›Gemeinschaft der Heiligen‹? Alle Glaubenden haben als Glieder Gemeinschaft an dem Herrn Christus und an allen seinen Schätzen und Gaben. Darum soll auch jeder seine Gaben willig und mit Freuden zum Wohl und Heil der anderen gebrauchen.«

[1] Kurt Marti: Die gesellige Gottheit. Ein Diskurs, Radius-Verlag, Stuttgart 2015, S. 11.

[2] Hanns Dieter Hüsch, Das kleine Buch zwischen Himmel und Erde, tvd-Verlag, Düsseldorf 2000, S. 32.

10. SONNTAG NACH TRINITATIS (ISRAELSONNTAG): KIRCHE UND ISRAEL SACHARJA 8,20-23

Ulrich Lilie

So spricht der HERR Zebaoth: Es werden noch Völker kommen und Bürger vieler Städte, und die Bürger der einen Stadt werden zur andern gehen und sagen: Lasst uns gehen, den HERRN anzuflehen und zu suchen den HERRN Zebaoth; wir wollen mit euch gehen. So werden viele Völker und mächtige Nationen kommen, den HERRN Zebaoth in Jerusalem zu suchen und den HERRN anzuflehen.

So spricht der HERR Zebaoth: Zu jener Zeit werden zehn Männer aus allen Sprachen der Völker einen jüdischen Mann beim Zipfel seines Gewandes ergreifen und sagen: Wir wollen mit euch gehen, denn wir haben gehört, dass Gott mit euch ist.

AM ROCKZIPFEL DER HOFFNUNG

Die zerstörte Stadt

Heile Welt geht anders. Die ungezählten zerstörten Städte in Geschichte und Gegenwart. Jerusalem steht für sie alle: zerschossene Ruinen, zerstörte Infrastruktur und verwundete Seelen und Körper, das Heiligtum im Zentrum immer noch ein Schutthaufen – auch Jahrzehnte nach dem Krieg.

Zwischen die Zeilen des Sacharjabuchs blenden sich Bilder anderer zerstörter Städte ein: Mariupol und Azaz, Iskenderun und Aleppo, Sarajevo und Grosny; auch die Erinnerungen an die Trümmergrundstücke, die Straßen mit Kriegsnarben in meiner Kindheit.

Zu der Zeit, in der Sacharja seine Visionen empfängt, ist Jerusalem so ein Ort zerbrochener Geschichten, zerstörter Geschichte. Ein Ort der Verluste und des Scheiterns. Aber Jerusalem ist zugleich viel mehr: Es bleibt der Ort der Hoffnung. »Under construction«. Inmitten der Trümmer – die Baustelle der Zukunft für das neuen Jerusalem. Die Stadt der Treue (8,3) soll es heißen. Gott wohnt im Herzen dieser Stadt.

Seitdem die Menschheit sich Geschichten erzählt, erzählt sie vom Auferstehen aus und auf den Ruinen. Und es ist eines der ganz großen Wunder der Menschheitsgeschichte, dass diese Geschichten nicht verstummen. Dass wir – Gott sei Dank – nicht aufhören zu hoffen, dass Frieden möglich ist. Dass heil werden soll, was zerstört wurde.

Wer sich heute in der auch in dieser Hinsicht ikonischen Stadt Jerusalem in den vielen Kellern und Grabungen auf Spurensuche macht, findet Schicht unter Schicht jahrtausendealte Geschichten von Zerstörung und Wiederaufbau. Immer-wieder-Geschichten: auf den Trümmern der alten Stadt wächst das neue Jerusalem. Der Ort, wo Himmel und Erde sich berühren. Wo wir Frieden finden.

Sacharjas Visionen sind im Wortsinn erschütternd, sie erschüttern unsere gedanklichen Routinen: Auch das Miteinander der Menschen wird neu justiert: »Richtet recht, und ein jeder erweise seinem Bruder Güte und Barmherzigkeit, und bedrückt nicht die Witwen, Waisen, Fremdlinge und Armen.« (7,9-10). Sacharja zeichnet Bilder von Versöhnung, von Gerechtigkeit, von erwachendem Leben, von Sicherheit für Kinder und alte Leute (8,4.5). Und die Kindeskinder derer, die mit dem Leben davongekommen sind, kehren auf diese Verheißung hin wieder heim. Alles wird gut. »Tröstet, mein Volk!«, hören wir von Ferne.

Die Macht Gottes

»Herr Zebaoth«, »Adonaj, mächtig über die Heere«, »Er, der Umscharte«[1] – das ist der häufigste Gottesname im Ersten Testament. Machtfülle und Majestät füllen die ersten acht Kapitel, den ältesten Teil, des Sacharjabuches. Aber dieser Gott ist kein Eroberer. Eher ein Bauhandwerker vielleicht, ein Zimmermann, einer, der sich die Hände schmutzig macht mit seinen Menschen. Wie damals an Adam, dem Erdling.

Diese Majestät will unter den Menschen wohnen. Da, wo sie neu anfangen, mitten im Trümmerfeld, hat der Anfänger, die Vollenderin des Glaubens eine feste Adresse. Macht sich erreichbar: Jerusalem, die Stadt Gottes bei den Menschen. Der Ort des Scheiterns, des Wieder-und-wieder-Scheiterns bleibt der Ort des Neubeginns, die Adresse des geheimnisvollen Gottes. Ein kühnes Bild, ein tröstendes Bild. Eine Architektur gewordene, eine stadtplanerische *theologia crucis* aus dem 6. Jahrhundert vor Christus. Wie in einer Doppelbelichtung flimmert schemenhaft das himmlische Jerusalem über dem hoffnungslos zerstörten.

Es erstaunt nicht, dass Sacharja – sein Name bedeutet »Gott hat sich erinnert« – auch in den urchristlichen Gemeinden gelesen und ausgelegt wird. In den Evangelien findet man seinen Nachhall.[2] Sacharja hat Worte, in die sich das wegweisende Erleben der frühen Christen mit dem Juden Jesus und dem auferstandenen Christus in die schockierende neuerliche Zerstörung Jerusalems durch die Römer einblenden lässt. Hofft, sagt die Stimme des Propheten. Die Trümmer haben nicht das letzte Wort. Der Tod hat nicht das letzte Wort. Gott hat sich erinnert: »Kehrt um zu mir, so will ich zu euch umkehren.« (1,3)

Wir Mitläufer
Und wir Weltbürger:innen? Gojim, unbeschnitten, nicht erwählt? Wir sind eine Art Mitläufer am Rockzipfel dieser Hoffnung: »Wir wollen mit euch gehen, denn wir haben gehört, dass Gott mit euch ist.« (8,23) Mit euch in euren Trümmern ist Gott. Vielleicht auch in den Trümmern unserer Träume und Projekte? Die Visionen Sacharjas sprengen jeden Rahmen. Es ist ein Kommen, ein Gehen, ein Flehen. Das Volk Gottes wird bunt, vielsprachig, multikulturell. Und der große Treck der Vertriebenen, der Heimatlosen, der Entwurzelten aus den Jahrtausenden hat ein Ziel: Jerusalem, die Stätte Gottes bei den Menschen. Die Stadt der Treue. Der Heilige Berg. Wer dazugehören will, soll mit dabei sein.

Wir hängen am Rockzipfel dieser Hoffnung. Griechen, Römer, Syrophönizierinnen und der Rest der Welt. Es kann ein ganz großer Aufbruch werden. Diese Reise nach Jerusalem. Dorthin, wo Gott zu Hause sein will, mitten aus den desaströsesten Scheiter-Erfahrungen scheint seine Gegenwart. Dann wird kein Leid, kein Geschrei mehr sein.

[1] Übersetzungen nach Martin Luther (2017), Klaus Wengst (Bibel in gerechter Sprache) und Martin Buber (Bücher der Kündung).

[2] Jesu Einzug auf einem Esel in Jerusalem (9,9), die Tempelreinigung (14,21), die Klage über den Durchbohrten (12,10), der Lohn des Judas (11,13) – alles Motive aus Sacharja.

10. SONNTAG NACH TRINITATIS (ISRAELSONNTAG): GEDENKTAG DER ZERSTÖRUNG JERUSALEMS 5. MOSE 30,1-6(7-10)

Roger Mielke

Wenn nun dies alles über dich kommt, es sei der Segen oder der Fluch, die ich dir vorgelegt habe, und du es zu Herzen nimmst, wenn du unter den Heiden bist, unter die dich der HERR, dein Gott, verstoßen hat, und du dich bekehrst zu dem HERRN, deinem Gott, dass du seiner Stimme gehorchst, du und deine Kinder, von ganzem Herzen und von ganzer Seele in allem, was ich dir heute gebiete, so wird der HERR, dein Gott, deine Gefangenschaft wenden und sich deiner erbarmen und wird dich wieder sammeln aus allen Völkern, unter die dich der HERR, dein Gott, verstreut hat. Wenn du bis ans Ende des Himmels verstoßen wärst, so wird dich doch der HERR, dein Gott, von dort sammeln und dich von dort holen und wird dich in das Land bringen, das deine Väter besessen haben, und du wirst es einnehmen, und er wird dir Gutes tun und dich zahlreicher machen, als deine Väter waren. Und der HERR, dein Gott, wird dein Herz beschneiden und das Herz deiner Nachkommen, damit du den HERRN, deinen Gott, liebst von ganzem Herzen und von ganzer Seele, auf dass du am Leben bleibst.

Aber alle diese Flüche wird der HERR, dein Gott, auf deine Feinde legen und auf die, die dich hassen und verfolgen. Du aber wirst umkehren und der Stimme des HERRN gehorchen, dass du tust alle seine Gebote, die ich dir heute gebiete. Und der HERR, dein Gott, wird dir Glück geben zu allen Werken deiner Hände, zu der Frucht deines Leibes, zu den Jungtieren deines Viehs, zum Ertrag deines Ackers, dass dir's zugutekomme. Denn der HERR wird sich wieder über dich freuen, dir zugut, wie er sich über deine Väter gefreut hat, weil du der Stimme des HERRN, deines Gottes, gehorchst und hältst seine Gebote und Rechte, die geschrieben stehen im Buch dieses Gesetzes, wenn du dich bekehrst zu dem HERRN, deinem Gott, von ganzem Herzen und von ganzer Seele.

DU

»Wenn nun dies alles über dich kommt…«: Das »Du« dieser Verse ist Israel, gerade am Israel-Sonntag ist das wichtig. Allerdings öffnet sich dieses »Du«. Nicht selbstverständlich und auch nicht schnell. Eher zögerlich, vielleicht zaudernd. Eine Spur legt Joseph Vogl in seinen Überlegungen »Über das Zaudern«: Wer zaudert, verschiebt die Aneignung, die Verwertung. Der zaudernden Lektüre legt sich nahe, dass das Du des Textes kollektiv ist: Du, Israel. Und was ist nun mit »mir«, und gar mit »uns«? Mit denjenigen, die als Gemeinde Jesu diesen Text lesen? Kann mir, kann uns das Wort zum Spiegel werden? Im Spiegel des Wortes erkennen wir den eigenen Weg zwischen Segen und Fluch. Der Spiegel bleibt anderes, zeigt aber Eigenes. Recht gehört und gelesen sehen wir mehr als »durch einen Spiegel in einem dunklen Bild« (1. Kor 13,12). Recht gehört und gelesen imponiert sich das Wort als »ganz nahe bei dir, in deinem Munde und in deinem Herzen, dass du es tust« (5. Mose 30,14). Damit erreicht das Wort uns und mich. Es ist Spiegel, klares Wort. Am Gedenktag der Zerstörung Jerusalems zaudert die christliche Lektüre, will das »Du« Israel groß machen und erkennt sich doch selbst im Spiegel dieses Textes, von Juden und Christen wieder und wieder gelesen, als Teil der Spur von Segen und Fluch, auf die der Text verweist und von der er ein Teil ist.

Segen oder Fluch

»…auf dass du am Leben bleibst«: Geht das, was »über mich kommt« (V.1), auch ins Herz? Das ist nicht trivial. Wie vieles perlt ab, trifft den Körper oder den Kopf. Gibt vielleicht zu denken, trifft aber gerade nicht das Herz. Im Text lesen wir eine implizite Mahnung, an einen Konditionalsatz gebunden: »Wenn nun…« Das heißt doch: Nimm das, was dir begegnet, zu Herzen. In der Theologie des Deuteronomiums heißt das für Israel: Die Erfahrungen von Zerstörung und Exil sollen nahegehen, sollen ins Herz treffen und von dort aus Erneuerung wirken. Ärgerlich binär wirkt dieser Text, heute gelesen. Entweder Segen oder Fluch, nur diese beiden, kein Drittes, keine Graustufen, keine Ambivalenzen.

Neues in der alten Welt

Die Theologie des Deuteronomiums hält fest: Neuanfang ist möglich. Der in nachexilischer Projektion vorgestellte Kontext ist derjenige der Bundeserneuerung. In einer Geschichte von Schuld und Zerbruch ist Neuanfang möglich. Die darin sich meldende Frage ist uns nicht fern: Wie ist wirklich Neuanfang möglich? Für Menschen der Gegenwart ist diese Frage vielleicht schwieriger als für andere Zeiten. Die Welt als Ursache-und-Wirkungszusammenhang ist geschlossen. Wirklich Neues, nicht in den Bedingungen des Alten enthalten und zu errechnen, gibt es nicht. In unserem Text aber gibt es etwas Neues: grundloses Erbarmen. Dies ist der erste Schritt des Segens. Erbarmen wiederum beginnt mit dieser Bewegung des Sich-zu-Herzen-Nehmens, die sich verstärkt zur »Umkehr« (V. 2). Das Neue ist als sozusagen komplementäre Bewegung vorgestellt: Die Bewegung des Herzens zur Umkehr und die Bewegung Gottes zum Erbarmen entsprechen einander. Das eine nicht ohne das andere. Das Wort vom Segen erinnert an die verlorene, die unmöglich gewordene Möglichkeit, es reizt zur Umkehr und ermöglicht letztlich Umkehr. Die Bewegung der Herzen zur Umkehr und die Bewegung Gottes zum Erbarmen verdichtet sich zur Spur des Segens: Reset, Neustart, Neues in der alten Welt.

Umkehr

Der große tschechische Phänomenologe Jan Patočka verarbeitete in seinen »Ketzerischen Essays zur Philosophie der Geschichte« die Erfahrung zweier Weltkriege. Was gibt nach dem Zusammenbruch der alten Welt, nach Strömen von Blut noch Hoffnung? Patočka hoffte auf die »Solidarität der Erschütterten«. Nur die »Erschütterten« seien in der Lage, »umzukehren«, das gemeinsame Leben aus der von der Trägheit bestimmten Bewegungsrichtung hinauszulenken. Für Patočka hing daran die Möglichkeit des geistigen Lebens überhaupt: »Nur [...] wer die Fähigkeit zur Umkehr, zur Metanoia hat, ist ein geistiger Mensch.« (157) In seinen großen Studien zur Ideengeschichte Europas, mit großer Sympathie für die religiösen Traditionen geschrieben, markiert Patočka das entscheidend Europäische in der »Sorge um die Seele«. Damit allein sei der Raum der Freiheit offen gehalten, in dem sich »Sinn« einstellt: Öffnung der Welt auf das hin, was sich zu verstehen gibt. »Sinn« gibt sich aber nur auf den »Fluchtpunkt der Fraglichkeit« hin. In unserem Text zielt die Umkehr auf die Rückkehr »in das Land«. Der Segen hat einen Ort, er markiert Zugehörigkeit – dies aber noch in einem anderen Zeichen:

Ganz sein

Die Beschneidung der Herzen begegnet in den prophetischen Traditionen (Jer 4,4; Hes 11,19) ebenso wie im Corpus Paulinum (Röm 2,29; Kol 2,11). Dieses Zeichen der Zugehörigkeit zielt auf Hingabe, auf Liebe von »ganzem Herzen«, auf ein ungeteiltes Herz. Das Motiv der »Ganzheit« war auch den urchristlichen Leserinnen und Lesern der Tora wichtig: Die doppelte Bekräftigung des Deuteronomiums, »von ganzem Herzen und von ganzer Seele« (V. 6), wird bei Markus und Lukas viergliedrig (»von ganzem Herzen, von ganzer Seele, von ganzem Gemüt und mit all deiner Kraft«, Mk 12,30), bei Matthäus immerhin dreigliedrig (Mt 22,37). An dieser Stelle kann noch einmal aus dem »Du« ein »Wir« werden. Die allermeisten Dinge unseres Lebens tun wir mit geteiltem Herzen. Anders geht es auch gar nicht. Eine solche »Gewaltenteilung« ist, wie die politische auch, lebensdienlich. Gott zu lieben mit ungeteiltem Herzen ist wohl, mit Patočka, der Fluchtpunkt des Segens. Von den schlechten Königen Israels heißt es, dass ihr Herz »nicht ungeteilt bei dem Herrn« war (1. Kön 8,61; 11,4; 15,3.14). Im masoretischen Text steht dort das Verb (!) »Schalam«, und man kann auch übersetzen: Ihr Herz »hatte keinen Frieden beim Herrn«.

11. SONNTAG NACH TRINITATIS
GALATER 2,16-21

Petra Zimmermann

Doch weil wir wissen, dass der Mensch durch Werke des Gesetzes nicht gerecht wird, sondern durch den Glauben an Jesus Christus, sind auch wir zum Glauben an Christus Jesus gekommen, damit wir gerecht werden durch den Glauben an Christus und nicht durch Werke des Gesetzes; denn durch des Gesetzes Werke wird kein Mensch gerecht. Sollten wir aber, die wir durch Christus gerecht zu werden suchen, sogar selbst als Sünder befunden werden – ist dann Christus ein Diener der Sünde? Das sei ferne! Denn wenn ich das, was ich niedergerissen habe, wieder aufbaue, dann mache ich mich selbst zu einem Übertreter.

Denn ich bin durchs Gesetz dem Gesetz gestorben, damit ich Gott lebe. Ich bin mit Christus gekreuzigt. Ich lebe, doch nun nicht ich, sondern Christus lebt in mir. Denn was ich jetzt lebe im Fleisch, das lebe ich im Glauben an den Sohn Gottes, der mich geliebt hat und sich selbst für mich dahingegeben. Ich werfe nicht weg die Gnade Gottes; denn wenn durch das Gesetz die Gerechtigkeit kommt, so ist Christus vergeblich gestorben.

Wiederaufbauen, was abgerissen war, rekonstruieren, was verloren ging, das alte Bild wiedererstehen lassen, zumindest die Fassade. »Wenn ich das, was ich niedergerissen habe, wiederaufbaue, dann mache ich mich selbst zu einem Übertreter«? Was – um Himmels willen – soll daran schlimm sein, gar eine Übertretung? Versuchen wir nicht allenthalben zu rekonstruieren, was daniederliegt, Bauten, Strukturen, Muster? Eben!, hör ich Paulus rufen, eben! Du versuchst immer wieder in die alten Muster zurückzuschlüpfen, in alte Rollen, die du hofftest, überwunden zu haben. Wieder und wieder trampelst du die alten Pfade entlang. Die Regelwerke, einmal eingetrichtert, surren als Stimmen in deinem Kopf. Dein altes Programm, das dir eingeschrieben wurde von Kindheit an. Was sagen die Stimmen? Du musst dich anstrengen! Mach was aus deinem Leben. Verlass dich auf dich selbst! Behalte die Kontrolle! Werde deinen Ansprüchen gerecht!

Wie willst du diesen Stimmen gerecht werden? Du mühst dich ab, es wird nicht reichen. Deine Regelwerke, sie mögen respektabel sein, sie haben dir einen gewissen Grad an guten Manieren und Selbstkontrolle verschafft, sie mögen dich eine Zeitlang durch das Leben tragen, doch gerecht wirst du ihnen nie. Du magst die Fassade rekonstruieren, das schöne Bild von dir mit eisernem Willen festzuhalten versuchen, aber du wirst darüber verbissen, selbstgerecht, ungenießbar für andere, realitätswund und gezeichnet vom Schmerz der Dressuren. »Du bist dein eigener Gott – und wunderst dich, dass die Wölfe dich über die dunkle Öde des Wintereises jagen« (Dag Hammarskjöld). Du wirst an deinen Ansprüchen scheitern. Du wirst dir selbst nie gerecht werden, und du wirst Gott nicht gerecht werden.

Paulus kämpft. Der Ton ist scharf. Sein Gegner ist Petrus, der Superapostel, der Felsenmann. Die Frage, die verhandelt wird, ist die Frage nach Identität und Abgrenzung. Wer gehört dazu und wer nicht? Und welche Bedingungen muss man erfüllen, um dazuzugehören? Speisevorschriften vielleicht? Petrus hatte sich einst dagegen ausgesprochen, jetzt aber, unter dem Druck der Jakobusleute, macht er einen Rückzieher. Macht sich zum Fürsprecher solcher Vorschriften, nötigt auch die Heidenchristen, solche zu befolgen. Paulus wirft ihm Heuchelei vor. Einknicken vor dem Mainstream. Warum ziehst du alte Mauern wieder hoch? Du weißt es doch besser! Und dreimal krähte der Hahn.

Hier sei eine kleine Warnung am Rande ausgesprochen: Es geht bei Paulus nicht um eine Abwertung der Tora. Er, der Griechisch sprechende Jude, weiß, dass das jüdische Gesetz den Menschen zeigt, was zu einem guten Leben gehört und was in den Tod führt. Es ist eine Orientierungshilfe, um Leben zu schützen. Niemand kann das Gesetz ganz erfüllen, jeder bleibt Sünder oder Sünderin und ist auf die Barmherzigkeit Gottes angewiesen, die – etwa am Versöhnungstag – geschenkt wird. Das Problem aber liegt darin, dass nun von Heidenchristen das Gesetz als eine Vervollständigung des Evangeliums verlangt wird. Und damit wird beides, Gesetz und Evangelium, verdreht.

Die Frage nach der Identität bewegt Paulus so sehr wie uns. Sei ganz du selbst, werden wir in der Werbung wie in Ratgebern aufgefordert. Sei, wer du bist. Aber wer bin ich? Wie wenig komme ich mir selbst auf die Spur, wie undurchsichtig sind mir oft meine Absichten und Ziele. Wie oft haben wir Fassaden aufgebaut, weil dahinter eine große Unordnung herrscht oder weil wir fürchten, dahinter sei nur Leere, die »Öde des Wintereises«. Und andere haben ihre Erwartungen in meine Fassaden mit eingebaut. Stein auf Stein, undurchdringlich wie eine Mauer. Wie oft hab ich versucht, die Fassade einzureißen, und sie doch wieder aufgebaut, aus Angst oder Misstrauen oder Schwäche.

Reiß sie ein, würde Paulus uns raten. Du brauchst sie gar nicht. Reiß sie ein, denn sie macht dich nicht aus. Du findest deine Identität nicht durch Konstruktionen, die du oder andere für dich in Auftrag gegeben haben. »Ich lebe, doch nun nicht ich, sondern Christus lebt in mir.« Damit ist die Frage, wer du bist und was du sollst, längst beantwortet. Du bist der Mensch, in dem Christus lebt. Gott ist gegenwärtig in dir. »Ich in dir, du in mir, lass mich ganz verschwinden, dich nur sehn und finden«, so hat der Theologe und Liederdichter Gerhard Tersteegen es in Worte gefasst (EG 165.5). Lass mich ganz verschwinden, meine Absichten, meine Bestrebungen, meine Strategien, meinen Wunsch, das Leben im Griff zu halten. Lass es los, verschwinden, absterben. Dieser Tod ist wie eine neue Geburt. Du hast alles, was du brauchst. Christus in dir. Er hat sich mit dir verbunden und verbindet dich mit allem, was lebt. Er sagt dir, wer du bist. Du bist der geliebte Mensch. Du lebst nicht nur dein eigenes Leben, du hast Anteil an einem viel größeren Geheimnis. Oder, wie Edith Stein dichtete:

»Dein Leib durchdringt geheimnisvoll den meinen,
und Deine Seele eint sich mit der meinen:
Ich bin nicht mehr, was einst ich war.«

12. SONNTAG NACH TRINITATIS
LUKAS 13,10-17

Gerhard Begrich

Und er lehrte in einer Synagoge am Sabbat. Und siehe, eine Frau war da, die hatte seit achtzehn Jahren einen Geist, der sie krank machte; und sie war verkrümmt und konnte sich nicht mehr aufrichten. Als aber Jesus sie sah, rief er sie zu sich und sprach zu ihr: Frau, du bist erlöst von deiner Krankheit! Und legte die Hände auf sie; und sogleich richtete sie sich auf und pries Gott.

Da antwortete der Vorsteher der Synagoge, denn er war unwillig, dass Jesus am Sabbat heilte, und sprach zu dem Volk: Es sind sechs Tage, an denen man arbeiten soll; an denen kommt und lasst euch heilen, aber nicht am Sabbattag. Da antwortete ihm der Herr und sprach: Ihr Heuchler! Bindet nicht jeder von euch am Sabbat seinen Ochsen oder Esel von der Krippe los und führt ihn zur Tränke? Musste dann nicht diese, die doch eine Tochter Abrahams ist, die der Satan schon achtzehn Jahre gebunden hatte, am Sabbat von dieser Fessel gelöst werden? Und als er das sagte, schämten sich alle, die gegen ihn waren. Und alles Volk freute sich über alle herrlichen Taten, die durch ihn geschahen.

Der Text beginnt mit einem dreifachen Paukenschlag! Man sollte diesen Satz zwei Mal lesen – und dann langsam, Wort für Wort:

»Und ER lehrte…« Was für ein Beginn, der uns, die Leser und Leserinnen, aufhorchen lässt: denn Jesus ist ein Rabbi. Nur ein Rabbiner nämlich darf die Schrift auslegen und künden. Jesus von Nazareth ist ein solcher, der in einer Synagoge lehrt. Um die Schrift auszulegen, bedarf es nur der »Torah in der Hand«, keines Tempels, keines »heiligen Ortes«. Denn da, wo die Torah ausgelegt wird, *ist* ein heiliger Ort, ist das »Haus Gottes«.

Die Synagoge ist da, wo du die Torah aufschlägst. Es gibt keinen »heiligen Ort«, aber die »heilige Zeit des Textes«.

Der dritte Paukenschlag heißt: Sabbat. Er ist das »heilige Haus« in der Zeit. Es ist ein Haus zum Feiern. Denn der Tag des Sabbats ist ein Tag des Schalom, des Friedens in der Schöpfung, mit Gott und allen Menschen.

An diesem Tag darf der Mensch nicht in die Welt eingreifen, um sie zu ändern, denn die Schöpfung strahlt auf in Gottes Vollkommenheit: Seine Welt ist schön. Darum gilt es, Gott zu loben, denn in IHM ist der siebte Tag vollkommen und heil.

Darum lehren die Rabbanan: Wer einen Kranken besucht, spreche: »Es ist Sabbat, man darf nicht klagen, Genesung wird bald eintreten. Rabbi Meir sagte: Der Sabbat kann Erbarmen bei Gott veranlassen. Rabbi Jehuda sagte: Gott möge sich deiner unter allen Kranken Jisraels erbarmen. Schebua aus Jerusalem pflegte bei seinem Kommen zu sagen: Friede, Schalom! Bei seinem Fortgehen: Es ist Sabbat, man darf nicht klagen, Genesung wird bald eintreten.

SEINE Bamherzigkeit ist groß, feiert euren Sabbat in Frieden.«

Nur sehr widerwillig haben die Rabbinen erlaubt, am Sabbat Leidtragende zu trösten und Kranke zu besuchen. Aber sage ihm, dem Kranken: Gott gedenke deiner zum Heil.

Denn der Sabbat ist ein Festtag zum Heil: Feiere die Erlösung der Schöpfung. An diesem Tag darf keine Trauer sein (siehe Talmud-Traktat Schabbat, 12a+b). Und: An diesem Tag darf man nicht heilen – da hat der »Vertreter der Synagoge« recht!

Aber: Das ist Gottes Einspruch gegen alle menschlichen Verordnungen!

Der Vorsteher hat übersehen, nicht erkannt, wer hier handelt: der Kyrios, der HERR der Schöpfung. Und der ist auch ein HERR über den Sabbat!

Manche Textüberlieferungen lesen hier nicht »Kyrios« – HERR –, sondern den Namen *Jesus*. Bei dieser »theologischen Wahrheit« hätte der Synagogenvorsteher recht: Ein Mensch, auch wenn er Rabbiner ist, darf am Sabbat nicht heilen (außer bei Lebensgefahr für den Patienten; dies ist aber in diesem Fall nicht anzunehmen).

Der Sohn aber ist der Kyrios und, christologisch gesehen, der »Schöpfer aller Welt« (so das Lied »Christe, der Schöpfer aller Welt«, EG 92).

So gesehen begegnet dieser kranken Frau in diesem Augenblick ihr Heiland: In Seiner Gegenwart wird die Welt heil. Auch die Menschen…

…mussten sich schämen, die gegen IHN gewesen waren; sie haben sich geschämt, aber der Kyrios Jesus hat sie nicht beschämt: Die Scham ist ihre, der Menschen, Selbsterkenntnis. Denn Jesus Christus liebt die Menschen, und wer liebt, beschämt nicht.

So bleibt am Ende die Freude… Denn wir sind »gerettete Leute«, warum sollten wir nicht fröhlich sein?! An dieser Freude erkennt man SEINE Gemeinde.

Darauf wartet die Welt…

13. SONNTAG NACH TRINITATIS
3. MOSE 19,1-3.13-18.33-34

Christian Heidrich

Und der HERR redete mit Mose und sprach: Rede mit der ganzen Gemeinde der Israeliten und sprich zu ihnen: Ihr sollt heilig sein, denn ich bin heilig, der HERR, euer Gott.

Ein jeder fürchte seine Mutter und seinen Vater. Haltet meine Feiertage; ich bin der HERR, euer Gott.

[...]

Du sollst deinen Nächsten nicht bedrücken noch berauben. Es soll des Tagelöhners Lohn nicht bei dir bleiben bis zum Morgen.

Du sollst dem Tauben nicht fluchen und sollst vor den Blinden kein Hindernis legen, denn du sollst dich vor deinem Gott fürchten; ich bin der HERR.

Du sollst nicht unrecht handeln im Gericht: Du sollst den Geringen nicht vorziehen, aber auch den Großen nicht begünstigen, sondern du sollst deinen Nächsten recht richten.

Du sollst nicht als Verleumder umhergehen unter deinem Volk. Du sollst auch nicht auftreten gegen deines Nächsten Leben; ich bin der HERR. Du sollst deinen Bruder nicht hassen in deinem Herzen, sondern du sollst deinen Nächsten zurechtweisen, damit du nicht seinetwegen Schuld auf dich lädst. Du sollst dich nicht rächen noch Zorn bewahren gegen die Kinder deines Volks. Du sollst deinen Nächsten lieben wie dich selbst; ich bin der HERR.

[...]

Wenn ein Fremdling bei euch wohnt in eurem Lande, den sollt ihr nicht bedrücken. Er soll bei euch wohnen wie ein Einheimischer unter euch, und du sollst ihn lieben wie dich selbst; denn ihr seid auch Fremdlinge gewesen in Ägyptenland. Ich bin der HERR, euer Gott.

Wird über Sinn und Form des schulischen Religionsunterrichts diskutiert, fällt unvermeidlich das Wort von der »Werteerziehung«. Wer könnte widersprechen? Man weiß doch: zunächst der Dekalog und die Goldene Regel, auch das Liebesgebot, der barmherzige Samariter, die Inspirationen der Lehre auf dem Berg. Später werden die Schüler, in der Oberstufe allemal, mit Lawrence Kohlbergs »Gewissensstufen« und mit John Rawls »Gerechtigkeitstheorie« vertraut gemacht, hoffentlich auch mit dem christlichen Beitrag zur Sozialethik. Recht so! Gleichwohl ist es mir beim Mantra von der Werteerziehung nicht ganz wohl. Der christliche Glaube ist doch zunächst Metaphysik, die kühne, aber begründete Annahme, dass die Schöpfung einen heiligen Kern hat, gottgewollt ist. Aus diesem Glauben ergibt sich selbstredend eine Haltung und eine Lebenskunst. Die Reihenfolge freilich, die »Hierarchie der Wahrheiten«, sollte beachtet werden.

Während ich diesen Beitrag schreibe, denke ich an ein aufschlussreiches Interview mit Jutta Allmendinger, der Präsidentin des Wissenschaftszentrums für Sozialforschung in Berlin. Ihre Aussagen bestechen durch eine Sympathie für das Wirken der Kirchen. Diese seien so wichtig »wie selten«! Wen würden solche Worte in Zeiten der bröckelnden Kirchenstrukturen nicht berühren? Die Argumente der Soziologin verweisen auf »Werte der Akzeptanz, Werte des Respekts, Werte der Toleranz, Werte des Miteinanders und auch ausgleichenden Miteinanders, Werte des gegenseitigen Helfens und der Umverteilung«. Beim »spirituellen Angebot« der Kirchen ist Allmendinger merklich distanzierter, ja: »Wenn Sie mich jetzt fragen, ob ich an Gott glaube, das tue ich nicht. Dazu bin ich viel zu sehr Wissenschaftlerin, dass ich mir diese Transformation vorstellen könnte. Aber ich bin in einer gewissen Weise sogar ein gläubiger Mensch dahingehend, dass die Werte mir ganz, ganz wichtig sind.«

Der Religionslehrer in mir nimmt solche Statements nicht gerade gelassen zur Kenntnis. Nicht nur, weil ein wesentlicher Strang des Unterrichts darin besteht, den »Scheinkonflikt« (Anton Zeilinger) zwischen dem christlichen Glauben und den Naturwissenschaften aufzulösen (häufig genug eine Sisyphus-Arbeit!). Vor allem aber deswegen, weil eine Reduktion des kirchlichen Lebens auf »Werte« ein Segeln unter falscher Flagge wäre. Sosehr Glaube und moralisch reflektiertes Leben zusammengehören, sosehr müssen beide Elemente eigens gewürdigt werden. Kurz: Der christliche Religionsunterricht ist mit dem Ethikunterricht nicht identisch. Ohne Glaube, Liebe, Hoffnung wäre »Religion« ein Phantom. Davon legt auch das furiose 19. Kapitel des Buches Levitikus ein eindrückliches Zeugnis ab.

Wer das Kapitel aufschlägt, dem schreit geradezu der Leitvers entgegen:

Ihr sollt heilig sein, denn heilig bin ich, JHWH, euer Gott.

Dem Vers folgt eine lange, durchaus bunte Reihe von Forderungen, deren Kernpunkte uns aus dem Dekalog geläufig sind, die zugleich das ethisch-kultische Feld in eine Richtung weiten, die sowohl hellsichtig als auch zeitgebunden erscheint.

Und wenn bei dir ein Fremder in eurem Land wohnt, dann sollst du ihn nicht ausnutzen, so der Vers 33, den man als zeitlos, ja allzu »aktuell« wahrnehmen kann. Andere Verse kommen uns – vielleicht nur vordergründig? – archaisch und überholt vor, so, wenn sie vor einer Kommunikation mit »Totengeistern« warnen (V. 31) oder eine Tätowierung verbieten (V. 28). Zu alledem ist das Schmökern in dem Levitikus-Kommentar von Thomas Hieke empfehlenswert und bereichernd!

In unserem Zusammenhang ist die Frage nach dem *Grund* unseres guten Tuns eine spannende. Darf es kein

Unrecht in der Rechtsprechung geben, und ist der Fremde zu ehren, weil das *per se* gut ist – oder weil Gott heilig ist und Er es so möchte? Eine komplexe Frage, die in der Theologiegeschichte zu heftigen Kontroversen über die »Autonomie« des Menschen und seiner Moral führte. Mittlerweile ist an dieser Stelle eine größere Gelassenheit eingekehrt, und das Wort Jesu weist die Richtung: »An ihren Früchten sollt ihr sie erkennen« (Mt 7,16). Noch lockerer könnte man im Fußballeridiom anfügen: »Ob mit dem rechten oder mit dem linken Fuß – Hauptsache, der Ball ist drin!« Die Aufforderung, *heilig zu sein*, muss gleichwohl nicht unterschlagen werden. Unsere Vernunft und »autonome Moral« (Alfons Auer) werden im Glauben an Gottes Heiligkeit geborgen, nicht geschädigt. Wer heilig werden möchte – welch ein Ziel! –, wird sich redlich mühen, ein Freund der Wahrheit, der Gerechtigkeit und der Treue zu sein. Zugleich wird er nicht umhinkönnen, mit der eigenen Gebrochenheit, mit der Verletzlichkeit und Unüberschaubarkeit der Welt zu rechnen. Dann ist die Tugend, die man in die Perspektive der Heiligkeit stellt, eine unruhige und eine gelassene zugleich. Eine unruhige, weil im Alltag nicht immer klar zu erkennen ist, wo – *pars pro toto* – Güte und Nachsicht und wo Fordern und Konsequenz angebracht sind. Eine gelassene, weil der mosaische Leitvers tatsächlich *Ihr sollt heilig sein, denn heilig bin ich* heißt und nicht etwa »Ihr sollt heilig sein, wie ich es bin«! Heilig sein ist ein Ziel, das in unzähligen kleinen Schritten angegangen werden muss. Das religiöse Projekt findet diesseits der Zeitmauer sein Finish nicht. Wer das weiß, wird Moral letztlich als »Vorletztes« ansehen. Nur Gott ist heilig. Unser gutes Tun aber bleibt ein heillos-heiliges Stückwerk.

14. SONNTAG NACH TRINITATIS
RÖMER 8,14-17

Thorsten Nolting

Denn welche der Geist Gottes treibt, die sind Gottes Kinder. Denn ihr habt nicht einen Geist der Knechtschaft empfangen, dass ihr euch abermals fürchten müsstet; sondern ihr habt einen Geist der Kindschaft empfangen, durch den wir rufen: Abba, lieber Vater! Der Geist selbst gibt Zeugnis unserm Geist, dass wir Gottes Kinder sind. Sind wir aber Kinder, so sind wir auch Erben, nämlich Gottes Erben und Miterben Christi, da wir ja mit ihm leiden, damit wir auch mit ihm zur Herrlichkeit erhoben werden.

»Und dann hat mir ein Freund gesagt: Wenn dir dazu nichts Schlüssiges einfällt, lass es doch einfach weg.« So gehen wir nicht vor, wenn wir zu predigen haben – und doch ist es richtig, nicht über etwas zu sprechen oder zu schreiben, wozu uns nicht wirklich etwas einfällt. Es war übrigens Ulrich Barth, den ich zitiere, der dies bei der Vorstellung seiner Dogmatik in München erzählte, und er meinte damit das Kapitel über den Heiligen Geist – es fehlt tatsächlich.

Sicher ist der Geist am wenigsten dingfest zu machen, auf etwas festzulegen und schon gar nicht nachzuweisen, weil er nun mal »weht, wo er will« (Joh 3).

Aber er weht. Meint nicht nur Paulus. Er bleibt sogar. Bei den Kindern Gottes.

1. Kind sein

Kind zu sein ist an sich schon etwas Schönes. Die Zukunft steht weit offen und ist ein Reich voller Möglichkeiten. Was realistisch möglich ist, entscheidet die Weltgegend, das Elternhaus, das Umfeld. Und doch stimmt es immer auch: »Ein Kind ist ein aus sich rollendes Rad, eine erste Bewegung« (Friedrich Nietzsche). Hier war das Christentum von Anfang an radikal: Mit Gott als Vater ist alles möglich (1. Kor). Denn nicht nur der Anfänger im Glauben, Jesus, hat Gott zum Vater, sondern alle, die dazu bereit sind, aus dem Geist neu geboren zu werden (Taufe, Rö 6), werden auch familiär neu ausgerichtet.

Dieses Wunderbare, diese enorme Freiheit, nicht mehr biologisch und sozial rückführbar zu sein auf genau diese Eltern, mit genau diesen Gewohnheiten, Begrenzungen, dieser Hautfarbe, dem Status, bleibt radikal.

Aber es steht genauso schnell unter Verdacht. Ein starkes Merkmal von Sekten ist das Lossagen vom Elternhaus, die neue Gemeinschaft wird zur wahren Familie, und damit geht häufig ein wichtiges Korrektiv verloren. Nun wissen wir auch, dass »zu Hause« nicht immer alles gut ist. Dass die Situation in den Häusern zwar schön sein kann, aber auch zu krassen Auseinandersetzungen (Streit), erheblichen Zumutungen für Kinder (Trennung und Scheidung) und leider auch traumatisierenden Folgen (Gewalt und sexuelle Übergriffe) führen. Von wo schaue ich auf etwas? Sehe ich die möglichen negativen Folgen einer abgeschlossenen häuslichen Situation oder die positiven vertrauensstärkenden? Sicher ist es ein Vorzug, sich die Anteile aussuchen zu können, wenn es die Freiheit dazu gibt.

Kind sein beschreibt den Freiraum, mal klein oder groß zu sein, sich auszuprobieren, Fehler zu machen, auch mal doof sein zu können und trotzdem zurückzukehren in die liebenden Arme der Eltern. Auch Gottes Kind sein zu dürfen kann früh aus mancher Enge, manchem Zwang befreien, vielleicht sogar behüten, weil der Vater im Himmel die Maßstäbe setzt: Liebe, Zugewandtheit, Gerechtigkeit, Vertrauen, Herzlichkeit.

2. Das Erbe antreten

Damit ist das Erbe beschrieben. Normalerweise erbt man erst, wenn Eltern versterben. Das Bild, das Paulus gebraucht, verstehe ich eher so, wie ein Unternehmer seiner Tochter oder seinem Sohn etwas anvertraut, was er aufgebaut hat.

Keine einfache Sache. Jemand hat etwas initiiert und möchte jetzt, dass es so erfolgreich bleibt, dass es sich weiterentwickelt, aber möglichst nach den bisherigen Prinzipien. Das geht häufig schief, weil die Kinder den Eltern nicht folgen können oder wollen. Es ist eben schon viel da – das soll aber nicht nur verwaltet, nicht einfach gehegt und gepflegt werden, sondern die Kraft, die darin steckt, soll weiter, den Herausforderungen der jeweiligen Zeit und dem Markt entsprechend, genutzt werden – denn sonst wird es auf Dauer nicht gelingen. Sonst zerbröselt das Aufgebaute, weil die Nachfrage ausbleibt und der Status quo nicht zu halten ist.

Wer schon einmal eine Kirche aufgegeben, ein Gemeindehaus geschlossen und verkauft hat, weiß, wie es sich anfühlt. Da kann es helfen, sich zu konzentrieren und die Möglichkeiten zu bündeln, die man noch hat, um Ausstrahlung zu haben, um Liebe, Herzlichkeit, Gerechtigkeit angemessen präsent zu halten. Aber ein Erbe, das schwindet, ist immer auch eine Niederlage. Das »Abba, lieber Vater« klingt da manchmal sehr flehend und wenig gewiss.

Die junge Christenheit mit ihrem Aufbruchsgeist erlebt etwas völlig anderes. Ständig kommen Menschen dazu, die sich für die neue Lehre begeistern, die Taufe, die Gemeinschaft. Da springt die Begeisterung von einer auf den nächsten über, breitet sich aus, findet neue Formen, neue Worte, neue Bilder für die Fülle des Lebens. Dies wird in der wahrscheinlich gottesdienstlichen Akklamation »Abba, lieber Vater« ausgedrückt (Ernst Käsemann).

Doch die junge Gemeinde erlebt früh, dass es nicht beim Fröhlichen bleibt, sondern die Herzlichkeit Gegner hat, die Liebe stört, Gerechtigkeit nicht passt. Die Erbschaft hat die Schattenseite, auch ins Leid zu führen, wenn der Geist offen durch Menschen wirkt.

3. Im Geist leben

Der Geist geht von Gott aus und in seiner Bestimmtheit auf Jesus in seinem Tun und Reden von der eschatologischen Gotteskindschaft zurück. Und ist doch selbst der, der beide interpretiert. Dieses Spiel unter Dreien hat die Theologie angespornt, gelegentlich aber auch verwirrt.

Paulus beschreibt, dass der Geist sich mit Personen verbindet, sie orientiert und antreibt. Kindschaft im Geist als Realität der Taufe, als Teilhabe am Reich Gottes äußert sich in den unterschiedlichsten Gaben, die eine Gemeinde bunt und reich machen (Rö 12). Auch das ist nicht statisch; weder sind Situationen/Konstellationen immer gleich, noch unsere psychische Disposition. Es bleibt eine offene Veranstaltung, in der es um die »Bewährung des pneumatischen Lebens« (Käsemann) geht.

Trotz der geringen Einflussmöglichkeiten auf die Öffentlichkeit, die faktische Bedeutungslosigkeit konnte die geistgetriebene Gemeinde der Kinder Gottes sich als Salz der Erde und Licht der Welt verstehen (Mt 5). Mit der Freiheit zur Liebe, der Kraft zum Mit-Leiden hat der Geist die Kinder Gottes angetrieben, hat aus den Gaben eine Gemeinschaft entstehen lassen und Hoffnung auf Gelingen gemacht. Wesentlich bleibt die Lebendigkeit und das neue Sein (2. Kor 5,17), das jedes Kind Gottes sich ständig neu aneignet oder zugeeignet bekommt – es gibt Kriterien, aber wie das genau aussieht... Insofern ist der Heilige Geist gewissermaßen undogmatisch.

15. SONNTAG NACH TRINITATIS
MATTHÄUS 6,25-34

Diedrich Steen

Darum sage ich euch: Sorgt euch nicht um euer Leben, was ihr essen und trinken werdet; auch nicht um euren Leib, was ihr anziehen werdet. Ist nicht das Leben mehr als die Nahrung und der Leib mehr als die Kleidung? Seht die Vögel unter dem Himmel an: Sie säen nicht, sie ernten nicht, sie sammeln nicht in die Scheunen; und euer himmlischer Vater ernährt sie doch. Seid ihr denn nicht viel kostbarer als sie? Wer ist aber unter euch, der seiner Länge eine Elle zusetzen könnte, wie sehr er sich auch darum sorgt?

Und warum sorgt ihr euch um die Kleidung? Schaut die Lilien auf dem Feld an, wie sie wachsen: Sie arbeiten nicht, auch spinnen sie nicht. Ich sage euch, dass auch Salomo in aller seiner Herrlichkeit nicht gekleidet gewesen ist wie eine von ihnen. Wenn nun Gott das Gras auf dem Feld so kleidet, das doch heute steht und morgen in den Ofen geworfen wird: Sollte er das nicht viel mehr für euch tun, ihr Kleingläubigen? Darum sollt ihr nicht sorgen und sagen: Was werden wir essen? Was werden wir trinken? Womit werden wir uns kleiden? Nach dem allen trachten die Heiden. Denn euer himmlischer Vater weiß, dass ihr all dessen bedürft.

Trachtet zuerst nach dem Reich Gottes und nach seiner Gerechtigkeit, so wird euch das alles zufallen. Darum sorgt nicht für morgen, denn der morgige Tag wird für das Seine sorgen. Es ist genug, dass jeder Tag seine eigene Plage hat.

Der slowenische Philosoph Slavoj Žižek erzählt folgende Geschichte: Als sein Heimatland noch eine sozialistische Republik und Teil Jugoslawiens war, kam eines Tages das Gerücht auf, dass das Klopapier knapp werden würde. Die Menschen waren irritiert. Zwar fehlte in den Läden immer wieder das eine oder das andere, aber Klopapier gab es genug. Und tatsächlich konnte die Regierung glaubhaft belegen, dass auch die Produktion normal lief und an diesem Hygieneartikel in absehbarer Zeit kein Mangel herrschen würde. Alle hätten also beruhigt sein können, waren es aber nicht. Denn sie stellten folgende Überlegung an: »Ich sehe, dass Klopapier da ist, und glaube der Regierung auch, dass es keinen Mangel geben wird. Was ist aber mit den anderen? Wenn die der Regierung nicht glauben, dann werden sie jetzt Klopapier hamstern. Ruck zuck ist dann keines mehr da und darum gehe ich jetzt los und besorge mir erst einmal ein paar Packungen.« Nullkommanichts waren die Regale leer, und der Mangel war da. Wer nicht auf Zack gewesen war, musste sich jetzt behelfen.

Die Geschichte zeigt, zu welch absonderlichen Wahrnehmungen der Welt die Besorgnis die Menschen treibt: Hier ist es sogar die Besorgnis um die Besorgnis der anderen, die zu einem Mangel und damit letztlich zu einem Schaden für alle führt.

Aber gibt es überhaupt ein Leben, das nicht im Modus des Besorgtseins gelebt wird?

Die Rede, die Matthäus in seinem Evangelium Jesus in den Mund legt, scheint genau das zu behaupten. Jesus scheint einem Gottvertrauen das Wort zu reden, das man nur als weltfremd und naiv bezeichnen kann. Die Vögel säen und ernten nicht – und Gott ernährt sie doch! Die Lilien auf dem Feld spinnen und weben nicht – und sind doch prächtiger gekleidet als ein König! Essen, Trinken, Kleidung – egal! Kümmert euch nicht darum, wie ihr eure Grundbedürfnisse befriedigen könnt. Das kommt von ganz allein!

Kann Jesus das wirklich so gemeint haben? Ist eine solche Botschaft nicht genauso bekloppt wie das Verhalten der Menschen, von dem Slavoj Žižek erzählt?

Jesus sprach vor allem in den Dörfern am See Genezareth zu den Menschen. Die Leute in diesen Dörfern waren nicht reich. Als Fischer und als Bauern, als kleine Handwerker und Tagelöhner verdienten sie ihren Lebensunterhalt. Wenn es gut lief, kamen sie mit ihren Familien gerade so über die Runden. Aber es lief nicht immer gut, und die Sorge darum, was am nächsten Tag auf den Tisch kommen würde, hat mit Sicherheit die meisten von diesen Menschen umgetrieben. Und sie alle wussten: Von nichts kommt nichts! Wenn ich morgen nicht hinausfahre zum Fischen, dann werden wir hungern. Wenn ich den Acker nicht bestelle, dann werden wir nichts anzuziehen haben. Wenn ich keinen Job als Erntehelfer im Weinberg des Gutsbesitzers bekomme, dann können wir betteln gehen.

Wenn Jesus diesen Menschen tatsächlich gesagt hätte: »Hört auf, euch zu kümmern. Legt die Hände in den Schoß und verlasst euch auf Gott!« – sie hätten ihm den Vogel gezeigt und ihn nicht als jemanden erlebt, der ihnen Mut zusprach und eine frohe Botschaft verkündete. Wo also liegt die Ermutigung in diesem Text verborgen?

Die ganze Rede Jesu läuft auf die beiden letzten Verse hinaus: »Trachtet zuerst nach dem Reich Gottes und nach seiner Gerechtigkeit, so wird euch das alles zufallen. Darum sorgt nicht für morgen, denn der morgige Tag wird für das Seine sorgen. Es ist genug, dass jeder Tag seine eigene Plage hat.«

Den letzten Satz werden die Menschen, die Jesus zuhörten, gut verstanden haben, denn er entspricht genau ihrer Lebenserfahrung: Sie mussten ihre Kraft darauf verwenden, im Heute durchzukommen. Morgen war Morgen. Jesus bestärkt sie in dieser Haltung.

Aber er tut das in einer ganz bestimmten Perspektive, mit einer ganz bestimmten Priorität: »Trachtet *zuerst* nach dem Reich Gottes und nach seiner Gerechtigkeit.«

Was ist mit diesem »zuerst« gemeint? Wie kann man nach dem Reich Gottes *trachten*?

Wenn Jesus vom Reich Gottes spricht, dann meint er nicht etwas, das in ferner Zukunft vielleicht einmal Wirklichkeit wird. Das Reich Gottes ist vielmehr schon da. Es ist eine Möglichkeit der Wirklichkeit, nach der man »trachten«, d.h. in die man sich hineinbegeben kann. Dies geschieht nicht, indem man die Hände in den Schoß legt und darauf wartet, dass ein Wunder geschieht, sondern indem man anders handelt.

Wie das geht und welche Folgen das haben kann, bringt Jesus in zahlreichen Gleichnissen zum Ausdruck. Da ist der Vater, der seinen auf Abwege geratenen Sohn nicht straft, was sein gutes Recht wäre, sondern wieder aufnimmt. Da ist der Weinbergsbesitzer, der jedem seiner Arbeiter so viel zahlt, dass eine Familie davon einen Tag leben kann, auch wenn der eine oder andere vielleicht nicht den ganzen Tag gearbeitet hat. Und nicht zuletzt sind da die vielen, die Jesus folgen und alle satt werden, obwohl sie nur wenig haben, weil sie dieses Wenige miteinander teilen.

Diese Menschen haben nicht aufgehört, sich zu kümmern. Sie säen und ernten, sie spinnen und weben. Aber sie haben aufgehört, nur auf sich selbst zu schauen. Sie sind hinausgetreten aus der Knechtschaft der Besorgnis um sich selbst in die Freiheit einer Lebenshaltung der sich kümmernden Unbekümmertheit. Darum geht es hier!

16. SONNTAG NACH TRINITATIS
PSALM 16,(1-4)5-11

Margot Runge

[Ein güldenes Kleinod Davids.
Bewahre mich, Gott; denn ich traue auf dich.
Ich habe gesagt zu dem HERRN: Du bist ja der Herr!
Ich weiß von keinem Gut außer dir.
An den Heiligen, die auf Erden sind,
an den Herrlichen hab ich all mein Gefallen.
Aber jene, die einem andern nachlaufen,
werden viel Herzeleid haben.
Ich will das Blut ihrer Trankopfer nicht opfern
noch ihren Namen in meinem Munde führen.]
Der Herr ist mein Gut und mein Teil;
du hältst mein Los in deinen Händen!
Das Los ist mir gefallen auf liebliches Land;
mir ist ein schönes Erbteil geworden.
Ich lobe den Herrn, der mich beraten hat;
auch mahnt mich mein Herz des Nachts.
Ich habe den Herrn allezeit vor Augen;
er steht mir zur Rechten, so wanke ich nicht.
Darum freut sich mein Herz, und meine Seele ist fröhlich;
auch mein Leib wird sicher wohnen.
Denn du wirst meine Seele nicht dem Tode lassen
und nicht zugeben, dass dein Heiliger die Grube sehe.
Du tust mir kund den Weg zum Leben:
Vor dir ist Freude die Fülle
und Wonne zu deiner Rechten ewiglich.

Das Los ist mir auf ein liebliches Erbteil gefallen. Fünf Frauen haben erkämpft, dass auch Frauen erben dürfen.

Jedenfalls im Alten Israel. Und nur, wenn es keinen Sohn gibt. Aber auch heute ist es nicht überall selbstverständlich, dass Frauen erben dürfen. Manchmal werden sie einfach weggeschickt. Oder sie werden weiterverheiratet, an den nächsten Sohn. Die Familie hat schließlich einen Brautpreis für sie bezahlt. Leviratsehe nennt sich das. Und es gibt sie noch heute, in Ländern wie Kenia, wenn auch nicht mehr offiziell. Oft sind sie dann nur Zweitfrau oder Drittfrau und landen an letzter Stelle der familiaren Hierarchie. Die Namen der fünf mutigen Frauen in der Bibel sind Machla, Noa, Hogla, Milka und Tirza. Im 4. Buch Mose und im Josua-Buch wird von ihnen erzählt.[1] Doch dazu später.

In Deutschland werden jährlich 300 Milliarden Euro vererbt oder verschenkt. Genaue Zahlen gibt es nicht.[2] Aber die meisten Leute erben gar nichts oder wenig. Am meisten profitieren die zehn Prozent der Reichsten von dieser gewaltigen Summe. An sie fließt die Hälfte. Den Rest müssen sich alle anderen teilen. Also die Mehrheit von 90 Prozent der Beschenkten. Auch sonst konzentrieren sich Geld, Aktien und Immobilien in den Händen weniger Familien und werden dort weitervererbt. »Das obere 0,1 Prozent besitzt ein Fünftel des Vermögens, die untere Hälfte nichts.«[3] Natürlich lohnt sich Arbeit. Doch Reichtum entsteht (meist) anders. Gerecht ist das nicht. Sozial auch nicht. Im Sinne Gottes schon gar nicht, finde ich.

Das Los ist mir auf ein liebliches Erbteil gefallen. Erben heute per Los – das wäre eine lustige Wirtschaft. Das Firmenimperium wird einfach verlost. Nicht etwa neu ausgeschrieben. Oder auf Börsenreife getrimmt. Frau Tochter und Herr Sohn starten wie alle anderen mit 18 oder 25 ins Berufsleben. Vielleicht gibt's noch einen Porsche zum Abi, aber das war's dann schon. Ade, du schönes

Depot! Jetzt heißt es neu anfangen. Der Vorteil ist: Sie müssen nicht den Laden von Mama oder Papa übernehmen. Nicht jede will im Vorstand sitzen oder die Schraubenfabrik fortführen, die schon seit 1871 in Familienbesitz ist und inzwischen zum Konzern geworden ist. Nachfolgeregelungen können kompliziert sein. Jemand anderes freut sich über die Eigentumswohnung oder das Grundstück in bester Lage. Jemand, der oder die davon nie zu träumen gewagt hatte. Welch ein unverhofftes Glück!

Das Erbrecht muss geändert werden! Machla, Noa, Hogla, Milka und Tirza im Ersten Testament sind bis vors oberste Gericht gezogen. Nämlich bis zum göttlichen Gericht. Sie ziehen zum Zelt der Offenbarung, zur Stiftshütte. Dort wenden sie sich an die obersten politischen und religiösen Autoritäten, also an Mose, an den Priester Eleasar, an die Anführer des Volkes und an die ganze Gemeinde.

Die Bibel erzählt aus der Zeit, in der das Volk Israel noch durch die Wüste zieht und in Zelten wohnt und auch Gott sie in einem Zelt begleitet, dem Zelt der Offenbarung, der Stiftshütte. Noch sind sie nicht sesshaft, aber irgendwann werden sie Land besitzen. Wie soll es gerecht aufgeteilt werden? Wer soll es erben? Damals stand fest: natürlich die Söhne! Doch die fünf Schwestern Machla, Noa, Hogla, Milka und Tirza haben keinen Bruder. Sie sind die einzigen Kinder ihres Vaters Zelofhad. Der ist tot. Und sie sollen leer ausgehen, nur weil sie Frauen sind! Die Schwestern stellen die Erbgesetze der Tora in Frage. Sie finden sich nicht damit ab, dass das Recht Frauen benachteiligt. Ihre Forderung ist so außergewöhnlich, dass Mose nicht selbst entscheidet. Er ruft Gott an. Und Gott urteilt zugunsten der Schwestern: Frauen dürfen erben und haben Anteil am Landbesitz. Das Recht muss angepasst werden. Machla, Noa, Hogla, Milka und Tirza haben ein Grundsatzurteil durchgefochten, das für alle Frauen gilt. Doch damit ist der Kampf noch nicht vorbei. Der Anspruch wird wieder in Frage gestellt, als Mose gestorben ist und das Land tatsächlich verteilt wird. Aber die Schwestern geben nicht auf. Sie berufen sich auf diesen Urteilsspruch. Wieder ziehen sie vor die höchsten religiösen und politischen Instanzen, den Priester Eleasar, Josua und die Obersten. Sie bekommen das Land. Endlich. Die Schwestern und ihre Beharrlichkeit nötigen mir Respekt ab. Wie viele Menschen kämpfen wie sie dafür, dass Regeln, Gesetze, Verfassungsartikel endlich geändert werden!

Gott ist mein Gut und mein Teil, du erhältst mir mein Erbteil. Das Los ist mir auf ein liebliches Erbteil gefallen. So betet eine Person im Psalm 16. Wurde auch ihr das Erbe verweigert wie Machla, Noa und ihren Schwestern? Gehört sie zu denen, die – auch heute – systematisch benachteiligt werden, sogar von der Rechtsprechung? Oder gab es schlicht und einfach nichts zu vererben, außer Schulden? Sonst hätte sie ja etwas von der Verwandtschaft bekommen und wäre nicht auf Gott angewiesen. Die Person, die da betet, hat nichts außer Gott. Und Gott tritt für sie ein. Gott selbst ist das Erbe. Die Messschnur fiel mir auf liebliches Land, heißt es wörtlich übersetzt.

Im 21. Jahrhundert ist die Erde aufgeteilt. Immobilienunternehmen, Aktienfonds und wenige Superreiche beanspruchen den Löwenanteil für sich und bestimmen, was damit geschieht. Diese Macht- und Besitzkonzentration ist nicht nur ungerecht, sondern unchristlich. *Die Erde gehört Gott, der Erdkreis und die darauf wohnen*, heißt es im Psalm 24. Die Menschen sollen die Erde verwalten, bebauen und bewahren. Aber wir besitzen sie nicht. Die Erde, das Land gehört Gott.

Wer wie viel erbt, wie Besitz und Immobilien verteilt sind, diese Frage ist nicht nur für den sozialen Zusammenhalt und die Demokratie wichtig. Sie gehört in unsere Gottesdienste hinein.

1 Numeri 27,1-11, Numeri 36, Josua 17,1-6.
2 diw.de; DIW Wochenbericht 5/2021, S. 63-71 und Ulrike Herrmann: Heilige Familienbande. taz.de (25.8.2021).
3 Stefan Reinicke: Wohlstand vom Staat für alle. taz.de (16.12.2021).

17. SONNTAG NACH TRINITATIS
GALATER 3,26-29

Claudia Krüger

Denn ihr seid alle durch den Glauben Gottes Kinder in Christus Jesus. Denn ihr alle, die ihr auf Christus getauft seid, habt Christus angezogen. Hier ist nicht Jude noch Grieche, hier ist nicht Sklave noch Freier, hier ist nicht Mann noch Frau; denn ihr seid allesamt einer in Christus Jesus. Gehört ihr aber Christus an, so seid ihr ja Abrahams Nachkommen und nach der Verheißung Erben.

WIR MÜSSEN NOCH ÜBEN

Ach, Paulus, möchte ich sagen. Dein Wort in Gottes Ohr! Doch wann wird es endlich so sein, dass wir weder religiöse noch soziale noch geschlechtsbezogene Unterschiede thematisieren müssen, weil sie einfach keine Rolle mehr spielen?! Schön wäre es ja schon. Nein, grandios wäre das. Völker verbindend, eine ungeheure Freiheit atmend, Frieden stiftend. Manches hat sich im Blick auf Toleranz, gegenseitige Wertschätzung und Gleichberechtigung hierzulande in den letzten Jahrzehnten positiv verändert. Aber manche Kluft scheint weiterhin unüberwindbar, ich denke nur an die Rechte von Mädchen weltweit. Und in meiner Seele beginnt eine trotzige Sehnsucht mit lähmendem Frust zu streiten. Noch weiß ich nicht, wer gewinnt.

Am 27. Januar 2023 wurde erstmals in unserer Geschichte in der Gedenkstunde im Bundestag auch der queeren Opfer des Nationalsozialismus gedacht. Bundestagspräsidentin Bärbel Bas meinte dazu: »Diese Menschen mussten lange um Anerkennung des erlittenen Unrechts kämpfen. Homophobie und Queerfeindlichkeit gehören nicht der Vergangenheit an.« Wir müssen noch üben. Oder lernen wir es vielleicht nie?

Wann endlich nehmen wir die Menschen wahr mit den Augen Christi – als Geschöpfe Gottes, gleich gewollt, gleich geschaffen, gleich geliebt in all ihrer wunderbaren, bisweilen wundersamen Einzigartigkeit. Wann gelingt es, uns ohne jede Form von Gönnerhaftigkeit mit allen um den Tisch zu setzen, wie Christus es getan hat? Da säßen dann Queere mit Querdenkern, Roma mit Schwaben, Ukrainerinnen mit Russen, Flaschensammlerinnen mit Hausbesitzern, Oberkirchenräte mit Reinigungskräften, Pietistinnen mit Freunden der Initiative Regenbogen, Menschen mit Hilfsbedarf neben solchen, die perfekt durchtrainiert daherkommen, Waffenhändler mit Pazifistinnen, Juniorchefs mit psychisch Kranken und Rotarier mit den Sportkameraden des kleinen Fußballclubs im Quartier. Eine faszinierende Vorstellung! Aber wollen wir da wirklich hinkommen und zu einer großen Familie der Getauften werden? Das fällt uns bisweilen doch unglaublich schwer. Und manchmal lebt es sich eben doch komfortabler mit den kleinen Unterschieden. Haben wir mit der Taufe wirklich Christus wie ein weißes Taufkleid angezogen und sind ein- für allemal neue Menschen geworden, wie Gott uns gemeint hat? Kleider machen Leute, gewiss. Aber vielleicht ist das Taufkleid längst zu eng geworden und hat Flecken bekommen. Womöglich haben wir es wie ein zerschlissenes Kleidungsstück achtlos zu Boden gleiten lassen.

Martin Luther meinte: »Man soll jeden Tag in die Taufe hineinkriechen«, also ins Taufkleid schlüpfen, »damit man frisch belebt wieder daraus hervorkommt.« Also sollten wir uns täglich von neuem auf die Aufhebung der Unterschiede in Christus besinnen und so eine Kirche der Neuschöpfung werden, die der Vision Gottes treu bleibt. Ist nicht gerade so auch »Glaube« definiert? Als ein tiefes Gottvertrauen und gleichzeitig ein unermüdliches Suchen dessen, was Gottes Wille ist?

Ich bin überzeugt, dass wir in unserer globalen Welt weit über die verbliebene Kerngemeinde und auch über die paulinische Unterscheidung von Christen und Heiden hinaus neue Verbündete gewinnen müssen: Menschen, Gotteskinder, die womöglich gar nicht getauft sind und doch eine zutiefst Christus gemäße Haltung leben.

Wir diskutieren kontrovers über die Kirchenzugehörigkeit von Mitarbeitenden in diakonischen Einrichtungen und sollten dabei durchaus ein Profil Christi zeigen in der Welt von heute. Doch vielleicht verbindet uns über alle Unterschiede hinweg Gottes lebendiger Geist, der uns dort zu Geschwistern macht, wo wir seinem Willen entsprechen, wo wir um Frieden uns mühen, Gerechtigkeit stärken, Liebe üben und noch Hoffnung haben über die Klimakrise hinaus. Als ich einer Freundin erzählte, dass manche Pflegekräfte, in diesem Fall alle ohne Kirchenzugehörigkeit, zusätzlich zu ihrem anspruchsvollem Beruf in ihrer Freizeit Müll einsammeln, Essen für Bedürftige organisieren oder zu Einsätzen in Katastrophengebieten aufbrechen, meinte sie nachdenklich: »Sie pflegen nicht nur unsere hilfsbedürftigen Mitmenschen, sie pflegen die Welt, weil sie eine großartige Haltung haben.«

Gottes Geist der Kraft, der Liebe und der Besonnenheit weht offensichtlich weit über unsere kleingläubigen Herzen und Hirne hinaus! Und auch Christus hat permanent den Kreis derer erweitert, mit denen er zu Tisch saß. Er hat damit enorm provoziert. Doch in seinem Namen mögen auch wir uns weiterhin die Hände reichen über alle Unterschiede hinweg und neue Verbündete finden. Womöglich entdecken wir dabei sogar die Schönheit der Verschiedenheit und preisen sie zusammen mit dem Gott, der uns in eben dieser Vielfalt erschaffen und gesagt hat: »Siehe, es ist sehr gut.«

»Jeder Mensch ist einzigartig!«, so heißt es ganz weltlich in der U-Bahn auf einem Plakat zu dem Ballett »One of a kind« von Jirí Kylián. Eine zauberhaft schöne Tänzerin schwebt leichtfüßig durch das Bild und wirbt für das »Ballett der Menschenrechte« anlässlich des 150. Geburtstags der niederländischen Verfassung. Leitlinie ist der erste Artikel der Allgemeinen Erklärung der Menschenrechte: »Alle Menschen sind frei und gleich an Würde und Rechten geboren. Sie sind mit Vernunft und Gewissen begabt und sollen einander im Geist der Brüderlichkeit begegnen.« Ich schaue mich um: gegenüber ein Fahrer der SSB mit Stöpseln in den Ohren, müde von der Arbeit. Auf dem Sitz neben mir: Eine Mutter mit Kopftuch, sie tröstet ihr Kind. Links eine elegant gekleidete Großmutter, die ihre fröhlichen Enkelinnen unentwegt belehrt. Dahinten steht einer mit löchriger Hose, drei Plastiktüten am Rollator, den Kopf gesenkt, die Augen leer. »Allesamt eins in Christus«? Wir müssen noch üben!

18. SONNTAG NACH TRINITATIS
1. PETRUS 4,7-11

Claas Cordemann

Es ist aber nahe gekommen das Ende aller Dinge. So seid nun besonnen und nüchtern zum Gebet. Vor allen Dingen habt untereinander beharrliche Liebe; denn »Liebe deckt der Sünden Menge zu« (Spr 10,12). Seid gastfrei untereinander ohne Murren. Und dienet einander, ein jeder mit der Gabe, die er empfangen hat, als die guten Haushalter der mancherlei Gnade Gottes: Wenn jemand redet, rede er's als Gottes Wort; wenn jemand dient, tue er's aus der Kraft, die Gott gewährt, damit in allen Dingen Gott gepriesen werde durch Jesus Christus. Ihm sei Ehre und Macht von Ewigkeit zu Ewigkeit! Amen.

AGENT DER HOFFNUNG

Das Ende ist nah. Für den pseudepigraphischen Schreiber und die Empfänger des Briefes ist das eine frohe Botschaft. *Apokalypse als Hoffnung.* Nichts muss bleiben, wie es ist. Alles wird neu werden. Das Leiden und die Bedrückung, die die christlichen Gemeinden in Kleinasien erleben, werden vorübergehen. Wie Christus gelitten hat, so leiden die Christen nun auch. Die Leiden sind das sichtbare Zeichen der Erwählung (1 Petr 1,1; 2,9). Sagen lässt man sich das nur von jemandem, der selbst gelitten hat. Das Wissen darum, dass Petrus in Rom zum Märtyrer um Christi Willen geworden ist, setzt der Brief voraus. Die Parusie verzögert sich, aber das tut dem endzeitlichen Geist des Briefes keinen Abbruch. Es drängt. Das Ende ist nah. Wenn Christus wiederkehrt, müssen die

Christen vorbereitet sein. Es gilt nüchtern und wach zu sein. Dann werden sie auf der richtigen Seite stehen in der Stunde des Gerichts.

Das Ende ist nah. So lautet der apokalyptische Sound der Klimabewegung. *Apokalypse als Angst.* Angst vor dem Ende der Welt. Ist der Kipppunkt des Klimas schon erreicht? Ist es nicht mehr »fünf vor zwölf«, sondern schon »fünf nach zwölf«? Verspielen wir gerade die Zukunft des Planeten? »Fridays für Future« geht für das Klima regelmäßig auf die Straße. Aber reicht friedlicher Protest? Braucht es nicht mehr Radikalität? Ja, sagt die »Letzte Generation« und wirft Kartoffelbrei auf Gemälde oder klebt sich auf der Autobahn fest. Mit eschatologischer Wucht wird das Ende der Welt beschworen – nicht als Hoffnung, sondern als Untergang. Es ist ein verzweifelter Protest, der die Menschheit, ja, jeden einzelnen Menschen vor die Entscheidung stellt: Auf welcher Seite stehst du? In den letzten Dingen gibt es kein »sowohl als auch«. Du musst dich entscheiden! Du musst dein Leben ändern! Kehre um. Anders wird es keine Erlösung geben. Die Alternative ist nur die Katastrophe. Schwarz oder weiß. Licht oder Finsternis. Erlösung oder Verdammnis. Tertium non datur. Eine polare Welt.

Das Ende ist nah. Ob nun die Hoffnungen oder die Ängste der Treibstoff von Weltuntergangsfantasien sind – in einem berühren sich die alten und die neuen Apokalypsen: in ihrem Geist. Denn es geht nicht um abstruse Endzeitvorstellungen. Es geht auch nicht primär um Moral. Der Grund einer jeden apokalyptischen Stimmung ist das seelische Erleben der Gegenwart. Auf dem Grund von Apokalypsen lebt das Gefühl der Ohnmacht. Jede Apokalypse ist Ausdruck einer »verzweifelten Hoffnung« (E. Drewermann). Hier berühren sich die alte und die neue Endzeitwahrnehmung. Sie berühren sich auch darin, dass sie mittels des eigenen ethischen Tuns das Gefühl der Ohnmacht bekämpfen wollen und so wieder zu einer Selbstermächtigung kommen. Der Apokalyptiker ist ein verzweifelter Kämpfer gegen die Ohnmacht.

Die Form der Selbstermächtigung schlägt dann aber eine unterschiedliche Richtung ein. Für die frühen Christen ist es die verzweifelte Hoffnung, dass Christus »offenbar« wird und sie aus den Leiden der Welt befreit. Die Vorbereitung auf die Erfüllung dieser Hoffnung leitet zu einem dienenden Leben an: ein Leben in einem liebenden Geist für die Gemeinschaft. Es herrscht ein *Imperativ des Duldens*. Den Zustand der Welt wollen die ersten Christen nicht ändern. Das ist allein Gottes hoheitliche Aufgabe. Aber alle haben Gaben, wie der Petrusbrief in seiner kleinen Charismenlehre anfügt. Diese sollen in den Dienst der Liebe Christi gestellt werden. So wird Christus seine Herde vorbereitet finden zu seiner Wiederkunft. Für die Klimaaktivisten ist die Katastrophe, auf die wir zugehen, »offenbar«. Die verzweifelte Hoffnung liegt für sie darin, diese Apokalypse noch im letzten Moment zu verhindern. Hier herrscht der *Imperativ der Tat*. Es – *muss* – jetzt – etwas – *getan* – werden! Keine Verzögerung mehr, dann wäre es zu spät. Auch keine Zeit mehr für langwierige gesellschaftliche Debatten. Zu erdulden, wäre das Verkehrteste, was man jetzt tun kann. Der Planet hat sonst keine Lobby. Ziviler Widerstand ist nötig.

Das Ende ist nah? Jedes apokalyptische Szenario neigt zu Polarisierung – das frühchristliche gleichermaßen wie das spätmoderne. Die angemessene christliche Haltung, so wie ich sie verstehe, liegt hingegen zwischen dem Imperativ des Duldens und dem Imperativ der Tat. Gerade dass ich von Gott alles erwarte und nicht glaube, dass ich die Welt retten kann, macht mich paradoxerweise frei zu handeln. Wo der Mensch alle Erlösung nur noch von sich selbst erwartet, steht er in Gefahr, sich selbst und seine begrenzte Einsicht zum letzten Maßstab zu machen. Der christliche Geist der Liebe und der Besonnenheit stellt mein Leben in einen weiteren Horizont als den, den ich vor Augen habe. In diesem Geist kann ich »als guter Haushalter« meine Gaben dafür einsetzen, dass wir zu einem nachhaltigen Lebensstil kommen. Als Christ bin ich Agent der Hoffnung in dieser bedrohten Welt, sicher mit Zweifeln, aber ohne Verzweiflung in der Hoffnung.

19. SONNTAG NACH TRINITATIS
2. MOSE 34,4-10

Reinhard Mawick

Und Mose hieb zwei steinerne Tafeln zu, wie die ersten waren, und stand am Morgen früh auf und stieg auf den Berg Sinai, wie ihm der HERR geboten hatte, und nahm die zwei steinernen Tafeln in seine Hand.

Da kam der HERR hernieder in einer Wolke und trat daselbst zu ihm. Und er rief aus den Namen des HERRN. Und der HERR ging vor seinem Angesicht vorüber, und er rief aus: HERR, HERR, Gott, barmherzig und gnädig und geduldig und von großer Gnade und Treue, der da Tausenden Gnade bewahrt und vergibt Missetat, Übertretung und Sünde, aber ungestraft lässt er niemand, sondern sucht die Missetat der Väter heim an Kindern und Kindeskindern bis ins dritte und vierte Glied.

Und Mose neigte sich eilends zur Erde und betete an und sprach: Hab ich, HERR, Gnade vor deinen Augen gefunden, so gehe der HERR in unserer Mitte, denn es ist ein halsstarriges Volk; und vergib uns unsere Missetat und Sünde und lass uns dein Erbbesitz sein.

Und der HERR sprach: Siehe, ich will einen Bund schließen: Vor deinem ganzen Volk will ich Wunder tun, wie sie nicht geschaffen sind in allen Landen und unter allen Völkern, und das ganze Volk, in dessen Mitte du bist, soll des HERRN Werk sehen; denn wunderbar wird sein, was ich an dir tun werde.

Moses trifft Gott. Wow! Endlich. Nein, sie stehen sich nicht Auge in Auge gegenüber, das geht nicht, weil nur ein paar Verse vorher geschrieben steht: »Mein Angesicht kannst du nicht sehen; denn kein Mensch wird leben, der mich sieht.« (2. Mose 33,20) Au weia, Gott ist gefährlich. Und überhaupt: Ziemlich viel los im Vorfeld unseres Abschnittes: Gott gibt Mose die zehn Gebote, der steigt herab vom Sinai, stolz, erleichtert, vielleicht erlöst – und dann? Bei seinem Volk nur Sodom und Gomorrha. Shit! Plötzlich scheint all das Empfangene und was es verheißt schon kaputt zu sein. Ganz und gar kaputt, bevor es wirken kann – und Mose zerbricht vor Wut die Gesetzestafeln. Ende Gelände.

Ende Gelände? Nein, neuer Raum tut sich auf. Aber welcher? Erstmal dieser: Mose stachelt die Söhne Levi an, dass sie einfach mal ein kleines Massaker anrichten sollen. Nein, natürlich nicht *er* stachelt sie an, sondern *der*, also Gott (»So spricht der HERR, der Gott Israels: Ein jeder gürte sein Schwert um die Lenden und gehe durch das Lager hin und her von einem Tor zum andern und erschlage seinen Bruder, Freund und Nächsten«, 2. Mose 32,27). »Und es fielen vom Volk dreitausend Mann« (2. Mose 32,28). Krank, oder?! Aber es wird noch kränker: Mose kommentiert das Massenmassaker der Kinder Israel ganz hoffnungsfroh so: »[E]in jeder ist wider seinen Sohn und Bruder gewesen –, damit euch heute Segen gegeben werde.«

Spätestens hier bin ich raus. Spätestens hier denke ich, dass man die Dramen von 2. Mose 32 und 33, die Vorgeschichte unserer Perikope, beiseitelassen muss, um nicht irre zu werden. Guter Stoff sicher für Hollywood (zum Beispiel für Cecil Blount DeMilles Schinken »Die zehn Gebote« von 1956) oder lohnende Materialumgebung für »Moses und Aron« von Arnold Schönberg oder andere große Kunstwerke und Dramen. An mich Erdling aber ergeht spätestens jetzt der Ruf: »Vergiss das Vorfeld deines Textes, da liegt kein Segen drauf!« Denn wenn du zu ernst nimmst, was sich da abspielt und welche Quellen in diesen Kapiteln ineinander gemengt, gedoppelt, aneinandergereiht sind – du kriegst es nicht mehr aus dem Kopf… Ja, solche biblischen Vorgeschichten führen zum Lob der Perikope, zur Einsicht, dass die Bibel, will ich sie als Wort Gottes hören, *partiell* genossen werden kann oder gar muss.

Ende des Anlaufs. Cut. Willkommen in unserem Text! Ein Idyll fern jedes Schlachtenlärms. Gott kommt »hernieder in einer Wolke« und tritt zu Mose. Er, der HERR, ist da. Aber doch irgendwie auch nicht, denn die Wolke bleibt. Eine Wolke ist keine Mauer. Etwas dringt durch. Und was immer es ist, es war, es sein wird, es bringt Mose in ehrfürchtiges Entzücken, auf dass er ruft (Vers 6f.): »HERR, HERR, Gott, barmherzig und gnädig und geduldig und von großer Gnade und Treue, der da Tausenden Gnade bewahrt und vergibt Missetat, Übertretung und Sünde, aber ungestraft lässt er niemand, sondern sucht die Missetat der Väter heim an Kindern und Kindeskindern bis ins dritte und vierte Glied.« Hier liegt das erste Zentrum unserer sieben Verse. Es ist die Gottesanrufung des Mose, sein »Oh«, sein »Entzücken«, vielleicht seine Überraschung, dass Gott nicht dreinschlägt, sondern dass Gott durch die Wolke grüßt, glänzt und die wunderbare Kraft hat zu entzücken, denn er ist »barmherzig und gnädig«, »geduldig« und »von großer Gnade und Treue«. An den Fingern einer Hand kannst du diese wichtigen Eigenschaften Gottes abzählen, in Summa fünfmal gnädig, siehe da: *Gott ist G5.*

Dann aber das Aber, leider. Von wegen Idyll: Die Missetaten werden nicht vergessen, oh nein. Sie werden, paradox gesagt, sogar eine Zeitlang auf Dauer gestellt. Durch drei bis vier Generationen. Sie werden also entindividualisiert und gerinnen zu Schicksal. Zu ohnmächtigem Schicksal? Gar zu einer schicksalswirkenden, andauernden Sphäre nachwirkender Missetaten. Pech bei, oder was, Gott? Oh nein, denkt Mose. So darf es doch nicht sein. So kann es doch nicht bleiben. Und pars pro toto will er es rausreißen, fällt nieder, betet an und will nun Gnade finden, pars pro toto jedenfalls. »Herr, wenn ich tauge, dann lass dich überzeugen, komm in unsere Mitte und verweile in uns, dem halsstarrigen Volke, bitte, verweile auf ewig, denn ohne dich verderben wir.«

O Wunder über Wunder: Gott, der HERR, sagt ja, sichert Bundestreue zu und dass er Wunder tun will, unglaubliche, einzigartige Wunder. *Once you were lost, but now you're found.* Warum, oh Gott, warum? Nun, an anderer Stelle ist dieses Wunder, dieses Urwunder, dieses zweite, dieses wahre Zentrum, klar auf den Punkt gebracht: »Nicht hat euch der HERR angenommen und euch erwählt, weil ihr größer wäret als alle Völker – denn du bist das kleinste unter allen Völkern –, sondern weil er euch geliebt hat und damit er seinen Eid hielte, den er euren Vätern geschworen hat« (5. Mose 7,7).

So, das war es. Nun gilt es, das Wunder an- und nachzusagen, das Mose widerfahren ist und das wir, die abtrünnigen Geschwister, mit der Geschichte vom göttlichen Kind nach- und weitererzählt haben. Jenem Kind, in dem Gott die Wolke nackt, schutzlos, liebend verlassen hat. Das soll uns tragen und trösten durch diese Zeiten, in denen wir immer Teil sündigender und nachbüßender Glieder sind, bis Gott wiederkommt. In Herrlichkeit. Hoffentlich. Amen.

20. SONNTAG NACH TRINITATIS
2. KORINTHER 3,3-6(7-9)

Wolfgang Barthen

Ist doch offenbar geworden, dass ihr ein Brief Christi seid durch unsern Dienst, geschrieben nicht mit Tinte, sondern mit dem Geist des lebendigen Gottes, nicht auf steinerne Tafeln, sondern auf fleischerne Tafeln der Herzen.

Solches Vertrauen aber haben wir durch Christus zu Gott. Nicht dass wir tüchtig sind von uns selber, uns etwas zuzurechnen als von uns selber; sondern dass wir tüchtig sind, ist von Gott, der uns auch tüchtig gemacht hat zu Dienern des neuen Bundes, nicht des Buchstabens, sondern des Geistes. Denn der Buchstabe tötet, aber der Geist macht lebendig.

[Wenn aber der Dienst, der den Tod bringt und der mit Buchstaben in Stein gehauen war, Herrlichkeit hatte, sodass die Israeliten das Angesicht des Mose nicht ansehen konnten wegen der Herrlichkeit auf seinem Angesicht, die doch aufhörte, wie sollte nicht der Dienst, der den Geist gibt, viel mehr Herrlichkeit haben? Denn wenn der Dienst, der zur Verdammnis führt, Herrlichkeit hatte, wie viel mehr hat der Dienst, der zur Gerechtigkeit führt, überschwängliche Herrlichkeit.]

Ich liebe Briefe.

Ich schreibe gerne. Auch mit Tinte.

Ich bekomme gerne Post.

Post mit handgeschriebener Adresse. Nicht diese amtlichen Briefe im Längsformat, denen man schon durch das Fenster ansieht, dass sie etwas von mir wollen. »Längliche Briefe«, sagte meine alte Mutter und legte sie enttäuscht beiseite.

»Ihr seid ein Brief«, so Paulus an die Korinther. Ein Brief aus Fleisch und Blut. Was für ein Kompliment. Fast eine Liebeserklärung. Wenn ich an euch denke, liegt ihr vor mir wie ein aufgeschlagenes Buch. Und mir wird warm ums Herz. Was steht drin im Brief?

Vor kurzem erhielt ich einen. Beim Namen stutzte ich. Der Name einer Frau. Vor über 20 Jahren hatten wir heftig und bitter miteinander zu tun gehabt. Ihr Mann, junger Pfarrer und gerade gewählt in meinem Kirchenkreis, sah sich noch vor Dienstantritt mit einem Brief konfrontiert, dessen Buchstaben sagten: Sie haben einen Gehirntumor.

Nach einem Jahr war er tot, und die Witwe stand mit zwei kleinen Kindern alleine da. Der Buchstabe brachte den Tod. Und jetzt schreibt sie mir mit 20 Jahren Verspätung, in ganz persönlicher Handschrift, dass die Kinder ihren Weg gemacht haben und sie sich bedankt für meinen »geistlichen« Beistand in der Zeit, als scheinbar nichts mehr zu hoffen war. Wie reagiere ich nach Öffnen des Briefes? Was habe ich damals gemacht, dass ich jetzt so ein Schreiben in Händen halte? Habe ich irgendetwas »verdient«? Dennoch: Mir wird warm ums Herz.

»Und siehe, wir leben.«

(Und ich schreibe es jetzt Ihnen, liebe Leserin, mit Zögern zwar, aber doch. Vielleicht rührt es ähnliche Erfahrungen bei Ihnen an.)

»Verdient«?

Nein. Aber mit Dienst hat es schon zu tun. »Diener Christi sein«. Ohn' all Verdienst und Würdigkeit. Jedoch: »dienstbar«. Als Amtsperson. Ehrenrettung für das geschmähte, eigentlich schöne Wort »Amt«. (In der neuesten Lutherfassung ist es einfach mit »Dienst« übersetzt.) »Nicht, dass wir tüchtig sind von uns selber […]; sondern, dass wir tüchtig sind, ist von Gott.« Der Apostel rettet sich vor sich selber. Vor der Hybris, dass ich etwas sei. Trotzdem nimmt er den Brief aus Fleisch und Blut wie einen Liebesbeweis entgegen. Der Geist Gottes war am Werk. Und wenn er 20 Jahre gebraucht hat. Und wenn ich auch keinen Brief in Händen halte, sondern nur darauf vertraue, dass der Gott, der mich erfüllt, auch wirkt. Leichter geschrieben, als im eigenen Leben lebendig geglaubt. Aber wahr ist doch, dass unvermutet, unkalkulierbar, ohne Anspruch viel zurückkommt von dem, was ich ausgesandt habe. So oft mir unbewusst. »Sie haben doch…« Ich kann mich gar nicht erinnern. Da muss einer am Werke sein. (»Der Geist, der heilig insgemein lässt Christen Christi Kirche sein…«)

Je älter ich werde, rückt mir der Heilige Geist immer näher. Wird mir vertrauter. Vertrauen! Ja. ER arbeitet und macht mehr aus mir. Aber Vorsicht! Vergiss es schnell.

Kleiner Nachsatz noch zu dem, was »in Stein gemeißelt« ist: Führt der gelehrte Jude Paulus da nicht einen innerjüdischen Streit? Mich stört die antijudaistische Schlagseite des Predigttextes. Eine Leimrute. Wohl wahr: Der Buchstabe tötet. Aber der lebendige Gott des 1. Gebots bringt die Verhältnisse zum Tanzen und weist alle Buchstabengötter in die Schranken. Auch wahr: Die christlich-dogmatische Rechthaberei von zwei Jahrtausenden hat schon viele Gewissen beschwert, Menschenleben und Menschenliebe gekostet und betreibt dazu das Geschäft der religiösen Indifferenz. Alles gleich gültig. Nichts ist wahr außer dem, was mir einleuchtet.

Da hilft nur der Heilige Geist, »der fährt, wohin er will und mag, und stark macht, was daniederlag« (EG 184,2).

Und manchmal klingelt der Briefträger: Post für dich!

21. SONNTAG NACH TRINITATIS
MATTHÄUS 5,38-48

Matthias Drobinski

Ihr habt gehört, dass gesagt ist (2. Mose 21,24): »Auge um Auge, Zahn um Zahn.« Ich aber sage euch, dass ihr nicht widerstreben sollt dem Bösen, sondern: Wenn dich jemand auf deine rechte Backe schlägt, dem biete die andere auch dar. Und wenn jemand mit dir rechten will und dir deinen Rock nehmen, dem lass auch den Mantel. Und wenn dich jemand eine Meile nötigt, so geh mit ihm zwei. Gib dem, der dich bittet, und wende dich nicht ab von dem, der etwas von dir borgen will.

Ihr habt gehört, dass gesagt ist: »Du sollst deinen Nächsten lieben« (3. Mose 19,18) und deinen Feind hassen. Ich aber sage euch: Liebt eure Feinde und bittet für die, die euch verfolgen, auf dass ihr Kinder seid eures Vaters im Himmel. Denn er lässt seine Sonne aufgehen über Böse und Gute und lässt regnen über Gerechte und Ungerechte.

Denn wenn ihr liebt, die euch lieben, was werdet ihr für Lohn haben? Tun nicht dasselbe auch die Zöllner? Und wenn ihr nur zu euren Brüdern freundlich seid, was tut ihr Besonderes? Tun nicht dasselbe auch die Heiden? Darum sollt ihr vollkommen sein, wie euer himmlischer Vater vollkommen ist.

Russland führt Krieg gegen die Ukraine. Putins Soldaten massakrieren die Menschen, schicken Raketen, Drohnen und die Botschaft: Ihr sollt nicht leben. In seinem Buch »Himmel über Charkiw« schreibt sich der ukrainische Schriftsteller Serhij Zhadan die Wut darüber von der Seele, beschreibt Zerstörung und Tod und den Überlebensmut der Angegriffenen. »Das Wichtigste, was die Ukrainer brauchen, um zu überleben und sie selbst zu bleiben, sind Waffen«, schreibt Zhadan. Man kann ihn verstehen. Was er schreibt, klingt wie die Fluch- und Rachepsalmen, die das bedrängte Volkes Israel schrie: Zerschlage die Feinde, unser Gott! Den Zorn Gottes herabzurufen ist das Recht der Bedrängten und Unterdrückten; ihre Selbstverteidigung ist legitim.

Und dann stehen da diese verflixten Sätze der Bergpredigt, grandios komponiert, ein Stück Weltliteratur und eine klare Anweisung: rechte Backe – linke Backe. Wenn dir jemand das Hemd nehmen will, gib ihm noch den Mantel dazu; der Mantel galt zu Jesu Zeit als unpfändbar, sie war die Bettdecke des kleinen Mannes. Zwingt dich jemand, ihm zu dienen, leiste ihm das Doppelte. »Liebet eure Feinde und bittet für die, die euch verfolgen, auf dass ihr Kinder seid eures Vaters im Himmel.« Den zu lieben, der einem Gutes tut, ist banal; die zu mögen, die einem freundlich gesonnen ist, auch, »tun nicht dasselbe auch die Heiden?« Und dann der Hammersatz: »Darum sollt ihr vollkommen sein, wie euer himmlischer Vater vollkommen ist.«

Kein Mensch kann vollkommen sein. Er darf es gar nicht wollen – das führt in die selbstzerstörerische Überforderung oder in die gefährliche Anmaßung. Was hat dieser Jesus da den Leuten gepredigt? Verlangt er das Menschenunmögliche, gar das Unmenschliche? Die zweite Wange hinhalten, den Mantel geben, die Zwangsarbeit doppelt leisten, das widerspricht dem Gerechtigkeitsempfinden, es unterhöhlt den Rechtsstaat, ermutigt die Gewalttäter und Rücksichtslosen, die höhnisch lachen über diese Unterwürfigkeit. Als billige Empfehlung an die Geschundenen und Unterdrückten, das Geschrei zu lassen und gefälligst die zweite Wange hinzuhalten, wird aus dem Friedensappell der blanke Zynismus.

Seit diese Sätze im Matthäusevangelium aufgeschrieben sind, kauen die Nachfolgerinnen und Nachfolger Jesu auf ihnen herum. Die ersten Generationen haben sie wörtlich verstanden, den Militärdienst abgelehnt, sich als Gegenmoral der griechisch-römischen Heiligung des Erfolges, der Macht, der Stärke und Schönheit gesehen. Sie glaubten einen gefolterten und gekreuzigten Gott, der den Schwachen, Erniedrigten und Leidenden Erlösung versprach. Später, als die Christen selbst das Schwert führten, Mäntel nahmen und andere zwangen, die eine oder andere Meile mit ihnen zu gehen, wanderte die Feindesliebe in den Bereich des persönlichen Benehmens: Beleidigt dich jemand, beleidige nicht zurück. So sah es auch Martin Luther in seiner Schrift »Von weltlicher Obrigkeit«: Im Privaten soll der gute Christ Böses nicht mit Bösem vergelten, im öffentlichen Raum aber dem Bösen notfalls mit Gewalt entgegentreten.

Die Aufteilung in ein »Regiment«, das, wie Luther schrieb, »fromm macht«, und eins, das »bösen Werken wehret«, das wäre eine einigermaßen glatte Lösung. Und doch genügt sie nicht. Da bleibt etwas, das kratzt und keine Ruhe gibt. Sie ist zu glatt, diese Lösung. Sie ist in ihrer achselzuckenden Akzeptanz, dass die Welt nun mal böse ist und der Gegengewalt und der Abschreckung bedarf, das, was Dietrich Bonhoeffer 1938 die »billige Gnade« nannte: »Alles kann beim Alten bleiben, Welt bleibt Welt.«

»Ihr habt gehört«: Das ist die Welt des Realismus, der rechtlichen Ordnung und der Vernunft, der legitimen Selbstverteidigung. Und doch gibt es diese andere Welt, in der die Gewalt durchbrochen wird und das ganz und gar Unfassbare geschieht und die Feindesliebe das letzte Wort erhält. Sie scheint kontrafaktisch zu sein, diese Welt: Was wäre, wenn? Schön wäre es, wenn. Und doch hat sie ihren eigenen Realitätssinn. Wer aus dem besten aller

Gründe Gewalt anwendet, gebiert neue Gewalt. Wer auf die Ohrfeige mit der Ohrfeige antwortet, ist auf dem besten Weg zur Schlägerei. Wer tötet, um Menschen zu retten, tut dennoch Unrecht; kein Krieg ist gerecht, auch nicht der zur legitimen Selbstverteidigung.

Die Feindesliebe öffnet den Blick für diese Verstrickungen, für die Aporie der Abschreckung und Vergeltung. Sie lässt sich nicht, wie der Soziologe Max Weber das tat, in den Bereich der Gesinnungsethik verbannen, die im Zweifel hinter der Verantwortungsethik zurückstehen muss. Sie ist auch nicht hilflos: Die andere Backe hinzuhalten, den Mantel anbieten, einfach eine Meile weiter mitzugehen – das beschämt den Aggressor. Es prangert das Unrecht an, das da gerade geschieht. Jesus sagt nicht: Das Unrecht ist gar kein Unrecht. Oder: Tröste dich mit dem Jenseits. Er ruft zum Ungehorsam auf, zu zivilem Widerstand, zur Anklage. Er verspricht kein Wohlergehen und keinen irdischen Erfolg. Sein Maßstab ist das Vertrauen auf die Kraft des Unerhörten, auf die Macht der unendlich einfachen göttlichen Liebe. Es ist der Schrei Gottes in seine unerlöste Welt hinein.

22. SONNTAG NACH TRINITATIS
MICHA 6,1-8

Wolfram Weiße

Hört doch, was der Herr sagt: »Mach dich auf, führe einen Rechtsstreit mit den Bergen, auf dass die Hügel deine Stimme hören!«

Hört, ihr Berge, den Rechtsstreit des Herrn, ihr starken Grundfesten der Erde; denn der Herr will mit seinem Volk rechten und mit Israel ins Gericht gehen! »Was habe ich dir getan, mein Volk, und womit habe ich dich beschwert? Das sage mir! Habe ich dich doch aus Ägyptenland geführt und aus der Knechtschaft erlöst und vor dir her gesandt Mose, Aaron und Mirjam. Mein Volk, denke doch daran, was Balak, der König von Moab, vorhatte und was ihm Bileam, der Sohn Beors, antwortete; wie du hinüberzogst von Schittim bis nach Gilgal, damit du erkennst, wie der Herr dir alles Gute getan hat.«

»Womit soll ich mich dem Herrn nahen, mich beugen vor dem Gott in der Höhe? Soll ich mich ihm mit Brandopfern nahen, mit einjährigen Kälbern? Wird wohl der Herr Gefallen haben an viel tausend Widdern, an unzähligen Strömen von Öl? Soll ich meinen Erstgeborenen für meine Übertretung geben, meines Leibes Frucht für meine Sünde?«

Es ist dir gesagt, Mensch, was gut ist und was der Herr von dir fordert: nichts als Gottes Wort halten und Liebe üben und demütig sein vor deinem Gott.

HÖREN UND HANDELN

Was für ein ungewöhnliches Szenario: Nach dem »Hört doch«, das an die korrupte Elite des damaligen Israel gerichtet ist, wird nicht ein Strafgericht Gottes angekündigt, sondern die zivile Form eines Rechtsstreites. Statt einer Verurteilung der Unterdrücker hören wir einen verständnisvollen Gott, der nachfragt, ob Israel etwas gegen ihn haben könnte, der einräumt, dass Israel Grund haben könnte, zu ihm auf Distanz zu gehen. Sollen damit diejenigen, die schweres Unrecht begehen, selber ihre Verfehlungen sehen und realisieren, dass sie gar nichts gegen Gott vorbringen können, der ihnen so viel Gutes getan hat? Gott nicht als Richter, sondern als Therapeut? Die Reaktion Israels zeigt wenig Wirkung. Anstatt über das eigene Fehlverhalten Rechenschaft abzulegen, wird Gott ein Angebot gemacht: Durch Opfer soll das Fehlverhalten geradegerückt werden. Immerhin mit großen Opfern, aber eben nicht auf der Grundlage von Reue und mit der Absicht, das eigene Verhalten zu ändern.

Das ohnehin verkantete Zwiegespräch zwischen Gott und Israel wird an dieser Stelle nicht weitergeführt. Stattdessen meldet sich der Prophet zu Wort, hebt das, worum es geht, auf eine andere Ebene. Der Text nimmt eine gewagte, gewaltige, grundlegende, universelle Wendung. Nun wird nicht nur Israel angesprochen, sondern »der Mensch« ganz generell. Der Horizont wird geöffnet und der Mensch auf das verwiesen, was er doch wissen müsste: »Es ist dir gesagt, Mensch, was gut ist und was Gott von dir fordert.« Er wird nicht aus der Verantwortung entlassen, im Gegenteil: In einer Weise, die sehr modern anmutet, wird der Mensch auf sein tief verankertes Wissen dessen verwiesen, was »gut ist«.

Es geht um Gerechtigkeit, Liebe zu den Menschen und Demut vor Gott. Es geht darum, zu hören, was gesagt ist. Es geht um Handeln und um Haltung. Gottes Wort halten – oder wie es in einer anderen Übersetzung heißt: »Recht tun« – und Liebe üben zielen auf praktisches Verhalten. »Demütig sein vor deinem Gott« bezeichnet eine Grundhaltung, die nicht darauf angewiesen ist, sich mit den geforderten guten Werken zu schmücken, sondern diese im Geist der eigenen Begrenzung anzugehen. Nächstenliebe ohne Stolz, Gerechtigkeit als Grundforderung, Gottes Wort zu halten.

Ist das nicht selbstverständlich? Ja, aber vielleicht zu selbstverständlich!? Derartige grundlegende Forderungen können eben auch schnell zur Kenntnis genommen und »abgenickt« werden, ohne dass ihre Brisanz zur Geltung kommt. Wenn wir die folgenden Verse des Micha-Textes ansehen, so wird die Radikalität deutlich, die mit der Kombination von Gerechtigkeit und Nächstenliebe verbunden ist. Hier sehen wir in aller Klarheit, dass diese mit einer scharfen Verurteilung von Menschen einhergeht, die sich auf Kosten anderer bereichern und ihre Macht ausspielen, um andere zu unterdrücken. Hier wird deutlich, dass die Aufforderung, Liebe zu üben, nicht abstrakt bleiben kann, sondern praktisch umgesetzt werden muss. Hier liegen die Wurzeln einer Theologie der Befreiung.

Nächstenliebe, die leicht über die Lippen geht, ändert nichts. Aber das ist es ja gerade, was bei Micha zentral angesprochen wird. Das ist in jüdischer und christlicher Tradition ein Stachel, der auf unser konkretes Verhalten und unsere grundlegende Einstellung gerichtet ist. Das ist auch eine Grundforderung im Hinduismus, Buddhismus, im Islam oder im Alevitentum. In allen diesen Religionen ist es ein Kerngebot, andere ungeachtet ihrer religiösen, säkularen und kulturellen Zugehörigkeit zu achten. Und das heißt auch, aufeinander zu hören, um tiefer zu ermessen, was gut und gerecht ist. Das eröffnet Perspektiven für die oft komplizierten, ambivalenten und notwendigen Aufgaben, Nächstenliebe zu üben.

Ein Schlüssel für ein tiefergehendes Verständnis dessen, was »gut« ist, liegt in der Aufforderung »Hört doch«, die am Anfang des Textes steht. Hören nicht als schnelles Zur-Kenntnis-Nehmen und »weiter so«, sondern als Impuls für eine grundlegende Wahrnehmung dessen, was als »gut« gelten kann, als tiefergehendes Verständnis für die Gegensätze, die damit verbunden sein können. Fulbert Steffensky schreibt dazu: »Hören, verstehen, nicht verstehen, Ohren haben und nicht verstehen, Verstockung [...] sind ja Grundvorgänge in biblischen Texten.«

In der Tat treten derartige Spannungen nicht nur in biblischen oder anderen religiösen Texten zu Tage. Sie werden auch in säkularen Texten aufgenommen, so im »Kaukasischen Kreidekreis« von Bertolt Brecht. Worum geht es dabei? Die Königin verlässt ihr eigenes Kind, um sich zu retten. Sie hört nicht wirklich das Weinen des Kindes, obwohl sie es hört (so wie im Micha-Text Israel hört, überhört und nicht versteht, obwohl dem Menschen gesagt ist, was gerecht ist). Sie hört und hört nicht, weil sie nicht handelt. Vielleicht will sie sich sogar loskaufen vom Handeln, loskaufen, so wie bei Micha. Anders die Magd Grusche. Auch sie versucht zunächst, das Weinen des Kindes zu überhören, aber sie bleibt bei dem Kind. Bei ihr setzt eine Entwicklung vom Überhören hin zum tieferen Hören ein, bis sie sich nach langen Stunden des Kindes annimmt. Grusche übt Liebe, weil sie deutlicher hört. Brecht macht klar, worum es dabei geht: »Wer das weinende Kind nicht hört, hört nicht mehr die leise Stimme des Geliebten.« Es geht damit nicht nur um die Rettung des Kindes, sondern auch um das eigene Leben und Erleben.

Das ist es also, was wir an unserem Bibeltext, in anderen Religionen und in säkularen Texten – z. B. bei Brecht – entdecken. Es gilt zu hören, auf sich wirken zu lassen, wieder zu hören, zu überlegen, was das Gehörte an Umkehr und Handeln erfordert, sich nicht gleich vermeintlichen oder tatsächlichen (Über-)Forderungen zu verschließen. Micha macht für seine Zeit und für uns deutlich, wie wichtig es ist, gegen alle inneren und äußeren Widerstände intensiv zu hören und zu handeln, und das heißt: offen zu sein für notwendige Veränderungen der eigenen Wahrnehmung, Neujustierungen des eigenen Verhaltens anzugehen sowie aktiv für Gerechtigkeit im sozialen und politischen Bereich einzutreten. Das ist nicht leicht, aber im Lichte von Micha unabdingbar.

23. SONNTAG NACH TRINITATIS
RÖMER 13,1-7

Kathrin Oxen

Jedermann sei untertan der Obrigkeit, die Gewalt über ihn hat. Denn es ist keine Obrigkeit außer von Gott; wo aber Obrigkeit ist, ist sie von Gott angeordnet. Darum: Wer sich der Obrigkeit widersetzt, der widerstrebt Gottes Anordnung; die ihr aber widerstreben, werden ihr Urteil empfangen. Denn die Gewalt haben, muss man nicht fürchten wegen guter, sondern wegen böser Werke. Willst du dich aber nicht fürchten vor der Obrigkeit, so tue Gutes, dann wirst du Lob von ihr erhalten. Denn sie ist Gottes Dienerin, dir zugut. Tust du aber Böses, so fürchte dich; denn sie trägt das Schwert nicht umsonst. Sie ist Gottes Dienerin und vollzieht die Strafe an dem, der Böses tut.

Darum ist es notwendig, sich unterzuordnen, nicht allein um der Strafe, sondern auch um des Gewissens willen. Deshalb zahlt ihr ja auch Steuer; denn sie sind Gottes Diener, auf diesen Dienst beständig bedacht. So gebt nun jedem, was ihr schuldig seid: Steuer, dem die Steuer gebührt; Zoll, dem der Zoll gebührt; Furcht, dem die Furcht gebührt; Ehre, dem die Ehre gebührt.

Irgendwann gegen Ende der 2030er oder Anfang der 2040er Jahre wird es wieder einmal soweit sein: Dann sind die Ausführungen des Paulus über das Verhältnis der Christen zu ihrer Obrigkeit Predigttext. Wenn man Themen und Texte so richtig aus der Wahrnehmung herausnehmen will, dann platziert man sie am besten auf die entlegenen Enden des Kirchenjahres. Alle paar Jahre nur, immer dann, wenn Ostern vor dem 3. April liegt und die Ostereier noch zwischen Schneeschauern gesucht werden müssen, gibt es überhaupt einen 23. Sonntag nach Trinitatis. Und nur jedes sechste Mal an diesem seltenen Sonntag könnte dieser Text gepredigt werden. Mit etwas Glück ist dann aber auch Reformationstag. Und etwas anderes dran.

Das Verhältnis der Christen zu ihrer Obrigkeit ist ein ungeliebtes Thema. Erstaunlich eigentlich, weil sich gerade die evangelische Kirche doch gerne und manchmal sogar unaufgefordert zu politischen Themen äußern möchte und dafür sogar die Disziplin einer »öffentlichen Theologie« entwickelt hat. Seit der Reformation jedenfalls gibt es die für beide Seiten nützliche Tradition einer engen Zusammenarbeit zwischen den Strukturen weltlicher Macht und denen der Kirche, vom Schutz des Kurfürsten für den Reformator Martin Luther selbst über das landesherrliche Kirchenregiment bis zu der in der Weimarer Reichsverfassung entworfenen »hinkenden Trennung« zwischen Staat und Kirche.

Der Kirchenkampf im Dritten Reich stellte das neu formulierte konstruktive Verhältnis zwischen Kirche und Staat sehr grundsätzlich in Frage: Wie sollen sich Christinnen und Christen verhalten, wenn der Staat Anordnungen trifft, die der christlichen Ethik widersprechen? Als kurz nach der Machtübernahme Hitlers im April 1933 der »Arierparagraph« eingeführt wurde, bekam die Frage, ob Christinnen und Christen den Anordnungen der Obrigkeit Folge zu leisten haben, wenn diese ihrer Gewissensüberzeugung widersprechen, eine neue Dringlichkeit. Abschließend beantwortet wurde diese Frage während des Dritten Reichs aber nicht. Die Barmer Theologische Erklärung formulierte 1934, »dass der Staat nach göttlicher Anordnung die Aufgabe hat, in der noch nicht erlösten Welt, in der auch die Kirche steht, nach dem Maß menschlicher Einsicht und menschlichen Vermögens unter Androhung und Ausübung von Gewalt für Recht und Frieden zu sorgen. Die Kirche erkennt in Dank und Ehrfurcht gegen Gott die Wohltat dieser seiner Anordnung an. Sie erinnert an Gottes Reich, an Gottes Gebot und Gerechtigkeit und damit an die Verantwortung der Regierenden und Regierten.« (Barmer Erklärung These V) Mit diesen Worten ist die paulinische Intention wohl korrekt wiedergegeben. Trotzdem bleibt ihre Umsetzung zu jeder Zeit und in allen politischen Verhältnissen eine Aufgabe und Herausforderung.

Bei dem Begriff der »hinkenden Trennung« denke ich an einen Dreibeinlauf, beliebt bei Sportfesten und auf Kindergeburtstagen. Und schwieriger, als er aussieht. Es ist klar, dass Christinnen und Christen mit beiden Beinen in der Welt stehen. Sie könnten sich nur um den Preis einer totalen Weltflucht freimachen von den Ansprüchen, die das Gemeinwesen an sie stellt, in dem sie leben. Und sie werden erfahren: Im Aneinander-gebunden-Sein kann man erstaunlich gut vorankommen oder langsamer als jeweils allein. Oder fürchterlich straucheln.

Als Paulus seiner Gemeinde in Rom etwas über das Gebundensein an die Obrigkeit schrieb, waren sorgfältig formulierte Staatskirchenverträge noch knapp 2000 Jahre entfernt. Und die Erhebung des Christentums zur Staatsreligion auch noch ein paar hundert Jahre. Paulus sieht die Aufgabe des römischen Staates vor allem darin, durch sein Gewaltmonopol die Einzelnen von der individuellen Durchsetzung ihrer Rechte zu entlasten. Eingebunden in die Ordnungen des Staates und auch gebunden durch sie sollen Christinnen und Christen leben. Deswegen sind sie auch zur Zahlung ihrer Steuern verpflichtet.

Ein Problem mit diesem grundsätzlich positiv definierten Verhältnis entsteht erst dann, wenn die Obrigkeit sich nicht als Gottes Dienerin erweist. Ohne dass dies schon seine eigene Erfahrung wäre, weist Paulus nachdrücklich darauf hin, wo das Gebundensein an die Obrigkeit aufhören muss, wo Christinnen und Christen nicht mehr mitlaufen können, sondern stehenbleiben und sich losmachen müssen: Dann, wenn das Handeln des Staates Gottes Gebot widerspricht. Diese kritische Distanz zu wahren, indem man sie benennt, scheint mir die eigentliche Aufgabe einer »öffentlichen Theologie« zu sein, die so eine wirkliche Hilfe zur Lebensorientierung für Christinnen und Christen bieten würde. Und ja: Es gibt unzweifelhaft leichtere Möglichkeiten voranzukommen als im Dreibeinlauf von Kirche und Staat. Mitläufertum scheidet nach den Erfahrungen des 20. Jahrhunderts definitiv aus. Ob wir aber auf eine endgültige Trennung zusteuern, das wird sich vielleicht schon gezeigt haben, wenn die Worte von Paulus das nächste Mal Predigttext sind. Dran sind sie eigentlich zu jeder Zeit.

24. SONNTAG NACH TRINITATIS
MARKUS 1,21-28

Jakob Mertesacker

Und sie gingen hinein nach Kapernaum; und alsbald am Sabbat ging er in die Synagoge und lehrte. Und sie entsetzten sich über seine Lehre; denn er lehrte sie mit Vollmacht und nicht wie die Schriftgelehrten.

Und alsbald war in ihrer Synagoge ein Mensch, besessen von einem unreinen Geist; der schrie: Was haben wir mit dir zu schaffen, Jesus von Nazareth? Bist du gekommen, uns zu vernichten? Ich weiß, wer du bist: der Heilige Gottes! Und Jesus bedrohte ihn und sprach: Verstumme und fahre aus von ihm! Und der unreine Geist riss ihn hin und her und schrie laut und fuhr aus von ihm. Und sie entsetzten sich alle, sodass sie sich untereinander befragten und sprachen: Was ist das? Eine neue Lehre in Vollmacht! Er gebietet auch den unreinen Geistern, und sie gehorchen ihm! Und die Kunde von ihm erscholl alsbald überall in das ganze Land um Galiläa.

Das lebhafte Bild, das in mir entsteht, wenn ich diese Episode lese, ist geprägt von starken und beängstigenden Szenen und einer gruseligen Faszination. Vor meinem inneren Auge erscheinen die filmischen Darstellungen Besessener in Hollywoodstreifen. Es erscheinen die Erinnerungen an die zugänglichen Tonbandaufnahmen des Exorzismus an Anneliese Michel in den Siebzigern. Und mir erscheinen Fotografien und Aufnahmen aus den Irrenanstalten des späten neunzehnten und frühen zwanzigsten Jahrhunderts: fahlhäutige Menschen in schmuddeligen Nachthemden mit starrem Blick und verzerrtem Gesicht, die fauchend und gauzend ihre unaushaltbare Todesangst und ihren Hass loszuwerden versuchen. Es bedeutet einen ziemlichen Aufwand, von diesen Bildern loszukommen und sich in die Szene hineinzudenken.

Und dann gibt es noch die professionellen Anteile, die versuchen, die Besessenheit in psychopathologische und psychiatrische Konstrukte hinein aufzulösen. Es erscheint der Gedanke, dass das, was die oder der Besessene erlebt, nichts anderes ist als ein psychotisches Krankheitsgeschehen. Wahrscheinlich ist das vor allem ein Versuch, das schwer Ertragbare in verdauliche Portionen einzuteilen und aushalten zu können. Wenn ich für etwas Begriffe und Theorien habe, dann macht es mir weniger Angst. Freilich ist der Blick auf die Welt ohne jede Theorie nicht möglich, aber es geht auch etwas verloren, wenn ich in der Wirklichkeit nichts anderes als die mehr oder weniger lupenreine Manifestation meiner Theorien sehe. Auch dann wird es schwierig, die Szene in allen Facetten zu betrachten.

Die Szene selbst beginnt mit einem Entsetzen der Anwesenden – möglicherweise darüber, dass ein Dahergelaufener die Hörenden stärker berührt als diejenigen, die ihre Expertise durch jahrelanges Studium erworben haben. Eine entsetzliche Situation, die an den gewachsenen Ordnungen und Strukturen rüttelt. Dennoch ist es erst der vom unreinen Geist Besessene, der dem Entsetzen Worte geben kann: »Ich weiß, wer du bist: der Heilige Gottes!« Derjenige, für den die Situation am bedrohlichsten ist, weil er in Vernichtungsangst um seine Existenz fürchtet, schafft es, dem Entsetzen einen Namen zu geben. Das Heilige ist dem unreinen Geist nicht fremd, vielmehr scheint der unreine Geist auf eine besondere Weise mit dem Heiligen vertraut zu sein.

Vielleicht könnte man es so formulieren: Der unreine Geist weiß um die alles übersteigende Attraktion des Heiligen und versperrt sich dem Heiligen gleichzeitig. Er lehnt die Anziehung und Liebe ab und macht für dieses Heilige keinen Platz in seiner Erlebenswelt. Möglicherweise fürchtet er, neben dieser Liebe nicht bestehen zu können. Dann wäre es die Angst davor, aufgesaugt und vernichtet zu werden, weil angesichts des heiligen Gegenübers jeder eigene Glanz sein Leuchten zu verlieren droht. Es ist die Angst davor, sich letztlich im übermächtigen Anderen aufzulösen.

Aber bräuchte so eine Angst dann nicht ein liebevoll haltendes Gegenüber, das einerseits einen sicheren Boden bietet und gleichzeitig so viel Raum eröffnet, dass sich solche Ängste als unbegründet erweisen können? Jesus ist aber gerade nicht der geduldig Abwartende, sondern er bedroht den unreinen Geist und gebietet ihm zu schweigen. Der Besessene wird hin- und hergerissen. Fast meint man, wieder ein Bild aus einem Film vor sich zu sehen, bei dem der unreine Geist als schattenhafte Gestalt mit einem Schrei den Leib des Besessenen verlässt.

Die biblische Szene ist wahrscheinlich keine therapeutische Handlungsanweisung, sondern steht in der Funktion eines Machterweises Jesu: Jesus ist derjenige, der mit göttlicher Vollmacht spricht und sich darin selbst als Gott erweist. Er heilt mit mächtigen Worten. Anders gesagt: Gott ist es möglich, in einer Weise zu dem unreinen Geist zu sprechen, dass dieser ihm gehorcht und den Besessenen verlässt. Er vollbringt etwas auf eine Weise, zu der kein Mensch in der Lage ist, und heilt den Besessenen von seinem unreinen Geist – in welcher Kategorie man dessen Leiden auch immer sehen mag.

Vielleicht gibt es doch eine Möglichkeit, die Gedanken zu verbinden: Die Vollmacht Gottes, in der Jesus spricht, wäre dann eine Macht, die Freiheit schenkt. Dann wäre es eben keine solche erdrückende Macht, die anderen die Luft zum Atmen nimmt. Vielmehr wäre die Machtsphäre Gottes ein Raum, der jedem den sicheren Halt gibt, den er braucht. So wird Freiheit möglich. Die Vollmacht Gottes wäre dann ein Ort, in dem sich der eigene Glanz jedes freien Wesens entfalten kann und Heilung von der dämonischen Angst, unbedeutend zu sein und unterzugehen, stattfinden kann.

DRITTLETZTER SONNTAG DES KIRCHENJAHRES
MICHA 4,1-5(7b)

Tanja Pilger-Janßen

In den letzten Tagen aber wird der Berg, darauf des HERRN Haus ist, fest stehen, höher als alle Berge und über alle Hügel erhaben. Und die Völker werden herzulaufen, und viele Heiden werden hingehen und sagen: Kommt, lasst uns hinauf zum Berge des HERRN gehen und zum Hause des Gottes Jakobs, dass er uns lehre seine Wege und wir in seinen Pfaden wandeln! Denn von Zion wird Weisung ausgehen und des Herrn Wort von Jerusalem. Er wird unter vielen Völkern richten und mächtige Nationen zurechtweisen in fernen Landen. Sie werden ihre Schwerter zu Pflugscharen machen und ihre Spieße zu Sicheln. Es wird kein Volk wider das andere das Schwert erheben, und sie werden hinfort nicht mehr lernen, Krieg zu führen. Ein jeder wird unter seinem Weinstock und Feigenbaum wohnen, und niemand wird sie schrecken. Denn der Mund des Herrn Zebaoth hat's geredet.

Ein jedes Volk wandelt im Namen seines Gottes, aber wir wandeln im Namen des HERRN, unseres Gottes, immer und ewiglich!

[... Und der HERR wird König über sie sein auf dem Berge Zion von nun an bis in Ewigkeit.]

DER NÄHERKOMMENDE FRIEDEN

Die ersten Worte des Textes zeigen die Perspektive an: »In den letzten Tagen« – das Ende der Zeit ist im Blick. Eine Vision für die Zukunft folgt: Im Mittelpunkt steht Gottes Haus auf dem Berg Gottes, der fest gegründet sein wird und über die anderen Berge und Hügel erhaben ist. Gemeint ist der Tempel.

Zu diesem Berg gehen die Völker. In der deutschen Übersetzung lesen wir »Völker«, »Heiden« und »Nationen«, wobei das Hebräische hier nur zwei verschiedene Worte gebraucht. Ob mit diesen verschiedenen Worten tatsächlich inhaltlich Unterschiedliches ausgesagt werden soll und ob man mit »Heiden« treffend übersetzt, ist fraglich. Zumindest lässt das Ende der Vision erahnen, dass keine ungläubigen Menschen zum Haus Gottes wandeln, sondern sehr wohl Völker unterwegs sind, die gottgläubig sind. Sicherlich ist es angemessener, stets von Völkern oder Nationen zu sprechen.

Neben den Völkern ist auch eine Wir-Gruppe genannt. Die direkte Rede der Völker nimmt die Wir-Perspektive gleich zu Beginn auf und evoziert eine Identifizierung mit den Lesenden heute. Wir, die wir den Text hören und auslegen, nehmen uns mit hinein in diese Wir-Rede, identifizieren uns mit den Völkern am Ende der Zeit. Wir stellen uns wie die anderen Völker als Gruppe auf und gehen mit.

Leitwort in dieser Vision ist das Verb »gehen/wandeln«, das im Hebräischen mit demselben Verb wiedergegeben wird und dreimal in V. 2 und zweimal in V. 5 gebraucht wird. Gehen und wandeln meint nicht nur, von einem Ort zum anderen zu gelangen, sondern auch eine Lebens- und Glaubenshaltung einzunehmen, die in einen bestimmten Lebenswandel mündet. Sich an Gott und sein Wort, sich an Gottes Weisung und Geboten zu orientieren ist gemeint. Es wundert nicht, dass die Mitte dieser Vision besagt: Denn von Zion geht die Weisung aus und das Wort des Herrn von Jerusalem (V. 2b). Die Völkerwallfahrt zum Zion, also zu Gottes Haus, zielt auf Gottes Wort und Weisung. Wer so geht und wandelt und zum Haus Gottes gelangen möchte, um Wort und Weisung zu erhalten, dem könnte »Wohl denen, die da wandeln, vor Gott in Heiligkeit, nach seinem Worte handeln und leben allezeit« (EG 295) auf den Lippen klingen.

Was diese Weisung konkret bedeutet, führen die drei folgenden Verse aus: Bis zum fernsten Volk wird Gott viele Völker richten und sie lehren. Seine Lehre hat zur Folge, dass Schwerter zu Pflugscharen und Spieße zu Sicheln geschmiedet werden. Kein Volk wird mehr gegen ein anderes Volk kämpfen, noch wird man mehr lernen, Krieg zu führen. Auch wenn das Wort »Frieden« im Alten Testament bekannt und durchaus geläufig ist, kommt es hier nicht vor. Gleichwohl ist gerade dieses Bild von den »Schwertern zu Pflugscharen« das Bild schlechthin für Frieden geworden.

Die Hoffnung darauf, dass Völker sich nicht mehr bekriegen, sondern friedlich leben können, ist schön und ein gutes, wichtiges Ideal zum Handeln, gleichwohl angesichts von Krisen- und Kriegsgebieten – wo auch immer auf unserer Welt – ein Bild, das sich nicht gut mit unserer Wirklichkeit deckt. Gleichwohl lässt sich daran erinnern, dass gerade der Slogan »Schwerter zu Pflugscharen« die Friedensbewegung in Deutschland in den 1980er Jahren geprägt hat und in der friedlichen Revolution nicht nur Kraft und Halt war, sondern Wirklichkeit wurde. Diese Ambivalenz zwischen einer Vision für Frieden, die mit der Völkerwallfahrt und dem Friedensreich in Micha 4 erwartet wird, und einem Wandeln im Frieden hält der Predigttext offen.

Während die universale Vision von der Völkerwallfahrt und dem Friedensreich bis hierin seine Parallele beim Propheten Jesaja in 2,2-4 hat, ergänzt Micha sie um zwei weitere Gedanken in Vv. 4f.: Zum einen nimmt er den Einzelnen in den Blick. Zum Frieden zählt auch, dass es dem Einzelnen gut geht, er unter seinem Weinstock und seinem Feigenbaum sitzen kann. Zum anderen spezifiziert Micha das Bild von der Völkerwallfahrt dahingehend, dass »ein jedes Volk« im Namen *seines* Gottes wandelt. Die Völker scheinen zwar den Gott Israels zu achten, müssen aber nicht den Glauben an ihren Gott aufgeben, sondern bleiben ihrem Gott treu. Toleranz und religiöser Pluralismus sind aus der Perspektive und Glaubenshaltung Israels heraus formuliert. Hier wird eine wichtige Haltung deutlich, die auch wir im multinationalen Pluralismus in unserem Land einnehmen können: friedliche religiöse Verschiedenheit.

Die Zeitvorstellungen der Vision deuten die bereits angedeutete Ambivalenz zwischen erwarteter Hoffnung *auf* und dem Eintreten *für* Frieden an. So legt der Anfang explizit den Blick auf die Erwartung am Ende der Zeit. Doch das Wandeln der Völker im Namen des eigenen Gottes wird präsentisch übersetzt und in die Gegenwart geholt. Der Schlussvers 7b setzt Gott als König nochmals in den Mittelpunkt der Vision – von jetzt an bis in Ewigkeit. Micha lädt also ein, schon jetzt die Vision Wirklichkeit werden zu lassen. Der Frieden kommt von Vers zu Vers immer näher, die Vielfalt religiöser Glaubensformen ist bereits jetzt erlebbar

VORLETZTER SONNTAG DES KIRCHENJAHRES
RÖMER 14,(1-6)7-13

Matthias Elsermann

[Den Schwachen im Glauben nehmt an und streitet nicht über Meinungen. Der eine glaubt, er dürfe alles essen. Der Schwache aber isst kein Fleisch. Wer isst, der verachte den nicht, der nicht isst; und wer nicht isst, der richte den nicht, der isst; denn Gott hat ihn angenommen. Wer bist du, dass du einen fremden Knecht richtest? Er steht oder fällt seinem Herrn. Er wird aber stehen bleiben; denn der Herr kann ihn aufrecht halten.

Der eine hält einen Tag für höher als den andern; der andere aber hält alle Tage für gleich. Ein jeder sei seiner Meinung gewiss. Wer auf den Tag achtet, der tut's im Blick auf den Herrn; wer isst, der isst im Blick auf den Herrn, denn er dankt Gott; und wer nicht isst, der isst im Blick auf den Herrn nicht und dankt Gott auch.]

Denn unser keiner lebt sich selber, und keiner stirbt sich selber. Leben wir, so leben wir dem Herrn; sterben wir, so sterben wir dem Herrn. Darum: wir leben oder sterben, so sind wir des Herrn. Denn dazu ist Christus gestorben und wieder lebendig geworden, dass er über Tote und Lebende Herr sei.

Du aber, was richtest du deinen Bruder? Oder du, was verachtest du deinen Bruder? Wir werden alle vor den Richterstuhl Gottes gestellt werden. Denn es steht geschrieben (Jes 45,23): »So wahr ich lebe, spricht der Herr, mir sollen sich alle Knie beugen, und alle Zungen sollen Gott bekennen.« So wird nun jeder von uns für sich selbst Gott Rechenschaft geben. Darum lasst uns nicht mehr einer den andern richten; sondern richtet vielmehr darauf euren Sinn, dass niemand seinem Bruder einen Anstoß oder Ärgernis bereite.

Ambiguitätstoleranz ist eine Kompetenz, zu der der evangelische Religionsunterricht beitragen soll.

Was modern klingt, steckt schon im Kern in den Gedanken des Paulus.

Müssen alle auf Fleisch verzichten – wörtlich: »nur Pflanzliches« essen (V. 2)?

Müssen besondere Tage für »höher« erachtet werden (V. 5) oder sind alle Tage gleich wichtig?

Entscheidet sich an diesen Fragen das endgültige Urteil über den anderen? Steht oder fällt er bzw. sie darüber in Ungnade? Ist das Verhalten in speziellen Fragen der Lebensführung das Anstößige, das *Skandalon*, das zur wechselseitigen Segregation führt?

Natürlich ging es Paulus nicht um Vegetarismus, auch nicht um einen Diskussionsbeitrag zum Veggie Day. Er sieht das Problem, dass die Frage nach Fleischkonsum oder vegetarischer Ernährung bzw. die Frage nach der Observanz besonderer Tage in der römischen Gemeinde zur Glaubensfrage geworden war, die zur Spaltung innerhalb der Gemeinschaft und zum Kommunikationsabbruch zu führen drohte.

Die einen fordern konsequenten Vegetarismus aus Sorge, auf den römischen Märkten ungewollt unreines – nicht koscheres – Fleisch zu erwerben und zu essen. Sie fordern die Observanz spezieller Tage – welche genau, bleibt hier offen –, weil dies zur festen Tradition und zum Unterscheidungsmerkmal der jüdischen Gemeinde von ihrer Umwelt seit jeher gehört. Den andern hingegen wird bedenkenloser Fleischkonsum und die Ignoranz der Heiligung besonderer Tage zum Beweis ihrer christlichen Freiheit. Und in dieser Konfrontation wird das Verhalten der je anderen Gruppe zum Skandal – es ist etwas Anstößiges, es reißt Gräben auf, zerstört Gemeinschaft, und

Kommunikation wird unmöglich. Bleibt nun nichts als unversöhnliche Gegensätze?

Paulus bemüht sich, diese Gegensätze zu versöhnen, indem er jedes der Verhaltensmuster von ihrem Ziel her versteht: Beide handeln so, wie sie handeln – in der ganzen Gegensätzlichkeit! –, im Blick auf Christus und um Gott zu danken. Und das ist das Entscheidende: »Gibt es schon im Leben vielerlei Erfahrungen von Kommunikationsgrenzen und von Einsamkeit, so macht der Tod jeden Menschen radikal einsam. Doch weder im Leben noch auch im Sterben ist ein Christ allein auf sich selbst bezogen. Ist er nämlich seit seiner Taufe mit Christus verbunden, so lebt er in allem, was er tut, für Christus, den Kyrios. Und daraus fällt er auch im Sterben nicht heraus: Auch wer stirbt, stirbt ›für den Herrn‹.« (Ulrich Wilckens, Der Brief an die Römer, 1982; EKK VI/3, S. 84)

Wenn aber diese Gemeinschaft in Christus für beide Gruppen in gleicher Weise gilt, dann können und dürfen unterschiedliche gruppeninterne Überzeugungen nicht zum Kommunikationsabbruch führen. Wenn diese Gemeinschaft in Christus für beide gleichermaßen gilt, dann muss dies zur Akzeptanz der Widersprüche und Toleranz des Anstößigen führen – zur Ambiguitätstoleranz. »Die Herrschaft Christi [...] befähigt wie verpflichtet Christen in gleicher unendlicher Dringlichkeit zu einer Toleranz, die gerade nicht aus Dissoziierung entsteht, sondern eine konkrete Gestalt von Gemeinschaft freisetzt, nämlich das Annehmen des in seiner Lebens- und Frömmigkeitspraxis von der meinigen unterschiedenen Mitchristen als meines Bruders.« (Ulrich Wilckens, op. cit., S. 84f.)

Das ist ein anspruchsvolles Programm, das immer wieder neu aufgelegt werden muss: Wie oft stehen wir nicht mitten in leidenschaftlichen Auseinandersetzungen! Immer wieder geht es darum, die trennenden Wahrheiten in Einklang zu bringen durch die verbindende Liebe! Gelingen kann dies nur in einer Haltung des Respektes vor dem anderen – und in der Haltung der Demut gegenüber Gott, der uns in Jesus Christus vereint.

Das ist ein anspruchsvolles Programm in einer Gesellschaft, die das Skandalon liebt und den Skandal sucht, notfalls ihn medial inszeniert und provoziert. Beispielhaft kann dies an der »Kontroverse um den Veggietag« (so der Artikel in Wikipedia) nachverfolgt werden. Der Streit um angemessene Coronamaßnahmen spaltete Freundeskreise und Familien.

Aber es ist ein dringend erforderliches Programm angesichts der Diskussionen, wie eine CO_2-neutrale Zukunft menschlichen Lebens aussehen kann. Hier gibt es viele miteinander im Widerspruch befindliche Konzepte. Vorankommen wird die Menschheit aber nur, wenn sie das Verbindende entdeckt und sich bei der Lösungssuche – trotz unterschiedlicher Konzepte – nicht spalten lässt. Andernfalls würden die Unbelehrbaren einer Wirtschaftsordnung, die auf die ungebrochene Ausbeutung fossiler Ressourcen setzt, den Triumph davontragen.

Es ist ein dringend erforderliches Programm angesichts der Erfahrungen, wie militärische Gewalteskalation erneut als skrupelloses Mittel für hegemoniale Ansprüche eingesetzt wird. Was als friedensethische Position mühsam erarbeitet war und scheinbar unerschütterlich feststand, sieht sich plötzlich von Grund auf erschüttert. Die Diskussionen brechen wieder auf – aber sie müssen geführt und das einander verbindende Anliegen des Friedens gewahrt werden, sonst würden die Kriegstreiber und -gewinnler das Feld behaupten.

Das leidenschaftliche Führen dieser Diskussionen in der bleibenden Gemeinschaft in Jesus Christus kann dann zum Zeugnis in der Welt und für die Welt werden.

BUSS- UND BETTAG
LUKAS 13,(1-5)6-9

Helmut Wöllenstein

[Es waren aber zu der Zeit einige da, die berichteten Jesus von den Galiläern, deren Blut Pilatus mit ihren Opfern vermischt hatte. Und er antwortete und sprach zu ihnen: Meint ihr, dass diese Galiläer mehr gesündigt haben als alle andern Galiläer, weil sie das erlitten haben? Ich sage euch: Nein; sondern wenn ihr nicht Buße tut, werdet ihr alle ebenso umkommen. Oder meint ihr, dass die achtzehn, auf die der Turm von Siloah fiel und erschlug sie, schuldiger gewesen seien als alle andern Menschen, die in Jerusalem wohnen? Ich sage euch: Nein; sondern wenn ihr nicht Buße tut, werdet ihr alle ebenso umkommen.]

Er sagte ihnen aber dies Gleichnis: Es hatte einer einen Feigenbaum, der war gepflanzt in seinem Weinberg, und er kam und suchte Frucht darauf und fand keine. Da sprach er zu dem Weingärtner: Siehe, drei Jahre komme ich und suche Frucht an diesem Feigenbaum und finde keine. So hau ihn ab! Was nimmt er dem Boden die Kraft? Er aber antwortete und sprach zu ihm: Herr, lass ihn noch dies Jahr, bis ich um ihn herum grabe und ihn dünge; vielleicht bringt er doch noch Frucht; wenn aber nicht, so hau ihn ab.

AUFSCHUB IST ANSCHUB

Was reden die Leute alles nach einer Katastrophe! Was wird getalkt, getuschelt und getwittert: Wer ist eigentlich wirklich schuld? Wer hat sich mit wem gegen wen verschworen?

Jesus steigt ein in den Katastrophentalk. Erst hört er zu. Der römische Statthalter Pilatus hat Israeliten unter Terrorismusverdacht hinrichten lassen, und beim Zusammenbruch einer Mauer gab es Tote. Zwei Vorfälle, die nichts miteinander zu tun haben. Trotzdem meinen viele, diese Leute hätten es sicher verdient, und sie folgern in ihrer Logik: Wir haben verdient, dass es uns gut geht. Da platzt Jesus der Kragen: Meint ihr, diese seien schuldiger, sie hätten mehr gesündigt als ihr? Ich sage euch: Nein! Über die Schuld anderer zu grübeln, bringt euch überhaupt nichts. Schaut auf euch selbst. Was läuft da alles falsch, was müsst ihr in Ordnung bringen?

Biblisch und mit den Worten Jesu gesprochen, geht es darum, Buße zu tun. Nicht nur von einer »Zeitenwende« aus Berlin zu hören, sondern genau zu prüfen, was muss bei uns anders werden? Wer verpasst, was dieser – immer auch politisch gemeinte! – Feiertag anstößt, riskiert sein Leben.

Wie kommen wir auf neue Wege?

Jesus erzählt dazu eine Geschichte aus seinem Alltag. Ein Gutsbesitzer bilanziert seine Erträge. Einer seiner Feigenbäume trägt nicht – seit drei Jahren. Das ist Verschwendung von Ressourcen. Der Gärtner soll ihn fällen. Doch der widerspricht – ziemlich mutig. Ein Jahr will er rausholen, will sich um den Baum kümmern. Vielleicht trägt er noch einmal…, vielleicht. Wenn nicht, ist Schluss. Es hört sich an wie auf einem Basar. Oder geht es auch um eine besondere Liebe, die der Gärtner zu seinen Pfleglingen hat, anders als der Besitzer? Geht es um beruflichen Ehrgeiz? Die Pointe dieser Szene ist der Satz: »Herr, lass ihn noch dies Jahr.« Diese Bitte um Aufschub eines vernichtenden Urteils ist einzigartig im neuen Testament. Sie bedeutet nicht nur Aufschub, sondern zugleich Anschub: Seht, was ihr tun könnt. Fangt sofort an. Und achtet auf das Werkzeug, Spaten ist besser als Axt!

Wer hat jetzt was zu tun? Wer handelt hier, und was ist meine Rolle?

Von Gott ist keine Rede in dem Text. Und doch lese ich die Zeilen auf dem Hintergrund biblischer Gottesgeschichten. Gott hat alles geschaffen, was lebt, Bäume und Menschen. Sie sollen leben und Leben weitergeben, gedeihen und Frucht bringen. Wo das nicht geschieht, kommt der Tod. So hat es Gott geschaffen. Also wäre Gott wie der Gutsbesitzer, dem alles gehört, der Erträge erwartet und ohne Erträge die Pflanzen nicht braucht. Doch die Bibel kennt Gott auch anders. Nach der Sintflut, nach der Vernichtung von Leben, das nicht seinem Maßstab entsprach, ist Gott zutiefst erschrocken über die Zerstörung, die er selbst angerichtet hat. Er verspricht, die Erde in Zukunft nie mehr auf solche Weise zu strafen, nie mehr seine Menschen, seine Tiere und Pflanzen zu töten. Gott ändert sich und schlägt eine neue Richtung ein. Gott selbst tut Buße. Davon wird auch hier erzählt. Ich sehe Gott in beiden Personen. Er ist auch der Gärtner. Der kann seine Bäume nicht einfach umhauen. Es tut ihm selbst weh. Wenn ein Baum nichts trägt, kümmert er sich, gräbt den Boden und düngt. Gott setzt auf den Spaten, nicht auf die Axt.

Christen können Gott in mehreren Personen sehen: Im Schöpfer, von dem alles Leben kommt und zu dem es zurückgeht. Aber auch in Jesus, dem Menschen, der neben uns geht und solche Geschichten erzählt. Der damit an uns arbeitet, den harten Boden locker macht und unseren Wurzeln Nahrung gibt. Er weiß, dass ich Pausen brauche, er kennt meine Blackouts und Burnouts. Ich kann nicht immer liefern, ich vertue Chancen. Ich ziehe Energie aus meiner Umwelt und verbrauche sie allein für mich.

Lass ihn noch ein Jahr, sagt Gott zu sich selbst. Wie gut, dass er damit auch von mir spricht. Wie gut, dass ich hoffen darf: Es wird wieder. Du kannst auch anders. Du hast Zeit.

Das ist der Charme dieses Textes: »Herr, lass ihn noch dies Jahr.« – Doch so sanft es sich anhört, so stark ist der Anstoß: Hände weg von der Axt und runter vom Gas.

Runter vom Gas ist heute mehrfach angesagt, wenn uns eine Zukunft blühen soll. Wir fahren zu schnell. Wir heizen zu viel. Die fossilen Energieträger gehen zu Ende. Wir können nicht mehr sagen: Lass uns noch ein Jahr so weitermachen, und noch eins und noch eins.

Der Baum, der keine Früchte trägt, hat eine Gnadenfrist. Seine Zeit läuft. Das Jahr, in dem seine Feigen wachsen können, beginnt jetzt. Er zieht Saft aus dem Boden, treibt Knospen, blüht auf, lässt sich befruchten und trägt die schöne schwere Last bis zur Reife.

Vom Gas zu gehen ist jetzt schon eine Frucht. Das Prinzip der spätkapitalistischen Hochleistungsmaschinerie, immer schneller, immer mehr, immer größer, hat ausgedient. Es verwandelt sich in ein neues: immer nachhaltiger, immer besser dem angemessen, was Natur und Menschen brauchen.

Runter vom Gas ist aber auch eine Einstellung. Nicht durchs Leben rasen, sondern gehen. Jetzt schon wahrnehmen, was mit uns wächst und lebt. In Beziehung sein. Auch den Baum achten, der keine Früchte trägt. Er hat Blätter. Er bindet Kohlendioxyd und liefert Sauerstoff. Er ist schön. Wir leben, weil er lebt.

LETZTER SONNTAG DES KIRCHENJAHRES
EWIGKEITSSONNTAG
PSALM 126

Ernst-Wilhelm Gohl

Ein Wallfahrtslied.
Wenn der Herr die Gefangenen Zions erlösen wird,
so werden wir sein wie die Träumenden.
Dann wird unser Mund voll Lachens
und unsre Zunge voll Rühmens sein.
Da wird man sagen unter den Völkern:
Der Herr hat Großes an ihnen getan!
Der Herr hat Großes an uns getan;
des sind wir fröhlich.
Herr, bringe zurück unsre Gefangenen,
wie du die Bäche wiederbringst im Südland.
Die mit Tränen säen,
werden mit Freuden ernten.
Sie gehen hin und weinen
und tragen guten Samen
und kommen mit Freuden
und bringen ihre Garben.

Sie gehen hin und weinen

Der letzte Sonntag des Kirchenjahrs ist mit dem Totengedenken eine Brücke zwischen den Sonntagen der Trinitatiszeit und dem Beginn des Weihnachtsfestkreises. Vor Beginn des neuen Kirchenjahrs versammeln sich die Gemeinden an diesem Sonntag und gedenken ihrer Verstorbenen. Häufige Praxis ist eine Erinnerung an die Toten des zu Ende gehenden Kirchenjahrs, das Nennen ihrer Namen, das Entzünden einer Kerze und die gemeinsame

Fürbitte. Trauernde nehmen noch einmal bewusst Abschied und suchen nach Formen gemeinsamen Gedenkens. Typisch ist der kasuelle Charakter des gesamten Gottesdienstes. Deshalb nehmen die Gebete, Lieder und Bilder einen besonderen Platz ein.

Die neue Perikopenordnung hat mit Psalm 126 ein Bibelwort ausgewählt, das schon lange seinen festen Platz in diesem Gottesdienst besaß, aber nicht als Predigttext. So geht die Predigtgemeinde mit diesem Psalm, einem Wallfahrtslied, um, indem sie ihre Trauersituationen einträgt und verwandeln lässt.

Der ursprüngliche Hintergrund, in dem Ps 126 zu hören ist, ist das babylonische Exil Israels. Mit der Zerstörung Jerusalems und der Vertreibung ihrer Einwohner nach Babylon wird ein grundlegender Schmerz Israels aufgerufen. Heilung versprach nur die Rückkehr der Einwohner Jerusalems und die Befreiung ganz Israels.

Der Predigttext zum Ewigkeitssonntag greift diese schmerzhafte Erfahrung auf und individualisiert sie im Hinblick auf die Trauererfahrungen der Menschen, die jetzt in diesem Gottesdienst um einen verstorbenen Menschen trauern. Dazu lautet das Hoffnungswort aus Ps 126,5f: »Die mit Tränen säen, werden mit Freuden ernten. Sie gehen hin und weinen und tragen guten Samen und kommen mit Freuden.« Aber woher nimmt der Psalmbeter seine Zuversicht, dass Trauer in Freude verwandelt wird?

Wende unser Schicksal

Oft verbirgt sich die zentrale existentielle Frage, die einen Psalm bewegt, in seiner Mitte. Genau in der Mitte von Ps 126 befindet sich die die Aufforderung der Psalmbeter an Gott: »Herr, bringe zurück unsre Gefangenen!« (V 4a)

An dieser Stelle kann ein exegetischer Streit produktiv gemacht werden. Er geht um die Frage, ob diese Rückkehr der Gefangenen nach Zion noch bevorsteht – wie in der Lutherübersetzung – oder bereits in der Vergangenheit liegt. So übersetzt die Zürcher Bibel den V 1 mit: Als der HERR wandte Zions Geschick, waren wir wie Träumende. Dieser Verlegung der Befreiung in die Vergangenheit schließen sich zahlreiche neuere Übersetzungen an und übernehmen diese Logik auch für V. 4: »Wende nun, Herr, unser Schicksal aufs Neue.« (Jörg Zink)

Wie die Träumenden

Gleichgültig, ob diese Befreiungserfahrung bereits zurückliegt oder noch aussteht, der Psalmenbeter von heute braucht das Vertrauen, dass Gott Trauer und Schmerz verwandeln wird. Gilt es dem Glauben an die Befreiung wie damals – oder gilt es dem Vertrauen, dass Gott seine Verheißung insgesamt erst noch wahrmachen wird? Letztere Deutung verbindet sich traditionell mit einer eschatologischen Perspektive, in der der gesamte Psalm erscheint.

Eine Brücke zum Verstehen ist die Aussage, diejenigen, denen Befreiung widerfahren sei/werde, seien wie Träumende. Denn dieses Träumen macht die Erfahrung der Befreiung ambivalent. Die, denen Befreiung widerfährt, wähnen sich in einem Traum, aus dem sie immer wieder erwachen, und schenken der Realität, die ihnen erscheint, mehr Glauben als der Wirklichkeit Gottes. Dieser Traum ist eng mit der Erfahrung der Heimkehr verbunden. Zion ist das Ziel dieser Heimkehr. Dieser Ort ist mehr als ein Ort auf der Landkarte, eher das Zentrum einer inneren Landkarte – ein Ort beglückender Erfahrungen und Prägungen.

Herzgegend

»Gedächtnis ist mein Beruf« – damit beginnt Ralf Rothmanns Kurzgeschichte »Ein leises Ziehen in der Herzgegend« (in: Hotel der Schlaflosen, Berlin 2020, 201-205), und das, was in dieser Geschichte über die Heimkehr und das Träumen gesagt wird, liest sich wie ein Kommentar, ja wie eine Denkskizze zu Psalm 126.

»Gedächtnis ist mein Beruf«, das sagt zu Beginn der Erzählung ein Künstler, der mit seiner Frau von einer Ausstellung in Norddeutschland kommt und auf seiner Autokarte das Dorf wiederentdeckt, das für ihn durch glückliche Ferienwochen seiner Kindheit zu einem Sehnsuchtsort geworden ist. Spontan beschließen die beiden, diesen Ort aufzusuchen. Für den Künstler, dessen Erinnerungsvermögen und sein Hang zu fotorealistischen Details seiner Kunstwerke geschätzt werden, wird es eine beglückende Heimkehr. Wie glücklich Träumende entdecken sie den Ort der Kindheit wieder, und alles scheint sich zu fügen:

»Blüten fielen aus den alten Akazien, und augenblicklich war er wieder da, der Zauber jener Kindheitswochen: Schwalben umflogen die Dächer, Hühner liefen sorglos gackernd über den Platz, und ein Geruch nach schwelendem Buchenholz lag in der Luft. Immer noch räucherte man hier also den Schinken und die Mettwürste und Fische selbst [...]. Das Gutshaus mit dem Säulenportal sah unverändert aus, vielleicht etwas kleiner und schmucker als in seiner Erinnerung, und aus einem Stall dahinter hörte man Kälber brüllen.«

Was man hier bereits ahnt, wird später Wirklichkeit: Dieser Ort ist gar nicht das Dorf seiner Großeltern und glücklichen Kindheit. Der Künstler hat es mit einem anderen Dorf in der Nachbarschaft verwechselt. Aber als die beiden nun in diesem zweiten, dem vermutlich richtigen Glücksort eintreffen, wird er traurig: »Wieder spürte man das Meer, ohne es zu sehen, ein leises Ziehen in der Herzgegend; über den staubigen Platz, an dessen Rand ein paar Spielzeugautos lagen, wurden Akazienblüten geweht, und der vergoldete, im Baumschatten schimmernde Zeiger der Turmuhr rückte eine Minute vor. So war es gewesen, und Jansohn nickte und sagte: ›Ja, genau so…‹ Dann startete er den Wagen und setzte zurück. ›Aber das ist es auch nicht.‹«

Diese Geschichte erzählt von Traumerfahrungen der Kindheit, an die sich lebenslange Erinnerungsspuren angelagert haben. Die glückliche Heimkehr wird dagegen verfehlt, wenn man einen Ort auf der Landkarte sucht. Vielleicht ist das die stärkste Verbindung zwischen dem Künstler auf der Suche nach seiner Kindheit und den Gefangenen Zions: Dass sie diesen Ort *in sich* finden müssen, diesen Ort, den Gott längst für sie bereitgestellt hat.

LETZTER SONNTAG DES KIRCHENJAHRES
TOTENSONNTAG
PSALM 90,1-14

Jakob Leiner

Ein Gebet des Mose, des Mannes Gottes.
Herr, du bist unsre Zuflucht für und für.
Ehe denn die Berge wurden und die Erde und die Welt geschaffen wurden,
    bist du, Gott, von Ewigkeit zu Ewigkeit.
Der du die Menschen lässest sterben
    und sprichst: Kommt wieder, Menschenkinder!
Denn tausend Jahre sind vor dir
wie der Tag, der gestern vergangen ist,
    und wie eine Nachtwache.
Du lässest sie dahinfahren wie einen Strom,
sie sind wie ein Schlaf,
    wie ein Gras, das am Morgen noch sprosst,
das am Morgen blüht und sprosst
    und des Abends welkt und verdorrt.

Das macht dein Zorn, dass wir so vergehen,
    und dein Grimm, dass wir so plötzlich dahinmüssen.
Denn unsre Missetaten stellst du vor dich,
    unsre unerkannte Sünde ins Licht
    vor deinem Angesicht.
Darum fahren alle unsre Tage dahin durch deinen Zorn,
    wir bringen unsre Jahre zu wie ein Geschwätz.
Unser Leben währet siebzig Jahre,
    und wenn's hoch kommt, so sind's achtzig Jahre,
und was daran köstlich scheint,
    ist doch nur vergebliche Mühe;
denn es fähret schnell dahin,
    als flögen wir davon.

Wer glaubt's aber, dass du so sehr zürnest,
und wer fürchtet sich vor dir in deinem Grimm?
Lehre uns bedenken, dass wir sterben müssen,
auf dass wir klug werden.

Herr, kehre dich doch endlich wieder zu uns
und sei deinen Knechten gnädig!
Fülle uns frühe mit deiner Gnade,
so wollen wir rühmen und fröhlich sein
unser Leben lang.

»Der Totensonntag ist in der evangelischen Kirche ein Gedenktag für die Verstorbenen«, bestätigt mir Google, was ich bereits ahnte, obwohl die Lektüre der Bibelstelle aufgrund meiner Unerfahrenheit bezüglich des Kirchenjahres ein Bedürfnis nach Absicherung erweckt hatte. Der Psalm jedoch ist mir aus Konfirmationszeiten noch dunkel in Erinnerung, und eher gräulich gefärbt sind auch die ersten Gedankengänge, die er auslöst. Denn mit der Vergänglichkeit, so viel vorab, bin ich per Du, nachdem ich sie mit Anfang 20 durch eine Krebserkrankung am eigenen Leib erfahren hatte. Ich überlebte. Die unvermeidliche Erschütterung im Antlitz der eigenen Sterblichkeit aber wirkte nach, durch den frühen Tod meines Vaters vier Jahre später noch einmal verstärkt. Wie fluktuierende seismische Wellen eines inneren Bebens spüre ich das, was die Erfahrung brachte, auch heute noch. Angst natürlich, aber längst nicht mehr ausschließlich diese.

»Lehre uns bedenken, dass wir sterben müssen«, betet Moses zu seinem Gott schließlich, und weiter: »auf dass wir klug werden.« Ohne den letzten Teil eitel in Anspruch nehmen zu wollen, begreife ich doch die Bedeutung der doppelten Finalität. Für mich stellt dieser zentrale Vers heraus, was weltlich als »Lebensmodus« oder »Weltbeziehung« vor dem Hintergrund des Sterbenmüssens des Subjekts gelten mag. Der Beginn des Bedenkens aber ist oft erst eine persönliche Verstrickung in existenzielle Geschehnisse. Kommt der Tod in unser Haus.

Apropos Einstellung zur Welt, in der wir leben: Natürlich kann aufgrund der Endlichkeit aller bekannten Dinge, wird sie nur lang genug ausgewalzt, eine gewisse Ohnmacht Einzug halten. Siehe Moses, der einen Großteil seines Gebets auch im ziemlich depressiven Grundmodus verbringt und sich ordentlich reinsteigert. 1000 Jahre »nur ein Schlaf«, ein im besten Fall 80-jähriges Menschenleben verbracht »wie ein Geschwätz« und alles, vor allem das Gute, »ist doch nur vergebliche Mühe«. Ein Hauptsymptom des Schwarzsehens ist hierbei schon erfüllt: Abwertung von Vergangenheit, Gegenwart und Zukunft in reizender Allgemeingültigkeit. Oder mit den Begriffen des Sozialphilosophen Hartmut Rosa, des Begründers der Resonanztheorie, gesprochen: Da ist dem Propheten die Welt, aus der er schließlich scheiden muss, offenbar »stumm« geworden und aus der Anklage des göttlichen Hauptverantwortlichen in dieser Ungerechtigkeit lässt sich gar eine latente Aggressivität schließen.

Diese »feindliche Welteinstellung«, sich selbst miteingeschlossen, weist auf fehlende Resonanzerfahrungen hin. Resonanz, das ist in Rosas Sinn: der Welt ZUHÖREN, das heißt, sich von ihr berühren lassen, um seinerseits überhaupt ANTWORTEN, das heißt berühren zu können. Zunehmend schwierig bei einem postmodern-dominanten Zeitgeist, der von enormer Funktionalität, Selbstoptimierung und Reizüberflutung geprägt ist und damit fortwährend »schuldige Subjekte«, scheinbaren Ansprüchen nämlich scheinbar ungenügend, produziert.

Auch Moses laboriert an einem Schuldkonflikt, fürchtet die Strafe des Zorns für »Missetaten« und »unerkannte Sünde« seines Über-Ichs, nennt es aber Gott. Hier wird die Verwandtschaft einer Neigung zur depressiven Weltsicht mit internalisierter Hochmoral und ihrer Strenge deutlich. Dann stellt Moses in Vers 11 die wunderbar kontrastierende Frage, wer es denn überhaupt sei, der sich so sehr vor Sanktionen fürchte, ohne eine Antwort zu geben. Man mag ihm ins Wort fallen: das unmündige Ich, eines, das noch an Unsterblichkeitsfantasien leidet, um sich nicht verändern zu müssen. Und an dieser Stelle kippt der Psalm ins Positive und zeigt, dass die Auseinandersetzung mit der Urkränkung, sterblich zu sein, so schmerzhaft sie auch sein mag, die Lebensaufgabe eines jeden *Menschen* ist. Das *Göttliche*, welches ewig währt, aber kann spirituell begleiten.

Hochtrabender, wie in der Pathosophie Viktor von Weizsäckers ausgeführt, dürfte man somit statuieren, dass Existenz stets »erlitten« werden muss, in der Verarbeitung jenes »Pathischen« – der (Mit-)Leidensfähigkeit – für das Individuum jedoch Selbstakzeptanz, Handlungsfähigkeit und sogar gute Laune (siehe Vers 14) entstehen können. Aus der psychologischen Forschung kennen wir zudem das Phänomen des »posttraumatischen Wachstums«, ein durch erlebte Krisen und deren Bewältigung angestoßener Reifeprozess, mit u.a. veränderten Prioritäten und größerer Wertschätzung für das Leben.

Solange Entwicklung stattfindet, im Sinne einer Relativität von Kognitionen und Emotionen, deren Beeinflussung nur der Starrsinn verhindert, kann also jedes halbleere Glas noch zu einem halbvollen werden. Vielleicht existiert für den Totensonntag auch deswegen noch ein weiterer Name, wie mir Wikipedia verriet: Ewigkeitssonntag.

Richard G.T. & Lawrence G.C. (2004) TARGET ARTICLE: Posttraumatic Growth: Conceptual Foundations and Empirical Evidence. Psychological Inquiry, 15(1):1-18.

Rosa, H. (2019) Resonanz. Eine Soziologie der Weltbeziehung. Suhrkamp: Berlin.

Weizsäcker, V. v. (2005) Gesammelte Schriften, Band 10. Pathosophie. Suhrkamp: Frankfurt am Main.

ERSTER SONNTAG IM OKTOBER – ERNTEDANKFEST
1. TIMOTHEUS 4,4-5

Peter Rohde

Denn alles, was Gott geschaffen hat, ist gut, und nichts ist verwerflich, was mit Danksagung empfangen wird; denn es wird geheiligt durch das Wort Gottes und Gebet.

DU DARFST ESSEN

Im Restaurant. Gutes Essen wird am Nachbartisch serviert. Appetitlich angerichtet. Messer, Gabel und Serviette liegen bereit. Doch über den Teller erhebt sich ein Smartphone. Leicht auf und ab. Bis das Gericht im Fokus ist. Das Handy-Auge isst mit. Der prüfende Blick aufs Display zaubert ein flüchtiges Lächeln ins Gesicht. Flinke Daumen tippen. Benachrichtigen einen abwesenden Nächsten. Was steht wohl als begleitende Bildunterschrift dabei? Als deutende Hinsicht: »Schau mal – lecker…«? Oder: »…man gönnt sich ja sonst nichts!« Oder: »Heute lasse ich mir's mal gut gehen…«?

Ein Innehalten geschieht. Es nimmt den Augen-Blick in Acht. Und sieht etwas, das auch einem anderen mitgeteilt sein will. Jemand, der so was zu schätzen und Anteil zu nehmen versteht. Mitgeteilte Freude – verdoppelte Freude. Ein Echo der Freude auf empfundene Freude.

Gutes Essen wird mir serviert. Appetitlich angerichtet. Der Kellner zwinkert. Das Essen duftet. Ein Innehalten geschieht. Die Gabe vor Augen. Worte aus Kindertagen stellen sich unwillkürlich ein. Schlichte und einfache. Seither zehntausendfach wiederholt. Just in time sind sie da: »Segne, Vater, diese Speise – uns zur Kraft und dir zum Preise. Amen.« Vor mir ist ein Tisch bereitet. Auf ihm steht das nicht allerorts Selbstverständliche: »…dass du ihnen Speise gebest zur rechten Zeit«. Ein Gefühl des Dankes ist da für etwas, das mir zugetragen wurde. Es ging durch die Hände von Bauer, Koch und Kellner, kam aber von einem zuvorkommenden Erzeuger her. Manches Mahl und zusammen mit anderen, nicht gerade in einer Gaststätte, gesellt sich auch eine Melodie dazu, die im gegebenen Guten eine empfangene Güte vernimmt und erklingen lässt: »Danket, danket dem Herrn, denn er ist sehr freundlich, seine Güt und Wahrheit währet ewiglich.«

Innehalten, für Empfangenes danken, Freude erklingen lassen. Sie mitteilen. Mit Freunden teilen. Das Gebet ist ein Reden des Herzens – mit Gott. Im Dank ist das Geschenk an sein Ziel gelangt.

Das erste Gebot in der Bibel heißt: »Du darfst essen…« (Gen 2,16) – der Schöpfer ist großzügig zu seinem Geschöpf – »…von allen Bäumen im Garten.« Nur streng abgeraten wird, von den Früchten des Bösen zu probieren. Sich fürs machtvolle Gewußt-wie des Leben Zerstörenden zu interessieren, durch das wir den Garten des Menschlichen verwüsten.

»Alles gut« und »Nichts verwerflich«. Alles und Nichts. All-Quantoren trüben den Blick, zeigen Nichts genau. Falsche Enthaltsamkeit wird hier im Timotheus-Brief als verführerische Irrlehre abgewehrt. Sie geht hervor aus einer Abwertung des Irdischen, wie es leibt und lebt, und aus einer gnostischen Geringschätzung schöpferischer Gaben. Der Leib als ein irdisch-zerbrechliches Gefäß des göttlichen Geistes und die Ehe als einander annehmende Vertrautheit und zunehmend intensivere Verbundenheit, in der strukturell gekoppelt zwei Einzelne »ein Fleisch«

werden – beides darf nicht verächtlich gemacht werden. Denn hierin würde ihr Schöpfer und Gönner verachtet. Denn: Alles ist gut, was Gott geschaffen hat.

»Alles gut« – ist schon zum geflügelten Wort geworden, das zu oft gedankenlos Gegebenheiten umschwirrt und Beachtenswertes rasch überfliegt. *Bleibt* alles gut Geschaffene unterwegs gut? Kann denn kein Gebrauch verwerflich sein, solange man sich den Genuss nicht verderben lässt?

»Alles gut« – solange man dafür nur ausdrücklich oder stillschweigend »Danke« sagt? Kann es nicht sein, dass mein Dank zuweilen verdrängt und kurzsichtig ausblendet, auf wessen Kosten mein Genießen geht? Nein – fein raus und konsequent bin ich hier nicht, vielleicht noch nicht, im »Zwischen« von »Alles ist mir erlaubt« und »Nichts soll andere quälen«.

Doch so saftig gehen mir die deftigen Worte der Eltern-Generation aus den Wohlstands-Wirtschafts-Wunderjahren nicht mehr von den Lippen: »Fleisch ist ein Stück Lebenskraft«; »Fleisch ist das beste Gemüse«. Sich den Magen zu verrenken, vergnügt, nie mehr hungern zu müssen, war nie meine Situation. Es gab tagtäglich immer genug. Doch stattdessen dem famosen Zartgemüse aus der Dose das Loblied zu singen oder besser nur noch allein dem Frischgemüse, weil es nachhaltig gut ist: Da bin ich noch nicht.

Die krassen Worte der vegetarischen Kinder-Generation unserer Klima-Energie-Flüchtlingskrisenzeit: »Wer Fleisch isst, isst Leichen« sind nüchtern, zutreffend und unappetitlich. Doch wer vermag in der Mini-Salami, der Currywurst oder dem Megges-Burger noch zu erkennen und mag dran denken, wer hier »verarbeitet« wurde? »Das ganze System von Fleisch-Produktion ist krank«, sagen sie mir, und ich kann es nicht bestreiten. Nicht nur große Mengen von CO_2-Ausstoß und Ressourcen-Verbrauch, sondern auch Massentierhaltung in Käfigenge, Antibiotika im Futter, Tierquälerei beim Transport, Akkord im Schlachthaus – sollte da nichts verwerflich sein, solange es einem gelingt, an all dies nicht zu denken und vollmundig dankbar nicht über den Tellerrand hinaus zu schauen?

Gibt es denn hier zwischen »All you can eat – hau rein« oder »Nichts davon – igitt« noch ein »Weniger ist mehr«, »Schau, woher es kommt!«? Oder ist schon das bloße Weniger noch viel zu wenig?

Kann etwas, dem zuvor keine »Ehrfurcht vor dem Leben« zuteil wurde, nachträglich geheilt oder geheiligt werden durch Gottes Wort und Gebet? Sagte genau dieser ehrfurchtgebietende Mensch, dem es ums Mitgefühl mit allen Geschöpfen ging, nicht auch: »Gebete ändern die Welt nicht. Aber Gebete ändern die Menschen. Und die Menschen verändern die Welt.«

Wäre bei Gebeten schon alles gut, wenn sie Ungutes nur schmackhaft anders interpretieren, anstatt es künftig schmerzfrei verändern zu wollen? Beten *und* Tun des Gerechten.

Was würde unseren Mitgeschöpfen gerecht? So dass wir aufrichtig »Danke« sagen können, ohne übersehen, ohne vergessen zu müssen, was ihnen Un-Gutes angetan wurde.

31. OKTOBER – GEDENKTAG DER REFORMATION
RÖMER 3,21-28

Heike Springhart

Nun aber ist ohne Zutun des Gesetzes die Gerechtigkeit, die vor Gott gilt, offenbart, bezeugt durch das Gesetz und die Propheten. Ich rede aber von der Gerechtigkeit vor Gott, die da kommt durch den Glauben an Jesus Christus zu allen, die glauben.

Denn es ist hier kein Unterschied: Sie sind allesamt Sünder und ermangeln des Ruhmes, den sie vor Gott haben sollen, und werden ohne Verdienst gerecht aus seiner Gnade durch die Erlösung, die durch Christus Jesus geschehen ist.

Den hat Gott für den Glauben hingestellt zur Sühne in seinem Blut zum Erweis seiner Gerechtigkeit, indem er die Sünden vergibt, die früher begangen wurden in der Zeit der Geduld Gottes, um nun, in dieser Zeit, seine Gerechtigkeit zu erweisen, auf dass er allein gerecht sei und gerecht mache den, der da ist aus dem Glauben an Jesus.

Wo bleibt nun das Rühmen? Es ist ausgeschlossen. Durch welches Gesetz? Durch das Gesetz der Werke? Nein, sondern durch das Gesetz des Glaubens. So halten wir nun dafür, dass der Mensch gerecht wird ohne des Gesetzes Werke, allein durch den Glauben.

Gott für die Gottlosen. Leben für die vom Tod Bedrohten. Barmherzigkeit und Freiheit für alle heillos in Schuld Verstrickten. Am Reformationstag geht es um nichts weniger als um meine Existenz. Um das, was mich ausmacht, was mir Luft zum Atmen und Freiheit zum Denken gibt. Dabei ist die Frage Martin Luthers nach einem gnädigen

Gott schon längst nicht mehr unser Problem. Offenbar lässt es sich auch ohne Gott leben. Und nur manche belastet die Frage nach seiner angeblich gnädigen Existenz, während Zigtausende beim Erdbeben ihr Leben lassen, Tausende von Menschen in Kriegen massakriert werden.

Und doch traue ich darauf, dass mich die Botschaft von der Rechtfertigung bestärken kann. Dass hier etwas von mir gesagt wird, was mir Sinn und Zuversicht schenkt. In der Deutschen Bibel von Martin Luther aus dem Jahr 1545 war Röm 3,25 die einzige Bibelstelle, bei der Kapitälchen verwendet wurden: SÜNDEN VERGIBT. Für Luther war dieser Abschnitt die zentrale Stelle der Bibel. Weil es hier um das geht, was Gott an mir getan hat.

Gott für die Gottlosen. Sünde hat zunächst nichts mit meinem Verhalten zu tun, sondern mit meinem Verhältnis zu Gott. In der Sprache der Reformation bedeutet Sünde ein fehlendes Gottvertrauen; gegen Gott aufzubegehren und sich selbst alles zuzutrauen. Rechtfertigung widersteht diesem Trend. Ich bin nicht von Gott geliebt, weil ich wertvoll bin. Ich bin wertvoll, weil Gott mich liebt. Paulus greift auf Verheißungen und Zusagen zurück, die schon dem Volk Israel gegeben worden waren. Gerechtigkeit ist nach biblischem Verständnis ein Beziehungsgeschehen. Gott ist gerecht, weil er sich bei den Gerechten an seine Zusagen hält (vgl. Psalm 7,18; Psalm 40,11; Psalm 71,16-19). Neu bei Paulus ist, dass diese Gerechtigkeit, dieses Bundesverhältnis eben nicht an meine Taten oder an mein Verhalten geknüpft ist, sondern in Jesu Tod am Kreuz ewige Gültigkeit erlangt hat.

Gott ist mit seiner Gnade im Recht und kommt allen entgegen – ohne Verdienst. Hier wird Gottes Ja zu seiner Welt ausgesprochen, das Grundwort der biblischen Botschaft. Glaube ist das Vertrauen in dieses Ja Gottes zu seiner Welt, zu mir. Wo Gott den Menschen ihr Herz auftut, wo die Menschen sein Ja in ihrem Leben vernehmen und voll Vertrauen für sich gelten lassen, wird Rechtfertigung gegenwärtig. Der Mensch darf Mensch sein im Vertrauen auf Gott. Das feiert der Reformationstag mit uns!

Paulus beschreibt in V. 23, dass wir alle des Ruhmes (»doxa theou«) ermangeln, den wir bei Gott gehabt haben. Darin greift er auf einen terminus technicus der jüdischen Tradition zurück. Wir haben die umfassende und erfüllende Gegenwart Gottes verloren. Wir verlassen uns eben nicht darauf, dass Gott alles in seinen Händen hält. Wir trauen auf uns, unser Kalkül und unsere Vernunft, die doch so rasch an ihre Grenzen stößt. Rechtfertigung ist Geschenk eines neuen Lebens, das seine Kraft, sein Ziel im Vertrauen auf Gott findet. In dem Entdecken einer fremden Würde, die nicht in mir selbst, sondern in der voraussetzungslosen Liebe Gottes zu mir gründet. Rechtfertigung löst mich von dem Wahn und der Sorge, mein Leben selbst zu rechtfertigen und für seinen Wert und Sinn sorgen zu müssen.

Leben für die vom Tod Bedrohten. »Durch den Glauben«: Das Kreuzesgeschehen hat in meinem Leben Bedeutung und entfaltet seine Wirkung. Rechtfertigung ist Freispruch vom Tod, von der Anklage eines verfehlten Lebens und Befreiung aus tödlicher Beziehungslosigkeit. In Jesus Christus macht Gott sich für die Welt und die Menschen berührbar, geht in sie ein und transformiert sie durch die Kraft der Auferstehung. Im Kreuzestod Christi ist der Same für die Auferweckung des Gekreuzigten gelegt, aus dem neues Leben für mich und für die Welt entsteht.

Barmherzigkeit und Freiheit für alle heillos in Schuld Verstrickten. »Den hat Gott für den Glauben hingestellt als Sühne in seinem Blut zum Erweis seiner Gerechtigkeit, indem er die Sünden vergibt.« In dem komplizierten Satzgebilde wird etwas ganz Wesentliches gesagt: Christi Leben und vor allem sein Sterben haben für mein Leben und auch für mein Sterben eine Bedeutung. Die Sünde verliert ihre Macht durch den Tod Jesu. Am Kreuz realisiert sich die Auseinandersetzung Gottes mit der Sünde und dem Bösen. Es ist auch meine Sünde und das, was mich als Böses bedroht. Christus hat mir meine Last abgenommen. Vor Gott bin ich nicht durch das bestimmt, was ich hinter mir habe, sondern durch das, was ich vor mir habe. Gott selbst trägt in Christus meine Vergangenheit, damit ich eine neue Zukunft habe.

Der Blick auf die Rechtfertigung, auf die fremde Würde, die mir von Gott her zugesprochen wird, schenkt mir einen neuen Blick auf meine eigene brüchige und gefährdete Existenz, verankert und verwandelt meine eigene Verletzlichkeit. Sie legt den Grund für eine realistische Anthropologie und Christologie. Gott hat sich in Christus verwundbar gemacht und trägt meine Verwundbarkeit ans Kreuz. In seiner Auferstehung schenkt er mir neues Leben, das meine Wunden nicht vergisst, sondern sie verwandelt.

Mir schenkt dieser Text Hoffnung. Hoffnung, die sich bei allen Schrecken der Gegenwart nicht an unserer jetzigen Existenz festklammern muss, sondern über den Tod hinausweist. Hoffnung auf die Erlösung der ganzen Schöpfung. Die Rechtfertigung des Gottlosen zeigt die Schöpferkraft Gottes, die aus dem Nichts Leben schaffen kann.

ANHANG

Die Autorinnen und Autoren
Bibelstellenregister
Gesamtregister der Bibelstellen
Gesamtregister der Autorinnen und Autoren

DIE AUTORINNEN UND AUTOREN

Prof. Dr. Reiner Anselm, 1965 in Gräfelfing geboren, ist seit 2014 Inhaber des Lehrstuhls für Systematische Theologie und Ethik an der Ludwig-Maximilians-Universität München. *52*

Prof. Dr. Jochen Arnold, A-Kirchenmusiker und Pfarrer, ist Leiter des Michaelisklosters Hildesheim. Lehrtätigkeiten an den Universitäten Hildesheim (Musik) und Leipzig (ST und PT). Liturgiebeauftragter der GEKE. *227*

Dr. Christina-Maria Bammel, geboren 1973, ist Pfarrerin der Ev. Kirche Berlin-Brandenburg-schlesische Oberlausitz (EKBO) und seit 2020 Pröpstin im Konsistorium der EKBO. *213*

Wolfgang Barthen, Jahrgang 1945, Studium der Politologie und Theologie in Berlin, war Superintendent in Berlin-Schöneberg und Vorsitzender des Gustav-Adolf-Werkes. *280*

Annette Bassler, Jahrgang 1954, war zuletzt bis zum Ruhestand 2018 Beauftragte für die evangelischen Kirchen in Rheinland-Pfalz am SWR. Autorin von Beiträgen im SWR, HR und DLF. *222*

Dr. Gerhard Begrich, geboren 1946 bei Halberstadt, studierte Theologie, Orientalistik und Ägyptologie in Berlin und war 1993–2008 Rektor im Pastoralkolleg der Ev. Kirche der Kirchenprovinz Sachsen. *248*

Prof. Dr. Johann Hinrich Claussen, 1964 in Hamburg geboren, studierte Ev. Theologie in Tübingen, Hamburg und London. Seit 2016 Kulturbeauftragter des Rates der EKD. *5, 56*

Prof Dr. Ruth Conrad, geb. 1968, ist Professorin für Praktische Theologie an der Humboldt-Universität zu Berlin. *193*

Dr. Claas Cordemann, geb. 1971, ist Leiter der Fortbildung in den ersten Amtsjahren der Ev.-luth. Landeskirche Hannovers, Supervisor und Coach (DGSv). *272*

Prof. Dr. Jochen Cornelius-Bundschuh, Jahrgang 1957, war 2014–2022 Landesbischof der Ev. Landeskirche in Baden und ist außerplanmäßiger Professor für Praktische Theologie an der Universität Heidelberg. *122*

Dr. Christina Costanza, geboren 1977, ist seit 2014 Studienleiterin im Theologischen Studienseminar der VELKD. *109*

Prof. Dr. Alexander Deeg, geb. 1972, lehrt seit 2011 Praktische Theologie an der Universität Leipzig und leitet das Liturgiewissenschaftliche Institut der VELKD. *139*

Matthias Drobinski, geb. 1964, studierte Geschichte, katholische Theologie und Germanistik in Gießen und Mainz und ist seit 2021 Journalist beim Publik-Forum. *283*

Matthias Elsermann, Jahrgang 1961, ist Pfarrer und leitet seit 2021 das Schulreferat der Ev. Kirchenkreise Siegen und Wittgenstein der Ev. Kirche von Westfalen. *303*

Prof. Dr. Kristian Fechtner, Jahrgang 1961, ist Professor für Praktische Theologie sowie Universitätsprediger an der Johannes Gutenberg-Universität Mainz. *172*

Gerlinde Feine, geboren 1967, ist Pfarrerin an der Stadtkirche Böblingen, Gottesdienstberaterin und Predigtcoach (ZfGP). *151*

Prof. Dr. Magdalene L. Frettlöh, geboren 1959, lehrt Systematische Theologie/Dogmatik und Religionsphilosophie an der Theol. Fakultät der Universität Bern; sie ist Mitherausgeberin der tvz-Buchreihe *reformiert!* und der Göttinger Predigtmeditationen. *92*

Ernst-Wilhelm Gohl, seit 2022 Landesbischof der Evangelischen Landeskirche in Württemberg, zuvor 17 Jahre Dekan in Ulm. *311*

Dr. Horst Gorski, 1957 geboren, ist Vizepräsident im Kirchenamt der EKD und leitet die Abteilung Öffentliche Verantwortung. *68*

Prof. Dr. Elisabeth Gräb-Schmidt, geboren 1956, ist Professorin für systematische Theologie und Leiterin des Instituts für Ethik an der Eberhard Karls Universität Tübingen. Seit 2013 Mitglied des Rates der Evangelischen Kirche in Deutschland. *160*

Katharina Gralla, Jahrgang 1965, Pastorin in der Nordkirche, im Sommer als Urlauberseelsorgerin in Ostholstein und im Winter als Ausbilderin für PrädikantInnen unterwegs. *60*

Dorothea Grünzweig, geb. 1952 in Korntal), studierte Germanistik und Anglistik. Seit 1989 wohnt sie in Helsinki, wo sie zunächst als Lehrerin arbeitete und jetzt als freie Schriftstellerin und Übersetzerin lebt. Seit 1997 hat sie sieben Gedichtbände veröffentlicht. *80*

Joachim Hake, Jg. 1963, studierte Kath. Theologie in Münster und Rom und ist seit 2007 Direktor der Katholischen Akademie in Berlin. 2014 ernannte ihn Papst Franziskus zum Consultor im Päpstlichen Rat für Kultur. *89*

Dr. Christian Heidrich, geb. 1960, ist Lehrer, Autor und Übersetzer aus dem Polnischen. *251*

Prof. Dr. Martin Hein, von 2000 bis 2019 Bischof der Ev. Kirche von Kurhessen-Waldeck. Aktuell Vorsitzender des Klimaschutzrats der Stadt Kassel. *143*

Dr. Julia Helmke, Jahrgang 1969, ist ev. Pfarrerin, hat eine Honorarprofessur für Christlicher Publizistik inne und ist als Oberkirchenrätin im Landeskirchenamt Hannover tätig. *96*

Felicitas Hoppe, 1960 in Hameln geboren, ist eine vielfach ausgezeichnete Schriftstellerin. 2012 erhielt sie den Georg-Büchner-Preis. *131*

Prof. Dr. Dr. h. c. mult. Wolfgang Huber, geboren 1942, war von 2003 bis 2009 Ratsvorsitzender der Ev. Kirche in Deutschland, ist Honorarprofessor an der Humboldt-Universität Berlin sowie an den Universitäten Heidelberg und Stellenbosch. *180*

Kristin Jahn, geboren 1976 in Schmölln/Thüringen, leitet seit 2017 als Superintendentin den Evangelischen Kirchenkreis Altenburger Land. Mehr zu ihr unter www.himmelsluke.de. *176*

Dr. h. c. Frank Otfried July, geb. 1954, war von 2005–2022 Landesbischof der Ev. Landeskirche in Württemberg. Seit 2018 Vorsitzender des Deutschen Nationalkomitees des Luth. Weltbundes, Präsident der Lutherakademie Sondershausen-Ratzeburg. *147*

Prof. Dr. Dr. Dr. h. c. Klaus Kießling, geboren 1962, ist Direktor des Instituts für Pastoralpsychologie und Spiritualität sowie des Seminars für Religionspädagogik, Katechetik und Didaktik an der Philosophisch-Theologischen Hochschule Sankt Georgen in Frankfurt a. M. und Ständiger Diakon der Diözese Rottenburg-Stuttgart. *11*

Johanna J. Klee, geboren 1986 in Berlin, hat die Studienleitung im Theologischen Zentrum Braunschweig und die Geschäftsführung im Atelier Sprache e. V. inne. *105*

Dr. Julia Koll, geboren 1975, ist Referentin im EKD-Projektbüro Evangelisches Gesangbuch und Privatdozentin für Praktische Theologie an der Georg-August-Universität Göttingen. *40*

Friedrich Kramer, geboren 1964 in Greifswald, ist seit 2019 Landesbischof der Ev. Kirche in Mitteldeutschland. *168*

Prof. Dr. Dr. h. c. Wolf Krötke, 1938 in Berlinchen (Neumark) geboren, war bis zu seiner Pensionierung 2004 Professor für Systematische Theologie an der Theologischen Fakultät der Humboldt-Universität in Berlin. *36*

Claudia Krüger, geboren 1960 in Stuttgart, ist Referentin in der Abteilung für Theologie und Bildung im Diakonischen Werk Württemberg. *268*

Michael Krüger, geboren 1943 in Wittgendorf (Sachsen), Schriftsteller, war Verlagsleiter des Carl Hanser Literaturverlags. Mitglied des PEN, der Mainzer Akademie und der Deutschen Akademie für Sprache und Dichtung. 2013–2019 Präsident der Bayerischen Akademie der Schönen Künste. *7*

Cornelia Kulawik, geb. 1969, ist seit 2015 Pfarrerin in Berlin-Dahlem und seit 2014 Lehrbeauftragte an der Universität der Künste für Theologie und Liturgik am Institut für Kirchenmusik. *27*

Dr. h. c. Annette Kurschus, geboren 1963, ist Präses der Evangelischen Kirche von Westfalen und seit 2021 auch Vorsitzende des Rates der Evangelischen Kirche in Deutschland. *32*

Prof. Dr. theol. h. c. Robert Leicht, geb. 1944, Chefredakteur (1992–1997) und Politischer Korrespondent a. D. der ZEIT, Honorarprofessor für öffentliche Kommunikation und aktuelle Politik an der Universität Erfurt. *113*

Jakob Leiner, 1992 geboren, lebt und arbeitet als Arzt in Freiburg i. Br. Im Radius-Verlag erschien 2019 sein Gedichtband *Ikarische Nummern*. *316*

Prof. Dr. Katja Lembke ist seit 2011 Direktorin des Landesmuseums Hannover. *218*

Prof. Dr. Dr. h.c. Christoph Levin, geboren 1950, ist Professor em. für Altes Testament und war von 2005 bis 2019 evangelischer Universitätsprediger der Universität München. *188*

Ulrich Lilie, geboren 1957, ist seit 2014 Präsident der Diakonie Deutschland, stellvertretender Vorstandsvorsitzender des Ev. Werkes für Diakonie und Entwicklung und seit 2023 Vize-Präsident der Bundesarbeitsgemeinschaft der Freien Wohlfahrtspflege. *235*

Prof. Dr. Dr. h. c. mult. Christoph Markschies, 1962 geb., ist Professor für Antikes Christentum an der Humboldt-Universität zu Berlin, Präsident der Berlin-Brandenburgischen Akademie der Wissenschaften und Präsident der Union der deutschen Akademien. *23*

Reinhard Mawick, geboren 1966, war 1997–2009 Redakteur beim Deutschen Allgemeinen Sonntagsblatt und bei chrismon, danach Pressesprecher der EKD. Seit 2014 Chefredakteur des Monatsmagazins zeitzeichen. *276*

Dr. Kerstin Menzel, Jahrgang 1981, ist Pfarrerin und wissenschaftliche Mitarbeiterin am Institut für Praktische Theologie der Universität Leipzig sowie in der Forschungsgruppe »Sakralraumtransformation«. *136*

Klaus Mertes SJ, 1954 in Bonn geboren, 1977 Eintritt in den Jesuitenorden, seit 2021 Superior der Jesuitenkommunität in Berlin-Charlottenburg. *85*

Jakob Mertesacker, 1989 geboren, studierte Theologie und Psychologie in Frankfurt und Heidelberg. Derzeit Referent an einer Hochschulgemeinde und Psychoanalytiker in Ausbildung. *296*

Dr. Roger Mielke, geb. 1964, ist Militärdekan am Zentrum Innere Führung der Bundeswehr und Lehrbeauftragter an der Universität Koblenz und der Universität der Bundeswehr München. *239*

Thorsten Nolting, Jahrgang 1964, ist Diakoniepfarrer in Düsseldorf, Sprecher des Arbeitskreises Großstadtdiakonie sowie Redakteur der Zeitschrift *Kunst und Kirche*. *255*

Dr. Christian Nottmeier, geboren 1974, Historiker und Theologe, ist seit 2018 Superintendent des Evangelischen Kirchenkreises Neukölln in der EKBO. *208*

Jörg Oberbeckmann, geboren 1965 in Gütersloh, ist seit 1997 Pastor in der Ev. Kirchengemeinde Wersen-Büren. *73*

Kathrin Oxen, geboren 1972, leitete 2012–2018 das Zentrum für ev. Gottesdienst- und Predigtkultur der Ev. Kirche in Deutschland in der Lutherstadt Wittenberg; seit Dezember 2018 Pfarrerin der Ev. Kaiser-Wilhelm-Gedächtnis-Kirchengemeinde in Berlin. *292*

Dr. Niklaus Peter, 1956 in Zürich geboren, war 2000–2004 Leiter des Theologischen Verlages Zürich und 2004–2021 Pfarrer am Zürcher Fraumünster. *15*

Dr. Sven Petry, geboren 1976 in Lemgo, ist seit 2020 in Leisnig Superintendent für den Kirchenbezirk Leisnig-Oschatz (Ev.-Luth. Landeskirche Sachsens). *203*

Dr. Tanja Pilger-Janßen, geboren 1978 in Heidelberg, ist Pfarrerin in der Evangelischen Kirchengemeinde Berlin-Dahlem. *299*

Bodo Ramelow, geboren 1956 in Osterholz-Scharmbeck in Niedersachsen, ist Gewerkschafter und Politiker. Seit Dezember 2014 ist er Ministerpräsident des Freistaats Thüringen. *76*

Peter Rohde, geboren 1962, nach Zivildienst und Schreinerlehre Theologiestudium; Gemeindepfarrer in Esslingen-Mettingen. *320*

Margot Runge ist Pfarrerin in Sangerhausen (Ev. Kirche in Mitteldeutschland). 2004 wurde sie mit dem Predigtpreis ausgezeichnet. Predigten finden sich auf ihrer Webseite www.queerpredigen.com. *263*

Prof. Dr. Stephan Schaede, Studium der evangelischen Theologie und Philosophie in Tübingen, Göttingen und Rom. Seit 2010 Direktor der Evangelischen Akademie Loccum. *199*

Dr. h.c. Nikolaus Schneider, 1947 in Duisburg geboren, war von 2003 bis 2013 Präses der Ev. Kirche im Rheinland und übernahm 2010 nach dem Rücktritt von Landesbischöfin Margot Käßmann den Vorsitz der EKD bis zu seinem Rücktritt 2014. *231*

Dr. Katharina Scholl, 1983 in Hannover geboren, ist Pfarrerin in Hanau-Großauheim und Autorin einer Online-Kolumne bei *zeitzeichen*. *101*

Prof. Dr. Maike Schult, 1966 geboren, promovierte Literaturwissenschaftlerin und habilitierte Theologin, ist Professorin für Praktische Theologie an der Philipps-Universität Marburg. *155*

Patrik Schwarz, geboren 1970 in Tübingen, ist Chefredakteur Länderausgaben der ZEIT. Als Geschäftsführer ZEIT:CEDO verantwortet überdies *Christ & Welt* sowie www.zeit.de/sinn. *126*

Stefan Seidel, geboren 1978, studierte Theologie und Psychologie. Er ist Leitender Redakteur bei der evangelischen Wochenzeitung *Der Sonntag* in Leipzig. *164*

Dr. Elke Seifert, geboren 1961 in Reichenbach, promovierte in Marburg im Alten Testament, Zusatzausbildungen als Mediatorin, Gestalttherapeutin, Supervisorin und Coach; seit 2017 eigene Praxis. *117*

Dr. Hans-Joachim Simm, Jahrgang 1946, studierte Germanistik, Altphilologie und Philosophie, ist freier Schriftsteller. Zuvor Leiter des Insel Verlags und des Verlags der Weltreligionen. *184*

Heike Springhart ist Landesbischöfin der Evangelischen Landeskirche in Baden und außerplanmäßige Professorin für Systematische Theologie an der Ruprecht-Karls-Universität Heidelberg. *324*

Dr. Christian Stäblein, Jahrgang 1967, ist seit November 2019 Bischof der Evangelischen Kirche Berlin-Brandenburg-schlesische Oberlausitz. Mitherausgeber der Predigtstudien. *44*

Diedrich Steen, geboren 1963, arbeitet als Programmleiter in einem theologischen Verlag. Als Imker lernt er seit 25 Jahren von den Bienen, wie man sich kümmert, ohne besorgt zu sein. *259*

Prof. Dr. Fulbert Steffensky, geb. 1933 in Rehlingen/Saar, studierte kath. und ev. Theologie. 1975–1998 Professor für Religionspädagogik am Fachbereich Erziehungswissenschaft der Universität Hamburg. Lebt in Luzern. *19*

Wolfgang Thierse, 1943 in Breslau geboren, Schriftsetzerlehre in Weimar, Studium der Kulturwissenschaft und Germanistik, 1990–2005 Stellv. Parteivorsitzender der SPD, 1998–2013 Bundestagspräsident und -vizepräsident. *48*

Jörg Uhle-Wettler, geboren 1965 in Dessau. Handelskaufmann. Studium der Theologie in Berlin und Erfurt. Seit 2016 Pfarrer am Dom zu Magdeburg. *64*

Prof. Dr. Wolfram Weiße, 1945 geboren in Frankfurt/M., em. Professor für Religionspädagogik und internationale Theologie an der Universität Hamburg. *287*

Helmut Wöllenstein, Jahrgang 1956, war zuletzt Propst in Marburg und Vorsitzender der Liturgischen Kammer der Ev. Kirche von Kurhessen-Waldeck. Weiterhin Autor und Sprecher kirchlicher Rundfunksendungen. *307*

Dr. Petra Zimmermann, Pfarrerin der EKvW, bis 2002 Hochschulassistentin der Universität Hamburg, Pfarrerin an St. Reinoldi Dortmund, seit 2006 Dompredigerin am Berliner Dom. *244*

BIBELSTELLENREGISTER

GESAMTREGISTER DER BIBELSTELLEN

Die vollständige Reihe
DENKSKIZZEN. Zu den Predigttexten der sechs Perikopenreihen:

Band 1 herausgegeben von Petra Bahr
Band 2 herausgegeben von Christoph Levin
Band 3 herausgegeben von Kristian Fechtner
Band 4 herausgegeben von Alexander Deeg
Band 5 herausgegeben von Annette Kurschus
Band 6 herausgegeben von Johann Hinrich Claussen

Informationen zum Radius-Programm finden Sie auf
www.radius-verlag.de

Radius-Verlag · Alexanderstraße 162 · 70180 Stuttgart
Fon 0711.607 66 66 Fax 0711.607 55 55 e-Mail: info@radius-verlag.de